dtv
premium

Norbert Frei

1968

Jugendrevolte und globaler Protest

Deutscher Taschenbuch Verlag

FSC

Mix

Produktgruppe aus vorbildlich
bewirtschafteten Wäldern und
anderen kontrollierten Herkünften

Zert.-Nr. GFA-COC-1298
www.fsc.org
© 1996 Forest Stewardship Council

Der Inhalt dieses Buches wurde auf einem nach den
Richtlinien des Forest Stewardship Council zertifizierten
Papier der Papierfabrik Munkedal gedruckt.

Originalausgabe
März 2008
© 2008 Deutscher Taschenbuch Verlag GmbH & Co. KG,
München
www.dtv.de
Umschlagkonzept: Balk und Brumshagen
Umschlagfoto: laif/Keystone France
Satz: Greiner & Reichel, Köln
Gesetzt aus der Minion 10,25/13,25˙ und der Trade Gothic
Druck und Bindung: Kösel, Krugzell
Gedruckt auf säurefreiem, chlorfrei gebleichtem Papier
Printed in Germany
ISBN 978-3-423-24653-8

Inhalt

Paris, Mai 1968

»L'imagination prend le pouvoir.«
»Il est interdit d'interdire.«
»Le rêve est la réalité.«
Parolen der Pariser Studenten,
Mai 1968[1]

Vielleicht war es tatsächlich die Bitte um Feuer, mit der begann, was ein paar Monate später so vielen als die Französische Revolution erschien. Der junge Raucher allerdings, dessen simples Begehren am Ende steifer Feierlichkeiten im nagelneuen Universitätsschwimmbad von Nanterre eine ganze Staatsdelegation in Verwirrung stürzte, versichert noch heute, an jenem öden Januarnachmittag des Jahres 1968 lediglich das Gespräch mit dem Minister gesucht und nicht schon den Umsturz geplant zu haben. Er sei, das Feuerzeug des Angesprochenen in der Hand, einer spontanen Eingebung gefolgt, und erst die Reaktion des die Szene beobachtenden Dekans, der ihn abzudrängen suchte, habe den Wortwechsel provoziert.

Student: »Warum haben Sie in Ihrem Weißbuch über die Jugend nicht die sexuellen Probleme erwähnt?«

Minister: »Wenn Sie sich abreagieren wollen, dann springen Sie doch ins kalte Wasser.«

Ob darauf noch eine Entgegnung des Studenten folgte, den die schroffe Antwort an »Argumente der Hitler-Jugend« erinnert haben soll, wird nicht mehr zu klären sein.[2] Zweifelsfrei hingegen ist, dass der Fragesteller den Minister entlarvt zu haben glaubte: als autoritär, als arrogant, als völlig unfähig zur Kommunikation mit jener Jugend, für die dieser François Missoffe im Kabinett von Georges Pompidou Ressortverantwortung trug.

Und sicher ist auch: Dem wortgewandten Störer und seinen Freunden, einer kleinen Gruppe anarchistischer Studenten, kam der Vorfall sehr zupass, fügte er sich doch nahtlos in ihr düsteres Bild von der Staatsmacht. Folglich sorgten sie dafür, dass die Geschichte unter ihren Kommilitonen in Nanterre rasch die Runde machte.

Über den trostlosen, seit Jahren halbfertigen Neben-Campus der Sorbonne im armen Westen von Paris wäre die Nachricht vermutlich gleichwohl kaum hinausgedrungen, hätte es dort nicht schon seit Monaten gebrodelt – und hätten Minister und Dekan jetzt nicht den Fehler begangen, die allem Anschein nach gezielt gestreute Behauptung im Raum stehen zu lassen, dem aufmüpfigen jungen Raucher drohten Strafantrag und Relegationsverfahren. Damit aber ist die »Affäre Missoffe« in der Welt – und ein Star geboren: Daniel Cohn-Bendit.

Angesichts derart überzogener möglicher Sanktionen kann der 22-jährige Soziologiestudent jetzt auf die Unterstützung auch von Kommilitonen rechnen, die politisch weniger radikal denken als er. Das gilt zumal, als sich drei Wochen später, im Zusammenhang mit einer anderen Protestaktion, Polizei und Studenten in Nanterre handgreifliche Auseinandersetzungen liefern und ›Le Monde‹ darüber berichtet.[3] Dadurch wird auch die Schwimmbad-Szene einer breiteren Öffentlichkeit bekannt, und vor allem wird publik, dass der Sohn deutsch-jüdischer Emigranten im Falle einer tatsächlichen Relegation mit seiner Ausweisung aus Frankreich rechnen muß. Die nationale Studentengewerkschaft (FNEF) bekundet ihre Solidarität, und obwohl Cohn-Bendit den Minister inzwischen brieflich um Entschuldigung gebeten hat, Missoffe die Sache wohl auch vergessen will, weitet sich die Proteststimmung nun aus.

Die unschönen Arbeitsbedingungen an der von 12 000 Studenten besuchten Trabanten-Uni und der Verdruss über Wohnheime, die wie Internate geführt werden, sind dafür fortan nur noch zwei Gründe unter vielen. Immer mehr speist sich der Unmut aus anderen Quellen, etwa aus der Kritik des kapitalistischen Systems und der eskalierenden Kriegführung der Amerikaner in Vietnam. Als bei einer damit begründeten Aktion gegen die Pariser Filiale von American Express auch ein Student aus Nanterre festgenommen wird, proklamieren rund hundert Aktivisten verschiedener linker Campus-Grüppchen eine ›Bewegung des 22. März‹.[4] Das Ziel des Bündnisses ist klar: Dogmatische Streitereien sollen überwunden, eine »revolutionäre Kampfeinheit« soll geformt werden.

Zu diesem Zweck verabredet man sich – und hier ist der Einfluss des leidenschaftlichen Debattierers Cohn-Bendit evident – zu einem »Tag der allseitigen Diskussion«. Er soll eine Woche später stattfinden, und auf dem Programm stehen Themen wie »Universität und Kritische Universität«, »Der antiimperialistische Kampf«, »Der Kapitalismus 1968 und die Kämpfe der Arbeiterklasse«.[5] Doch der große Ratschlag in Nanterre scheitert erst einmal am Dekan, der die Universitätsgebäude am Vorabend kurzerhand schließen lässt.

Nach ein paar Tagen ist es dann aber doch soweit: Karl Dietrich Wolff ist angereist, der Vorsitzende des Sozialistischen Deutschen Studentenbundes (SDS), und um ihn zu hören, besetzen mehr als tausend Studenten den größten Saal der Philosophischen Fakultät. Dabei erfahren sie, dass es genau ihre Themen sind, die die deutschen Kommilitonen schon seit über einem Jahr in Massen auf die Straße treiben: der Vietnamkrieg und die »autoritären Strukturen« – nicht nur, aber auch in den Universitäten. Wolffs Besuch ist die gleichsam offizielle Demonstration jener Kontakte zwischen deutschen und französischen Aktivisten, die schon seit geraumer Zeit bestehen. Vor allem Daniel Cohn-Bendit, der durch ein mehrstündiges Verhör auf dem Pariser Polizeipräsidium inzwischen noch weiter ins Rampenlicht der Medien gerückt ist und der nun ebenfalls spricht, hat sich bei den westdeutschen Gesinnungsgenossen immer wieder umgesehen und sich von ihren Teach-ins, Go-ins, Sit-ins inspirieren lassen.[6]

Doch auch rechts des Rheins wird an diesem 2. April 1968 deutlich, wie sehr die Anliegen und Aktionsformen der Protes-tierenden einander ähneln, ja wie sehr sie in mancher Hinsicht zusammenhängen: Die junge Berlinerin, die an diesem Nach-mittag »Nazi-Kiesinger, abtreten!«[7] in den Bonner Plenarsaal ruft – ein halbes Jahr später wird sie den Bundeskanzler ohr-feigen –, war bis vor kurzem Sekretärin des Deutsch-Französi-schen Jugendwerks in Paris und ist dort mit einem Anwalt verheiratet, dessen Vater in Auschwitz ermordet worden ist.[8] Und als acht Tage später, nach dem Attentat auf Rudi Dutschke in Berlin, eine Welle von Demonstrationen und Straßenschlach-ten durch die Bundesrepublik geht, ist dies ein Signal auch für die »Bewegung des 22. März«.

Nicht nur in Nanterre kommt es zu spontanen Solidari-tätskundgebungen für »Rudi le Rouge«; auch in Paris, wie in zahlreichen anderen westlichen Metropolen, ist die Empörung groß. Am 19. April ziehen mehrere Tausend Studenten mit Spruchbändern durch das Quartier Latin: Gegen die Springer-Presse! Gegen die Notstandspläne der Großen Koalition! Ge-gen Kiesinger! Man ist auffallend gut informiert über die Si-tuation im Nachbarland. Die Erklärung dafür liegt in dem Umstand, dass sich in der französischen Hauptstadt einige Mitglieder des dort inzwischen geradezu bewunderten SDS aufhalten und den zerstrittenen, an kubanischen, chinesischen und anderen Sozialismus-Modellen orientierten Gruppen die Notwendigkeit eines gemeinsamen Vorgehens predigen.[9]

Allem Anschein nach entfaltet diese deutsche Entwick-lungshilfe eine gewisse Wirkung auch auf die politische Orga-nisations- und Konfliktbereitschaft französischer Studenten in eigener Sache. Deutlich mehr trägt dazu aber die erneute Schließung der Fakultät Nanterre bei, die der Dekan für den 3. Mai verfügt, als das Gerücht umläuft, eine rechtsradikale

Gruppe namens Occident (Abendland) plane einen Angriff auf die von Cohn-Bendit und seinen Mitstreitern angesetzten »anti-imperialistischen Tage«. Es ist dies der Moment, in dem der Funke auf die Sorbonne überspringt.

Feuereifer ist auf der Protestkundgebung gegen die »Aussperrung« der Kommilitonen in Nanterre zunächst allerdings nicht zu verspüren; der kommt erst auf, als nach der Mittagspause die Kunde geht, die Abendländler befänden sich im Anmarsch. Daraufhin lässt Rektor Roche ebenfalls die Hörsäle schließen – zum ersten Mal seit der deutschen Besatzung. Im Innenhof der Sorbonne versammeln sich jetzt ein paar Hundert linke Studenten, nicht wenige davon mit Knüppeln und (Motorrad-)Helmen bewaffnet. Aber auch im Quartier Latin bleiben die Rechtsradikalen aus. Statt ihrer kommt die Polizei. Als die Einheiten der kasernierten Compagnies républicaines de sécurité (CRS) versuchen, die Anführer der abziehenden Studenten festzuhalten, fliegen die ersten Pflastersteine, ein Polizist wird schwer verletzt. Bis in den späten Freitagabend dauert die Straßenschlacht, dann ist ein Großteil der Demonstranten vorübergehend verhaftet, der Rest mit Tränengas auseinandergetrieben – wie die Passanten, die zufällig in die Szene geraten sind.

Das Wochenende über herrscht äußerlich Ruhe in Paris. Doch in den Kreisen der Aktivisten finden Absprachen statt, und am Montag beschleunigt sich die im Entstehen begriffene »Bewegung«. Am Abend dieses 6. Mai 1968 wird sie ihre ersten Barrikaden bauen.

Der Tag beginnt mit der Vorladung Cohn-Bendits, sechs weiterer Studenten und einer Studentin vor den Disziplinarausschuss der Universität, wo sie sich wegen der Besetzung eines Hörsaals verantworten sollen. Etwa 200 Kommilitonen und ein Heer von Fotografen begleiten die Beschuldigten bis zum Eingang der Sorbonne, in deren Umkreis bereits 1500 Polizisten der CRS aufgezogen sind. Angesichts zweier Rechts-

anwälte und der Bereitschaft von vier renommierten Hoch-
schullehrern, für die bunt gemischte linke Truppe einzutreten,
beschließt der Ausschuss sich zu vertagen (bald darauf wird
der Dekan von Nanterre das ganze Verfahren einschlafen lassen). Die CRS hingegen erweisen sich als weniger flexibel und
versuchen, die verbotene Demonstration vor den Toren der
offiziell geschlossenen Universität zu zerstreuen. Das Ergebnis
ist, dass die Zahl der Sympathisanten rasch anwächst und sich
ein Protestzug mit mehreren Tausend Teilnehmern formiert,
darunter auch Professoren. Am späten Nachmittag kommt
es zur Eskalation: Die Polizei setzt Chlorgas und Wasserwerfer ein, die Demonstranten verschanzen sich hinter quer ge-
stellten Autos, von denen schließlich etliche in Flammen aufgehen.

Den einstigen Marxisten Stephen Spender, der die Stätten
der »Revolution« in Europa und den USA in diesen Monaten
mit viel Sympathie für die »jungen Rebellen« bereist, erinnern
die auf diese Weise entstehenden Barrikaden an moderne
Kunst.[10] Die Wahrnehmung des englischen Dichters reflektiert
offenbar auch das Wohlwollen, das ein beträchtlicher Teil der
hauptstädtischen Presse – und der Bevölkerung – den Demonstranten entgegenbringt. Es wird sich in den nächsten Tagen
noch steigern.

Vor allem aber weitet die Protestbewegung sich aus: In Paris, wo Oberschüler in den Streik treten und die Studenten am
Abend des 7. Mai einen »langen Marsch« zum Arc de Triomphe
unternehmen, sind es schon mehrere Zehntausend (wie meist
bei solchen Anlässen, liegen die Zahlen der Polizei unter denen
der Demonstranten). Doch auch in der Provinz rührt sich die
Jugend; Kundgebungen werden unter anderem aus Bordeaux,
Le Mans und aus Marseille gemeldet, Universitätsbesetzungen
aus Dijon, Lyon, Rennes und Toulouse. An der Sorbonne bleiben die Studenten derweil ausgesperrt. Die Öffnung am Nachmittag des 9. Mai war nur vorübergehend.

Was Aktion ist und was die Reaktion darauf, ist in diesen Frühlingstagen nicht nur in Paris immer schwerer auseinanderzuhalten. Mal sind es die Studenten, mal die Exponenten von Staat und Polizei, die das Geschehen vorantreiben; mal handelt es sich um ein planmäßiges Vorgehen, mal um ein aus dem Augenblick geborenes Treiben. Deutlich aber ist: Der Protest bleibt nicht länger die elitäre Sache sektiererischer und entsprechend oft eher gegen- als miteinander agierender linker Gruppen. Er nährt sich nun zunehmend aus sich selbst, genauer gesagt: aus der Solidarität mit denen, die der Ordnungsmacht entgegentreten und dafür Nachteile in Kauf nehmen. Er erfasst auf diese Weise ständig größere Kreise der französischen Jugend, und zwar mit einer rasant sich beschleunigenden Geschwindigkeit.

Dennoch wäre es verfehlt, wollte man allein aus der Dynamik der vorangegangenen Tage und Wochen erklären, dass Frankreich in der Nacht vom 10. auf den 11. Mai 1968 eine der gewaltsamsten Auseinandersetzungen seit dem Ende des Zweiten Weltkriegs erlebt und 48 Stunden später die vielleicht größte Demonstration in seiner Geschichte. Im Pariser Mai ist auch viel Zufall im Spiel.

Die Aufrichtung der Barrikaden beginnt kurz nach Einbruch der Dunkelheit.[11] Schon den ganzen Tag über waren Tausende junger Leute durch das Quartier Latin gezogen, auf dem Boulevard Saint Michel hatte es kleinere Auseinandersetzungen gegeben, aber nun weiß keiner so richtig, wie es weitergehen soll. Alain Geismar, Jacques Sauvageot und Daniel Cohn-Bendit diskutieren über den einzuschlagenden Weg, und das ist durchaus wörtlich zu verstehen; am Ende folgen die »drei Musketiere der Revolte« der Schwerkraft der Menge – man bleibt, wo man ist. Zwei teilnehmende Beobachter aus Deutschland registrieren die eigentümliche Stimmung: »Alle hatten an diesem warmen Maiabend das Gefühl, daß etwas geschehen würde, niemand war sich jedoch im klaren darüber, was. Man war sich nur darin einig, daß es etwas qualitativ Neues sein müßte, dem Charakter der Massenbewegung, ihrer Entschlossenheit, ihrer neuen Macht entsprechend.«[12]

Folgt man den beiden deutschen Sympathisanten, dann besteht das Neue des 10. Mai vor allem in dem Entschluss der Studenten, ihrerseits das Viertel um die von der Polizei nach wie vor abgeriegelte Sorbonne zu besetzen – und in einer straßenbaukundlichen Entdeckung, die sich sofort in Revolutionslyrik verwandelt: »Unter dem Pflaster der Strand«. Während die einen über Gewalt und Gegengewalt noch diskutieren, schaffen die anderen Fakten: »Plötzlich ertönten zwischen dem Jardin du Luxembourg und dem Métro-Eingang gegenüber schnelle, abgehackte Schläge, ein Geräusch, das für die kommenden 30 Tage nicht mehr aus Paris wegzudenken war: Einige Leute hatten die halbmondförmigen Eisengitter um die Bäume abgehoben und schlugen damit die Pflastersteine aus dem Boden.«

Von diesem Moment an geht alles sehr schnell, denn das so gewonnene Baumaterial wandert von Hand zu Hand. Es wird ergänzt durch quer gestellte Autos, Parkbänke und umgestürzte Zeitungsbuden. Zwei Stunden später sind etliche Straßen unpassierbar, manche der Barrikaden ein paar Meter hoch und durchaus imponierend, andere dicht hintereinander gestaffelt und eigentlich nur von symbolischem Wert. Aber Symbolen und dem Rekurs auf die Geschichte kommt jetzt hohe Bedeutung zu: Ein exaltiertes historisches Bewusstsein feiert sich selbst bereits als die »Kommune des 10. Mai«.

Zu dem Hochgefühl trägt maßgeblich bei, dass zwei Rundfunksender den Demonstranten dieser Nacht die Politikwerdung ihres Tuns unmittelbar zu Ohren bringen. Europe 1 und Radio Luxembourg nämlich sind mit Übertragungswagen präsent. Deshalb geht es direkt über den Sender, als Alain Geismar, der seine führende Rolle in der Bewegung mit der des Generalsekretärs der Gewerkschaft der Hochschullehrer (SNE-

Sup) verbindet, Claude Chalin, dem Prorektor der Sorbonne, am Telefon die Forderungen der Studenten mitteilt. Gleichwohl erklärt sich der Professor bereit, an Ort und Stelle mit den Studenten über die Wiedereröffnung der Universität und den Abzug der Polizei zu sprechen. Nur mit Blick auf die dritte Forderung – Amnestie für alle verurteilten und inhaftierten Demonstranten – kann der Prorektor keine Zusage machen. Doch will er sich beim zuständigen Minister in diesem Sinne verwenden.

Chalins Versuch der Deeskalation scheitert an den Hardlinern auf beiden Seiten: Die einen wollen die Amnestie sofort (was rechtlich nicht möglich ist), die anderen gar nicht. Auf Initiative des Soziologen Alain Touraine kommt es kurz nach Mitternacht zu einem letzten Vermittlungsversuch: Jean-Marie Roche, der Rektor, empfängt eine Delegation verhandlungswilliger Professoren und Studenten. Dann aber platzt in das Gespräch ein Anruf von Erziehungsminister Peyrefitte, der aus dem Radio weiß, dass unter denen, die Roche gegenübersitzen, auch Daniel Cohn-Bendit sein muss. Als dies sich bestätigt, bricht der düpierte Rektor die Unterredung sofort ab.

Es ist fast 2 Uhr nachts, als die Delegation das Gelände der Sorbonne verlässt. Nach wie vor ist der Rundfunk zur Stelle, und wo noch immer der Transistor läuft, weiß man nun, dass die Stunde der Entscheidung geschlagen hat. So sieht es auch Maurice Grimaud, der Polizeipräfekt von Paris. Er spricht von »Guerillagruppen« und bittet Innenminister Christian Fouchet um einen klaren Befehl. Um 2.12 Uhr beginnt die »Räumung der Barrikaden«.

Was sich während der nächsten dreieinhalb Stunden in den Gassen des Quartier Latin abspielt, sind Szenen von hoher Militanz, auf beiden Seiten: Zehntausend aus dem ganzen Land zusammengezogene Uniformierte der CRS gehen mit Tränengasgranaten, Rauchkerzen und Schlagstöcken gegen etwa ebenso viele Demonstranten vor. Schätzungsweise zwei Drittel derer, die tagsüber protestierten, sind inzwischen nach Hause gegangen; diejenigen aber, die bis jetzt ausgeharrt haben, setzen sich mit Pflastersteinen erbittert zur Wehr. Es fließt Blut, und es fliegen wohl auch Molotowcocktails – jedenfalls brennen etwa 60 Autos aus, doppelt so viele werden beschädigt. 251 der 367 Verletzten, von denen in der offiziellen Bilanz anderntags die Rede ist, sind Polizisten. 460 Demonstranten werden festgenommen.

Die hohen Kosten auf beiden Seiten sind Ausdruck einer Aggressivität, die sich nach stundenlangem angespannten Warten entlädt. Aber sie sind vielleicht auch Folge jener Gewissheit der Studenten, dass ihre Sache beträchtliche Sympathie in der Bevölkerung genießt. Sichtlich beeindruckt registriert der Korrespondent der › Neuen Zürcher Zeitung‹, was diese Unterstützung in der »Nacht der Kommune« konkret bedeutet: » Die Anwohner der Rue Gay-Lussac nahmen für die Studenten Partei. Sie brachten ihnen vor dem Angriff der Polizei Wasser, Biscuits, Schokolade und andere Lebensmittel, warfen nachher Wasser von den Fenstern hinunter, um die Gasschwaden niederzuschlagen, gaben den Studenten nasse Tücher zum Schutz der Gesichter und Atmungsorgane, holten Flüchtende und Verletzte in die Häuser hinein, in einer Solidaritätsbewegung, wie sie in Paris nicht an der Tagesordnung ist.«[13]

Der Morgen nach dem Barrikadenkampf sieht die Fünfte Republik in einer dramatischen Krise, auch wenn ihr Präsident angeblich zu allem schweigt, was ihm der Justiz-, der Innen- und der Verteidigungsminister, Joxe, Fouchet und Messmer, bereits um sechs Uhr in der Früh im Élysée berichten. Den Rest dieses Samstags allerdings wird Charles de Gaulle in Beratungen verbringen; der Pariser Polizeipräfekt und der Rektor der Sorbonne sind zeitweise zugegen, und am Abend ist endlich auch Georges Pompidou von einer Afghanistan-Reise zurück.

Noch in der Nacht tritt der Premierminister vor die Fernsehmikrofone: Die Sorbonne, verspricht er den Studenten, werde am Montag wieder geöffnet, und das Berufungsgericht werde über die Gesuche der vier Demonstranten entscheiden, die im Laufe der vorangegangenen Unruhen verhaftet und zu Gefängnisstrafen ohne Bewährung verurteilt worden waren; alle vor knapp 24 Stunden Festgenommenen kommen bereits am Sonntag wieder frei.

Doch solche Konzessionen vermögen nicht zu besänftigen. Im Gegenteil, Pompidous Ansprache wird weithin geradezu als eine Bestätigung betrachtet – für die Legitimität des Protests im allgemeinen, für die Moralität und die politische Bedeutung der Barrikadennacht im besonderen. Damit aber stehen auch die etablierte Opposition und ihre Institutionen in der Pflicht zur Solidarität mit den Studenten. Schon haben für den kommenden Montag alle großen Gewerkschaftsverbände zu einem 24-stündigen Generalstreik aufgerufen.

Im Urteil der ›Neuen Zürcher Zeitung‹ ist Frankreichs Regierung an diesem Wochenende »vorübergehend ins Schwimmen« geraten, und das Blatt beschließt seinen Bericht mit einer ebenso drastischen wie präzisen Analyse: »Innert einer Woche hat sich die von Cohn-Bendit und kleinen Gruppen von Anhängern ausgehende Bewegung, vor allem nach der Besetzung der Sorbonne durch die Polizei am 3. Mai, zu einer wirklichen *Lawine* ausgewachsen, welche durch die Gewerkschaften die Gesamtheit der Bevölkerung erfaßt oder doch in Mitleidenschaft zieht. Eine für ihre Neigung zum Gaullismus bekannte Zeitung zitiert, wie Ludwig XVI. auf die Nachrichten vom *Sturm auf die Bastille* hin fragte, ob das denn ein Aufruhr sei, und darauf die Antwort erhielt: ›Non, Sire, c'est la révolution!‹. So weit ist es in Paris heute noch nicht. Aber der Abstand von einem kleinen Studentenkrawall zu einer echten revolutionären Situation hat sich in den letzten acht Tagen mit erschreckender Geschwindigkeit verringert.«[14]

Die Ereignisse des 13. Mai 1968 beschleunigen diese Entwicklung weiter. Das allerdings weniger, weil das Datum Anlass bietet für zeithistorische Assoziationen (es ist der zehnte Jahrestag des Putsches der französischen Algerien-Armee, mit dem der Untergang der Vierten Republik eingeläutet wurde und der Wiederaufstieg de Gaulles begann). Bedrohlich wird die Lage der Regierung vielmehr angesichts des schlagartig breiter gewordenen politischen Spektrums, das sich ihr an diesem strahlenden Frühlingstag entgegenstellt: Erstmals agieren die Neue und die Alte Linke gleichzeitig.

Derweil sich im Demonstrationszug der Studenten, angeführt von Geismar, Sauvageot und Cohn-Bendit, hauptsächlich linksradikale und anarchistische Gruppierungen zur Place de la République bewegen, marschieren von der anderen Seite die Parteikommunisten und -sozialisten heran, die in den militanten Richtungsgewerkschaften das Sagen haben, unter ihnen politische Hochkaräter wie Pierre Mendès-France, François Mitterrand, Guy Mollet und Waldeck Rochet. Hunderttausende[15] sind auf den Beinen, schwarze und rote Fahnen vermischen sich. Aber von Einigkeit kann so wenig die Rede sein wie davon, dass das zehn Meter lange Transparent mit der Aufschrift »Studenten, Lehrer und Arbeiter zusammen« die Realität widerspiegelt. Gewiss, auch etliche Professoren zeigen sich nun solidarisch, und viele engagierte Gewerkschafter bekunden ihre Sympathie mit den Studenten, die in den letzten Tagen Mut bewiesen haben im Kampf gegen die allseits verhassten CRS; die einfachen Arbeiter jedoch gönnen sich eher einen freien Montag.

Die Interessen all derer, die nun demonstrieren, sind nicht identisch, und ihre gemeinsame Überzeugung, zehn Jahre Gaullismus seien genug, reicht letztlich nicht weit. Schon das Stück des Weges, das die beiden Formationen zusammen marschieren, von der Place de la République zur Place Denfert-Rochereau, erweist sich als schwierig genug.[16] Dort angekommen, gehen die einen brav nach Hause, die anderen – es sind jetzt nur noch ein paar Tausend – machen sich auf zu der dank Pompidou wiedereröffneten Sorbonne, die sie in der Nacht besetzen. Die Revolte ist damit zurück an dem Ort, wo sie vor zehn Tagen begonnen hat. Hier richtet sie sich ein: als akademische Räterepublik.[17]

Doch der 13. Mai verdeutlicht auch, dass die Universität nicht schon das Universum ist und Paris nicht die Sonne, um die alles kreist: Respektable Demonstrationen gibt es in allen größeren Städten, Streikaktionen im ganzen Land. Von einem Stillstand des öffentlichen Lebens bleibt Frankreich an diesem Tag zwar weit entfernt, aber das Signal für ein massenhaftes Aufbegehren gegen die Kräfte des Konservatismus und der Tradition ist gegeben: In den nächsten 24 Stunden beginnen die ersten wilden Streiks, und binnen einer Woche legt eine Welle von Fabrikbesetzungen große Teile der Wirtschaft lahm. Nochmals ein paar Tage später sind sieben Millionen Franzosen im Streik, drohen die Städte im Chaos zu versinken, funktionieren weder Telefon noch Post noch Müllabfuhr. Die Pariser horten Benzin, und im Crazy Horse Saloon bleiben die Stripperinnen in ihren Kleidern.

Was bei alledem idealistische Solidarität mit den Studenten ist, was spielerische Übertragung ihrer Aktionsformen auf andere Lebensbereiche und Alltagswelten, was die Artikulation wohlverstandener eigener Interessen angesichts einer Situation, in der »alles möglich« zu sein scheint – die Urteile darüber liegen auch Jahrzehnte später noch weit auseinander. Aber man geht wohl nicht fehl in der Annahme, dass im Pariser Mai pure Begeisterung für die – immerhin höchst vagen – Ziele der »Enragierten« außerhalb der Bewegung nur selten anzutreffen ist, häufiger hingegen der Versuch ihrer kalten Instrumentalisierung für andere Zwecke.

Just in diesem kritischen Moment kehrt Daniel Cohn-Bendit dem Zentrum des Aufruhrs den Rücken. In West-Berlin, wo

gerade die aussichtslosen letzten Proteste gegen die Notstandsgesetze über die Bühne gehen und man verzückt nach Frankreich blickt, lässt »Dany« sich als »neuer Danton« feiern. Was
der »anarchistische Marxist«[18] und erklärte Gegner der Parti
communiste français (wie überhaupt des real existierenden
Sozialismus) seinen theoriebegeisterten deutschen Freunden
bei dieser Gelegenheit verkündet – dass es nämlich, entgegen
der Auffassung Herbert Marcuses, auch im Spätkapitalismus
möglich sei, nicht nur Randgruppen, sondern die Arbeiterschaft für eine revolutionäre Bewegung zu mobilisieren –, das
suchen seine französischen Genossen zur selben Zeit überall
im Land in die Praxis umzusetzen: indem sie sich bemühen,
die Heroen der »befreiten« Betriebe darüber zu belehren, dass
es ihnen um mehr gehen muss als um höhere Löhne und kür-
zere Arbeitszeiten. Oft genug freilich bleiben den wilden jungen
Linken die Werkstore auf Weisung der kommunistischen Par-
tei- und Gewerkschaftsfunktionäre verschlossen.

In der Hauptstadt wird die Lage unterdessen immer un-
übersichtlicher. Doch als habe er nicht schon einen Haufen
Probleme, ist Innenminister Fouchet töricht genug, gegen
Cohn-Bendit ein Einreiseverbot zu verhängen. Natürlich provoziert er damit erneuten Aufruhr, diesmal sogar mit einem
peinlichen historischen Unterton: »Wir sind alle deutsche Juden«, skandieren viele Tausend Studenten am Abend des
22. Mai im Quartier Latin, das sie inzwischen als »ihren« Stadtteil empfinden. Aber da gibt es noch eine andere Parole, und
die verdeutlicht, in welcher Distanz sich die Protestbewegten
gegenüber dem Establishment sehen, zu dem sie längst auch
die staatsgläubigen Kommunisten und Gewerkschafter zählen: »Wir sind alle Unerwünschte«.

Keine 48 Stunden später, nach einem Teach-in an der Universität des Saarlandes, zu dem ihn der SDS-Vorsitzende Karl
Dietrich Wolff begleitet, versucht Cohn-Bendit, eskortiert von
etwa eintausend Studenten, am schwerbewachten Grenzüber-

gang Goldene Bremm nach Frankreich einzureisen. Die Zu-
rückweisung ihres internationalistisch gesonnenen Helden mit
deutscher Staatsbürgerschaft kommentieren seine Saarbrücker
Zuhörer mit eindeutigen Sprechchören: »Der Gaullismus
führt zum Faschismus«. Und auch als »Dany le Rouge« vier
Tage später mit schwarz gefärbten Haaren in Paris auftaucht
und vage von der grünen Grenze erzählt, ist die geschichtliche
Analogie nicht weit: Er habe es wie sein Vater gemacht, der
1933 vor den Nationalsozialisten nach Frankreich flüchtete,
nur hätten ihn diesmal nicht die Deutschen gejagt.[19]

In den wenigen Tagen, in denen Cohn-Bendit die Revolution in Deutschland voranzutreiben sucht, ist sie, schenkt man
dem ›Spiegel‹ Glauben, in Frankreich wirklich losgegangen.
»Zwischen Atlantik und Mittelmeer, zwischen Alpen und
Pyrenäen läuteten letzte Woche die Sterbeglocken des Gaullismus«, begründet das sympathisierende Magazin am 27. Mai
sein Titelblatt, auf dem ein Stillleben mit ausgeglühten Autos
die Schlagzeile »Französische Revolution« untermalt.[20] Ungeachtet der großen Krise hatte sich der General am 13. Mai
auf eine seiner vielen Auslandsreisen begeben, auf denen er die
Gloire der Grande Nation so eindrucksvoll zu entfalten weiß.
Erst am 18. Mai bricht de Gaulle seinen Rumänien-Besuch ab,
und seitdem versucht er zu taktieren.

Am 24. Mai, zwei Tage, nachdem die Regierung Pompidou
einen Misstrauensantrag der Opposition knapp überstanden
hat, meldet sich der Staatspräsident über Funk und Fernsehen
endlich zu Wort. In der Sache bleibt de Gaulle auf jener Linie,
die er bereits bei seiner Rückkehr aus dem Ausland in die un-
übersetzbar polemisch-verächtliche Formel faßte: »La réforme
oui, la chienlit non.«[21] Diesmal immerhin bekundet er Bereitschaft, ein Referendum auf den Weg zu bringen, das die Reform
der Hochschulen, die wirtschaftliche Erneuerung des Landes
und soziale Partizipation befördern soll. Aber seine vagen und
stockend vorgetragenen Worte finden kaum ein Echo – außer

auf der Place de la Bastille, wo ihm 25 000 Demonstranten, darunter viele Gewerkschafter der kommunistischen CGT und der linkskatholischen CFDT, ein empörtes »Nein« und »Adieu de Gaulle!« entgegenschleudern. Eine militante Minderheit versucht anschließend sogar, die Pariser Börse niederzubrennen. Als dieser Angriff auf die Kathedrale des Kapitalismus von dessen vermeintlichen Sturmtruppen, den Compagnies républicaines de sécurité, erstickt wird, ziehen sich die jugendlichen Straßenkämpfer ins Quartier Latin zurück. Dort beginnt eine wüste Barrikadenschlacht, blutiger noch als vor 14 Tagen. Und es gibt den – einzigen – Toten des Pariser Mai: Ein Demonstrant wird von einer Tränengasgranate so schwer getroffen, dass er wenig später stirbt.[22]

Doch es sind nicht erst die erneuten Krawalle, die einen Umschwung der öffentlichen Meinung bewirken. Mehr noch ist es wohl die fehlende Aussicht auf ein Ende des nun schon wochenlangen Chaos, welche die Sympathien für die Studenten, zu denen sich Mitte Mai noch fast zwei Drittel der Pariser bekannten, schwinden lässt; inzwischen steht ihnen die Hälfte der Bevölkerung nach eigenem Bekunden »feindlicher« gegenüber.[23] Es naht die Stunde der Kräfte der Ordnung, in welcher Couleur und in welcher Formation auch immer sie erscheinen mögen.[24]

Unter dem Eindruck der schwachen Rede des Staatspräsidenten und wachsender Meinungsunterschiede innerhalb des Regierungslagers bittet der Premierminister für Samstag, 25. Mai, Vertreter der Gewerkschaften und der Unternehmerverbände an einen Tisch – um die Studenten und deren Anliegen geht es längst nicht mehr.

Ort der Verhandlung ist das Ministerium für soziale Angelegenheiten in der Rue de Grenelle, und neben dem Hausherrn, Sozialminister Jean-Marcel Jeanneney, sowie dem energischen jungen Staatssekretär Jacques Chirac kommt auch Pompidou selbst. Bis in den Montagmorgen suchen die Strategen nach einem Kompromiss, der noch dadurch erschwert wird, dass die Gewerkschaften untereinander streiten. Schließlich einigt man sich auf eine Anhebung des gesetzlichen Mindestlohns um 35 und eine allgemeine Lohnerhöhung um 10 Prozent, auf einen 50-prozentigen Lohnvorschuss für die nachzuarbeitende Streikzeit und eine Fixierung der 40-Stunden-Woche. Das freilich heißt, wie sich rasch herausstellt, man hat die Rechnung ohne die rebellische Basis gemacht: Vor allem die jungen Radikalen bei Renault in Billancourt, einer Hochburg der CGT, aber auch die Arbeiter bei Citroën und Sud-Aviation, wo Streik und Betriebsbesetzung besonders früh und massiv begonnen hatten, weisen die Vorschläge vehement zurück.

Immer klarer wird jetzt, dass sich die Forderungen auch in der Arbeiterschaft nicht mehr nur auf wirtschaftliche Verbesserungen richten: Verlangt wird eine »Regierung des Volkes« – und, natürlich, der Rücktritt de Gaulles. Plötzlich liegt der Vergleich mit der Situation des Jahres 1936 in der Luft. Nicht wenige sehen Frankreich wie damals auf eine Volksfront zusteuern – die einen voller Hoffnung, die anderen mit Furcht. Aber es gibt auch die Angst vor einem Militärputsch.

Mit Pompidous Scheitern erreicht die Krise ihren Höhepunkt. Für zwei, drei Tage hat es den Anschein, als sei tatsächlich »alles« möglich. Doch als am Nachmittag des 29. Mai Gerüchte die Runde machen, de Gaulle habe sich per Hubschrauber mit unbekanntem Ziel davongemacht, sei unauffindbar, verunglückt, vielleicht sogar tot, da ist auch die Katharsis nicht mehr fern.

Tatsächlich wird nie ganz klar, worin der Sinn des Kurzausflugs nach Baden-Baden besteht, zu dem der Staatspräsident an diesem Tag unter größter Geheimhaltung aufbricht. Dass er dort seinen alten Kombattanten Jacques Massu, den Kommandierenden General der 5. Französischen Armee, wirklich ins Vertrauen zieht, ist wenig wahrscheinlich. Aber unrealistisch ist auch die Vermutung, dass der Stratege ausgerechnet rechts des Rheins damit beginnt, seine Truppen zu sammeln. So bleibt als plausibelste die Annahme, dass die Staatskrise in diesem Moment auch eine Nervenkrise war – verbunden vielleicht mit der Sehnsucht eines 78-Jährigen, die Metropole des Aufruhrs hinter sich zu lassen, um in der Anonymität des gepflegten Kurorts etwas Ruhe zu finden – und sei es nur für ein paar Stunden.[25]

Am Abend ist de Gaulle zurück auf seinem Landsitz in Colombey-les-deux-Églises, das Spötter voreilig umbenannt haben: Colombey-les-deux-Exiles. Denn am nächsten Tag geht der General in die Offensive, und er benötigt dafür weniger als fünf Minuten: In einer von allen Radiostationen des Landes übertragenen Rede erklärt er mit fester Stimme, nicht er trete zurück und auch nicht sein Premierminister, wohl aber werde die Nationalversammlung aufgelöst. Neuwahlen würden angesetzt, und falls die Streiks nicht aufhörten, werde er, in Übereinstimmung mit der Verfassung, zu Notstandsmaßnahmen greifen. Von einem Referendum, wie vor knapp einer Woche noch angekündigt, will der Präsident nichts mehr wissen. Die Ansprache endet wie bei ihm üblich: »Vive la République! Vive la France!«

Jetzt ist es, als habe halb Paris nur darauf gewartet, daß der alte Haudegen Kampfeswillen zeigt. Die Worte des Staatspräsidenten sind kaum verklungen, da ziehen Hunderttausende in Richtung Champs-Elysées. Die schweigende Mehrheit hat – wenngleich nicht ohne Zutun der gaullistischen Partei, die ihre Anhänger schon seit Tagen aufzuwecken sucht – zur Sprache gefunden, und die ist nicht zimperlich mit denen, die man für die Anstifter aller Übel der letzten vier Wochen hält: »Mitterrand ins Gefängnis« (der Chef der Sozialisten hatte am 28. Mai besonders kaltschnäuzig über einen Rücktritt de Gaulles und/oder seiner Regierung nachgedacht), »Cohn-Bendit nach Dachau«, »Frankreich den Franzosen«. Es wird kräftig gehetzt und ausgegrenzt an diesem Abend; das bürgerliche Frankreich besinnt sich auf seine Stärke.

Damit ist, am Tag vor dem Monatsletzten, der Pariser Mai zu Ende. De Gaulles Entschlossenheit in einem Moment, in dem sein Mythos fast schon vergangen schien, macht alle Pläne der – zerstrittenen – Linken schlagartig zunichte. Die Fähigkeit des Generals, noch einmal massenhaft Vertrauen zu mobilisieren, indem er die Erinnerung hervorholt an seine Rolle als Retter Frankreichs in den Zeiten der Résistance, bedeutet das Aus für die kurzzeitig ventilierten Hoffnungen auf ein sozialistisches Experiment unter Pierre Mendès-France, das den Verfechtern einer Rätedemokratie freilich ebenso missfallen hätte wie den Orthodoxen von der PCF. De Gaulle hat die Bewegung zum Halten gebracht; als Faktum sehen die Studenten das nun kaum anders als die gescheiterten Strategen der Opposition oder die Auguren der öffentlichen Meinung.

Der Rest ist schnell erzählt: Nach den Pfingsttagen ebben die Streiks und Fabrikbesetzungen spürbar ab, und wo dies, wie etwa bei Renault in Flins, nicht der Fall ist, räumen die CRS das Betriebsgelände. Knapp zwei Wochen später beenden Ordnungskräfte das revolutionäre Theater in Jean-Louis Barraults Odéon; seit Mitte Mai »befreit«, stinkt dort inzwischen nicht nur der malträtierte Kostümfundus zum Himmel. Weitere zwei Tage später, am 16. Juni, verlassen die letzten 150 Besetzer die Sorbonne; nachdem ihnen die Polizei freies Geleit zugesichert hat, sind sie offenbar fast erleichtert, nicht länger unter katastrophal gewordenen hygienischen Verhältnissen ausharren zu müssen. Zwar kommt es vor dem Universitätsgelände erneut zu Straßenschlachten, aber das sind die Rückzugsgefechte einer Minderheit, die in der Gewaltanwendung inzwischen geübt ist. Die anarchistisch-bunte Bewegung ist längst wieder in jene theoretisch verfeindeten Sekten auseinandergefallen, aus denen sie die Strategen des »22. März« für ein paar Wochen zusammengeführt hatten. Nicht von ungefähr macht Daniel Cohn-Bendit sich nach Frankfurt davon.[26]

Ende Juni 1968 finden die von de Gaulle veranlassten Parlamentswahlen statt, von denen ein großer Teil der protestbewegten Schüler und Studenten angesichts des Wahlalters von 21 Jahren ausgeschlossen bleibt. Im zweiten Wahlgang erreichen die Gaullisten (UDR) und Giscards Unabhängige zusammen mit 354 (von insgesamt 487) Mandaten eine überragende Mehrheit, während die Linke praktisch halbiert worden ist; Mitterrands Sozialisten sind bloß mehr mit 57, die Kommunisten gar nur noch mit 34 Abgeordneten in der Nationalversammlung vertreten.[27] Seinen längst zum Konkurrenten gewordenen Premierminister kann der Staatspräsident nach diesem Triumph auswechseln, ohne Gefahr zu laufen, dadurch Rückhalt im eigenen Lager zu verlieren; an die Stelle von Pompidou tritt Maurice Couve de Murville.

Neun Monate später allerdings ist auch de Gaulles Zeit abgelaufen: Die politische Krise der Fünften Republik ist überwunden, jetzt steht jene entschlossene Modernisierung von Wirtschaft und Gesellschaft an, die auch treue Gaullisten lieber in jüngeren Händen sehen. So stimmt, als der Präsident das Referendum über die Regionalreform mit der Vertrauensfrage verknüpft, eine Mehrheit von 53 Prozent mit Nein. Im Juni 1969 wählen die Franzosen Georges Pompidou zum Nachfolger des Generals.

Ein Jahr danach, so scheint es, sind die Ereignisse des Pariser Mai nur noch eine ferne Erinnerung. So plötzlich, wie die verspätete Revolte losgebrochen war, so plötzlich war sie verloschen. Und obwohl der Protest der Studenten in Frankreich zu Anfang vielleicht auf mehr Verständnis traf als irgendwo sonst, obwohl der Brückenschlag gerade zu jungen Fabrikarbeitern mancherorts und streckenweise durchaus gelang, stand am Ende auch hier mitnichten der Umsturz der Verhältnisse. Mit ihren politischen Vorstellungen war die Bewegung

gescheitert. Doch war sie deshalb auch gesellschaftlich folgenlos? Was eigentlich blieb von 1968? Und von welcher Art war
das »merkwürdige Jahr«, das sich im kollektiven Gedächtnis –
nicht nur der Franzosen – bis heute gehalten hat?

Antworten auf diese Fragen bedingen Ereignisschilderung
und Analyse, Betrachtung und Vergleich. Denn »68« war (fast)
überall.[28]

Kapitel 1
Im Anfang war Amerika

> »*There is a whole generation
> with a new explanation.*«
> Scott McKenzie, ›San Francisco‹
> (1967)[1]

Wer nach den Wurzeln von »68« sucht, dessen Blick wandert unweigerlich zurück in die hohe Zeit des Kalten Krieges. Der Ost-West-Konflikt der beiden ersten Nachkriegsdekaden, die Formierung der Blöcke und das gesamte Syndrom des ideologischen und militärischen Konfrontationsaufbaus nach 1945 gehören zur Vorgeschichte des »rebellischen Jahrzehnts« – in den Vereinigten Staaten von Amerika nicht anders als in Westeuropa und überall sonst, wo politischer Protest statthaft oder wenigstens möglich war. So bildete das atomare Wettrüsten der fünfziger Jahre vor allem in Großbritannien, aber auch in der Bundesrepublik einen frühen Kristallisationspunkt linker Kritik, und in Frankreich kam dem Kampf gegen den Algerienkrieg eine ähnliche Bedeutung zu.

Dennoch fällt es nicht schwer, die wichtigsten Vorläufer, Vorbilder und Anfänge der später weltweiten Protestbewegung in den USA auszumachen. Dort nämlich, im Herzland des modernen Kapitalismus, brach sich jener Typus radikaler Systemkritik, der nicht aus der Parteinahme für den real existierenden Kommunismus schöpfte, am frühesten und in besonders eindrucksvoller Weise Bahn: im Eintreten für ungeteilte Bürgerrechte, für umfassende politische Partizipation und für die konkrete Utopie einer neuen Gesellschaft.

Greensboro
Der Aufbruch der Civil Rights Movement

Im Unterschied zum Europa beiderseits des Eisernen Vorhangs, das noch geprägt war von den Erfahrungen und Erfor-
dernissen des ökonomischen und politischen Wiederaufbaus,
befanden sich die Vereinigten Staaten Ende der fünfziger Jahre
bereits unter erheblichem inneren Veränderungsdruck. Die
bei weitem wichtigste Ursache dafür war das noch nirgendwo
im Land gelöste Problem der Diskriminierung der Schwarzen – und die in den Südstaaten faktisch herrschende Apartheid. Je mehr eine beispiellos boomende Nachkriegswirtschaft
die von John Kenneth Galbraith (durchaus nicht unkritisch)
beschriebene »affluent society« der weißen Mittelklasse hatte
entstehen lassen, jenes scheinbar alle Unterschiede ausglei-
chende Suburbia des Massenwohlstands und Massenkon-
sums, desto sichtbarer waren die Folgen einer jahrhunderte-
langen Unterdrückung der schwarzen Minderheit geworden:
in den innerstädtischen Armenvierteln des Nordens und Westens fast mehr noch als im von jeher agrarisch-rassistisch ge-
prägten Süden. Die reichste Nation der Erde stand also nicht
nur vor einer großen unerledigten Aufgabe; das freieste Land
der Welt lebte mit einer uneingestandenen gesellschaftlichen
Lüge.

Mit ein wenig Fantasie war diese Lüge mittlerweile allerdings leicht ans Tageslicht zu bringen, und wenn es angeht, die
Szene im Schwimmbad von Nanterre als symbolischen Auftakt von »68« in Frankreich zu deuten, dann gilt Entsprechendes mindestens ebenso sehr für die Aktion, mit der vier Studenten des North Carolina Agricultural and Technical College
acht Jahre zuvor, am 1. Februar 1960, im Woolworth's von
Greensboro für Aufregung gesorgt hatten. Dort jedoch war es
kein vorenthaltenes Zigarettenfeuer, das den Protest entfachte,
sondern eine verweigerte Tasse Kaffee.

Die Situation an einem Montagnachmittag im segregierten Süden wurde zum Politikum, als die abgewiesenen jungen Schwarzen den für Weiße reservierten *lunch counter* nicht verließen, sondern bis Geschäftsschluss sitzenblieben – und in den nächsten Tagen in immer größerer Zahl zurückkehrten. Nach 48 Stunden schlossen sich ein paar weiße Studenten der ruhigen Sitzblockade an, gegen Ende der Woche berichtete das Lokalblatt, schließlich schaltete sich der Bürgermeister ein. Aber da war schon nicht mehr aufzuhalten, was bald Sit-in-Movement genannt werden sollte: Die neue Woche begann mit ähnlichen Aktionen im benachbarten Durham, in Winston-Salem und in Charlotte, um dann rasch über North Carolina hinauszugreifen. Bis Jahresende 1960 waren in South Carolina, Virginia und vielen weiteren Bundesstaaten über 70 000 Menschen dem Beispiel der Greensboro Four gefolgt.[2]

Tatsächlich gelang es in etlichen Fällen, Inhaber von Restaurants und Läden, mitunter sogar ganze Gemeinden von diskriminierenden Praktiken abzubringen und menschenverachtende Parolen (»We don't serve Mexicans, Niggers, and Dogs«) zurückzudrängen. Doch den Protestierenden ging es um mehr als um den Zugang zu ein paar Sportplätzen und die Benutzung öffentlicher Toiletten: Sie suchten das weiße Amerika aufzurütteln, ihm eine Vorstellung vom Ausmaß der nach wie vor herrschenden rassistischen Unterdrückung zu vermitteln, die in den Jim Crow Laws[3] des Südens als ein perfides System der ökonomischen, politischen und persönlichen Benachteiligung der Schwarzen noch immer rechtlich verankert war.

Den Kampf dagegen hatten, zum Teil schon seit einem halben Jahrhundert, von weißen Reformern und schwarzen Akademikern gegründete Verbände wie die National Association for the Advancement of Colored People (NAACP) oder die Urban League (UL) aufgenommen, während des Zweiten Weltkrieges auch der pazifistisch orientierte Congress of Racial Equality (CORE), der zunächst allerdings ausschließlich im

Norden tätig war und bereits 1943 in einem Chicagoer Restaurant ein erstes Sit-in organisiert hatte.[4] Nun, im Frühjahr 1960, waren es vor allem junge Leute aus der nachgewachsenen kleinen schwarzen Bildungselite, die sich über die Sit-ins im Student Nonviolent Coordinating Committee (SNCC) zusammenfanden.[5] »Snick« sollte auf den Gang der Ereignisse bald nicht weniger Einfluss nehmen als die von Martin Luther King jr. geführte Southern Christian Leadership Conference (SCLC), die seit 1957 als Dachorganisation politisch engagierter Kirchengemeinden fungierte und der neuen Studentenvereinigung Pate stand.

Wohl wurden die Proteste seit Greensboro häufiger und ihre regionale Verbreitung nahm zu, doch weiterhin galt das Prinzip der *nonviolent direct action*, wie es die Selbsthilfeorganisationen aus den Erfahrungen der vierziger und fünfziger Jahre heraus entwickelt hatten. Allerdings besaß die in Schwung kommende Bewegung mit King, dem promovierten Theologen und Pfarrer, inzwischen einen Repräsentanten, der sich auf Gandhi zu berufen wusste und ihre politischen Forderungen nicht nur theologisch zu begründen verstand, sondern mit wachsendem Charisma und steigender Beachtung in den Medien geradezu verkörperte.

Zugleich verfestigte sich bei der schwarzen Minderheit, zumal bei den jetzt hinzustoßenden jungen Aktivisten, das Bewusstsein dafür, wie wenig die im zurückliegenden Jahrzehnt erstrittenen Gerichtsurteile an der Lebenswirklichkeit in den Südstaaten verändert hatten. So war die Entscheidung des Obersten Gerichtshofs der USA, der die Rassentrennung in Schulen 1954 für ungesetzlich erklärt hatte (im Verfahren *Brown vs. Board of Education*), auf den erbitterten Widerstand der weißen Mehrheit gestoßen und hatte dem schon randständig gewordenen Ku-Klux-Klan neuen Zulauf beschert. Unter solchen Verhältnissen hatte es wie ein Erfolg erscheinen können, als Präsident Eisenhower sich im September 1957 gezwungen sah, in Little Rock, der Hauptstadt von Arkansas, die 101st Airborne Division gegen den Gouverneur und den weißen Mob in Stellung zu bringen, um dem Recht einer Handvoll schwarzer Schüler Geltung zu verschaffen.[6] Doch zwei Jahre später gingen im Süden immer noch 99 Prozent der schwarzen Jugendlichen auf segregierte Schulen.[7] Angesichts solcher Beharrungskräfte wuchs die Ungeduld derer, die sich unterdessen als Civil Rights Movement begriffen. Und es wuchsen die Erwartungen an den Machtwechsel im Weißen Haus, der im Januar 1961 bevorstand.

Die Ablösung des in zwei Amtsperioden sichtlich müde gewordenen Weltkriegsgenerals Dwight D. Eisenhower durch den strahlenden Mittvierziger John F. Kennedy signalisierte nach allgemeiner Auffassung weit mehr als einen (wenn auch nur äußerst knapp) gelungenen Machtwechsel von den Republikanern zu den Demokraten: Vom ersten Moment an galt Kennedy als die Verkörperung der modernen Politik einer neuen Generation.

Mit Blick auf das ungelöste Apartheidproblem waren das allerdings bloße Vorschusslorbeeren. Wohl hatte sich der Senator von Massachusetts im Wahlkampf zu den Bürgerrechten bekannt, in der Schlussphase auch ostentativ mit der schwangeren Ehefrau von Martin Luther King telefoniert, der gerade wieder einmal in Haft genommen worden war. Doch als das dürftige innenpolitische Programm der neuen Regierung erkennbar wurde, sahen sich die schwarzen Anhänger Kennedys enttäuscht – darunter viele, denen es mit Unterstützung der Studenten des »Snick« zum ersten Mal gelungen war, sich in das Wählerverzeichnis eintragen zu lassen und ihr Stimmrecht auszuüben: Unter dem Druck seiner Parteifreunde aus dem Süden hatte sich der Präsident von der Idee einer weitreichenden Gesetzesinitiative schon verabschiedet, noch ehe die in diese Richtung drängenden Experten überhaupt zum Zuge gekommen waren.[8] Selbst das in der berühmten Fernsehdebatte mit Richard Nixon gegebene Versprechen, die Rassentrennung im bundesfinanzierten sozialen Wohnungsbau sofort nach seiner Wahl aufzuheben, erfüllte Kennedy nicht. Bürgerrechtler schickten ihm daraufhin Tausende von Kugelschreibern ins Weiße Haus, denn im Unterschied zu manch anderem auf ihrer Agenda konnte der Präsident diese Sache erledigen, ohne den Kongress zu konsultieren. Es bedurfte dazu bloß seiner Unterschrift, doch die zögerte JFK fast zwei Jahre lang hinaus.

Ungeachtet einiger freundlicher Gesten und des charmanten, offenen Stils, in dem er den Führern des schwarzen Amerika begegnete, erschien Kennedy zu Beginn seiner Amtszeit in Sachen Bürgerrechte geprägt von einer, so sein Berater und Biograf Arthur M. Schlesinger jr., »terrible ambivalence«.[9]

Unter den Aktivisten der Civil Rights Movement wuchs darüber die Ungeduld. Seit Rosa Parks sich 1955 in Montgomery/Alabama geweigert hatte, ihren Sitzplatz in einem Linienbus für einen Weißen frei zu machen, und ihre Verhaftung den bis dahin größten Boykott ausgelöst hatte,[10] war mehr als ein halbes Jahrzehnt vergangen; und obwohl das Oberste Bundesgericht die Rassentrennung im öffentlichen Busverkehr daraufhin für unzulässig erklärt hatte, galten »desegregierte« Busse in den Südstaaten noch immer als Provokation.

Genau darauf legte es der Congress of Racial Equality jetzt an. Unter der Regie seines neuen Direktors James Farmer bestiegen am 4. Mai 1961 sieben Schwarze und sechs Weiße in Washington zwei Überlandbusse Richtung Süden. Ihr einziges Ziel: mit den sogenannten Freedom Rides[11] eine Krise zu inszenieren, die es weltweit in die Schlagzeilen schaffen und Kennedy zu entschlossenerem Handeln zwingen würde.

Zwar blieb der letzte Teil dieser Rechnung einstweilen offen, aber die Bilder eines in Flammen aufgehenden Autobusses und die Berichte über zusammengeschlagene und inhaftierte Aktivisten – darunter ein älteres weißes Lehrerehepaar – verfehlten ihre Wirkung nicht: CORE gewann Zuspruch und

Zulauf als eine Organisation, die sich den Missständen kraftvoll, ja inzwischen aggressiv entgegenstellte. Und obgleich der Aktion noch jahrelange Rechtshändel folgten (nicht wegen der Übergriffe des weißen Mobs, sondern wegen der exorbitanten Geldstrafen gegen die Freedom Riders), war die Rassentrennung in den Bahnhöfen und Bussen der großen Transportgesellschaften gegen Ende des Jahres praktisch beseitigt.

Es war zweifellos auch der Eindruck, dass man als Einzelner etwas tun konnte, dass moralisches Engagement nicht abstrakt bleiben musste, was nun vor allem junge Leute anzog. Nicht zufällig wurde das christlich inspirierte ›We Shall Overcome‹ zum Erkennungslied einer wachsenden Gemeinde enthusiastischer Aktivisten, die sich in vielfältiger und im Süden oft auch Mut verlangender Weise engagierten, vor allen in den Aktionen des studentischen SNCC.

Und doch wird man, wie eigentlich bei allen Protestbewegungen der sechziger Jahre, auch bei der amerikanischen Civil Rights Movement unterscheiden müssen zwischen den definierten Zielen organisatorischer Kerngruppen und den eher diffusen Motiven ihrer Anhängerschaft. Im Zweifelsfall erwuchs die Dynamik aus einer »von oben« geplanten Eskalation. Ein klares Beispiel dafür waren schließlich auch die Vorgänge in Birmingham/Alabama im Frühjahr 1963, mit denen Martin Luther Kings unter Druck geratene SCLC die Kennedy-Brüder aus der Reserve zu locken suchte.[12]

Nach einer Serie friedlicher Demonstrationen in Albany/Georgia im Sommer 1962, die King und viele seiner dortigen Gefolgsleute zwar ins Gefängnis gebracht, ansonsten aber nichts bewirkt hatte, setzte der Baptistenpfarrer jetzt auf einen Strategiewechsel. Aktueller Anlass war die Absicht der Washingtoner Regierung, allen Aktivitätsdrang auf ein großes »Voters Education Project« zu lenken, das viele Wohlmeinende binden, aber nicht auf den tiefen Süden ausgedehnt werden sollte, wo die Aktivisten – zu Recht – den größten Handlungsbedarf sahen. King erklärte daraufhin, dem System der Segregation müsse durch direkte Konfrontation das »Rückgrat gebrochen« werden. »Project C« (für Confrontation) folgte einer regelrechten Dramaturgie: Nach dem »B-Day« (für Boykott) am 3. April 1963 gab es Sit-ins und kleinere Demonstrationen, dann ein paar Protestmärsche zum Rathaus von Birmingham.

Als King eine Gerichtsentscheidung missachtete, die weitere Aktionen in dem als extrem rassistisch bekannten »Bombingham« untersagte, wurde er Mitte April erwartungsgemäß inhaftiert – und schrieb seinen berühmt gewordenen »Letter from Birmingham City Jail«. Darin verteidigte er nicht nur eindrucksvoll die moralische Legitimität des gewaltlosen zivilen Ungehorsams, sondern zieh die liberalen Weißen der Untätigkeit: »I have almost reached the regrettable conclusion that the Negro's great stumbling block is not the White Citizen's Counciler or the Ku Klux Klanner but the white moderate who is more devoted to ›order‹ than to justice.«[13]

Die Attacke auf die noch weitgehend schweigende weiße Mehrheit zwang zugleich auch jene zögerlichen Schwarzen in die Solidarität, die sich bis dahin abseits gehalten oder gar, wie einige ihrer lokalen Führer, gegen Kings Kampagne und für eine Verständigung mit der weißen Geschäftswelt ausgesprochen hatten. Im Ergebnis waren die Gefängnisse bereits übervoll mit Demonstranten, als Polizeichef Eugene »Bull« Connor am 3. Mai seine mit Knüppeln bewaffnete Truppe gegen den mittlerweile angelaufenen »Kreuzzug der Kinder« hetzte. Die Fernsehbilder, die das weiße Amerika der Mittelklasse nun zum Abendessen serviert bekam – Schäferhunde im Angriff auf schwarze Kinder, Wasserwerfer im Einsatz gegen ein kleines Mädchen –, lösten im ganzen Land Entsetzen aus. Walter Lippmann, der Doyen des amerikanischen Journalismus, brachte die Dinge in seiner vielgelesenen Kolumne auf den Punkt: »The cause of desegregation must cease to be a Negro movement, blessed by white politicians from Northern states. It must become a national movement to enforce national laws, led and directed by the National Government.«[14]

Unter dem Eindruck zahlloser Folgedemonstrationen überall im Süden, fast 15 000 Verhafteten[15] und der Aufmerksamkeit, die die Unruhen weltweit fanden, begriff endlich auch John F. Kennedy, dass die Zeit des bloßen Taktierens vorüber, dass ein großer gesetzgeberischer Schritt nach vorne vonnöten war. Den Anlass für ein entsprechendes Signal lieferte, ziemlich prompt, ausgerechnet der Gouverneur von Alabama, George Wallace, als er zwei jungen Schwarzen die Einschreibung an der bis dahin rein »weißen« Staatsuniversität verweigern wollte. Kennedy drohte Wallace daraufhin mit dem Einsatz der Nationalgarde – und begründete seine neue Entschlossenheit in einer Fernsehrede, in der er nichts weniger als eine »moralische Krise« Amerikas konstatierte.[16]

Radikale Kritik an den Zuständen im eigenen Land konnte sich fortan auf den Präsidenten berufen. Wer für Veränderungen eintrat, war nicht mehr einfach als »subversiv« oder »kommunistisch« abzutun, wenngleich J. Edgar Hoover und sein FBI genau dies immer wieder versuchten: gerade auch im Vorfeld jener großen Aktion, mit der die Bürgerrechtsbewegung ihr Thema in die Hauptstadt zu tragen gedachte.

Seitdem die Pläne für einen »Marsch auf Washington« im Frühsommer 1963 Gestalt annahmen, arbeitete das FBI fieberhaft daran, die Civil Rights Movement als kommunistisch infiltriert darzustellen. Zwar gelang es Martin Luther King, dem die Angriffe vor allem galten,[17] durch rasche Distanzierung von zwei politisch belasteten engen Mitarbeitern den Schaden zu begrenzen. Für das konservative Amerika aber blieb ein Schatten des Verdachts, und umgekehrt orakelten misstrauische Linke über Kings Manipulierbarkeit durch das Washingtoner Establishment. Wenn es noch der Gründe für eine fortschreitende innere Fraktionierung der Bewegung bedurfte, dann hatte Hoover sie geliefert.

Doch erst einmal, und trotz aller Spannungen, wurde das Ereignis (eigentlich kein Marsch auf die Hauptstadt, sondern ein kurzer innerstädtischer Demonstrationszug entlang der Mall zum Lincoln Memorial) tatsächlich jener Erfolg, den NAACP, CORE, SLCC, UL und SNCC sich erhofft hatten: Eine Viertelmillion schwarzer und weißer Amerikaner bekundete den Willen zum friedlichen und gleichberechtigten Miteinander, und die ›New York Times‹ erkannte im 28. August 1963 den Tag der Transformation der Bewegung: »The white middle class embraced the movement, and their children joined it.«[18]

Martin Luther Kings berühmt gewordene Rede (»I have a dream«) markierte den Höhepunkt der »biracial movement«, die das Ende der Apartheid im Süden und eine klare gesellschaftliche Integrationsstrategie verlangte. Kennedy blieb dafür keine Zeit mehr. Umso entschlossener machte sich, nach dem Attentat auf den Präsidenten am 22. November 1963, dessen Nachfolger Lyndon B. Johnson ans Werk: Der Civil Rights Act von 1964, dem im Jahr darauf ein Voting Rights Act folgte, bedeutete die umfassendste Bürgerrechtsgesetzgebung in der Geschichte der USA.

Doch mit »big government« zugunsten der so lange benachteiligten Schwarzen waren keineswegs alle Probleme gelöst. Im Gegenteil kündigten sich neue an, denn längst schon war der optimistische Glaube, eine bessere Zukunft für alle sei möglich, nicht mehr ungetrübt. Das Vertrauen in die pragmatische Machbarkeit eines moderneren Amerika, das in Johnsons Programm für eine »Great Society« seinen so zeittypischen Ausdruck fand, stieß inzwischen auf doppelten Widerspruch: nicht mehr nur auf die Unversöhnlichkeit der reaktionären Weißen, sondern auch auf die Gegnerschaft einer zwar winzigen, aber doch wachsenden Minderheit radikal argumentierender Schwarzer. Letztere schienen umso eher die Zukunft zu repräsentieren, als sich ihre Ansichten ziemlich nahtlos mit jener Fundamentalkritik des kapitalistischen Systems verbinden ließen, deren Reformulierung seit Anfang des Jahrzehnts eine an ihrer Selbsterneuerung arbeitende Linke betrieb.

Berkeley
Das Recht auf freie Aussprache

Nach dem Kollaps der Communist Party in der zweiten Hälfte der fünfziger Jahre, die sich in ihrem Dogmatismus gewissermaßen zwischen McCarthys Kommunistenhatz und Chruschtschows Entstalinisierung aufgerieben hatte,[19] waren es im Kern meist Kinder aus dem alten (also weißen) sozialistischen Milieu, die seit den frühen sechziger Jahren an einigen Universitäten im Nordosten und Westen der USA politisch neuen Anlauf nahmen.[20] Ermutigt durch das Beispiel der Bürgerrechtsbewegung im Süden – und fasziniert von den dort zum Teil schon erlebten Aktionsformen –, suchten diese unabhängigen jungen Linken nach einer Perspektive jenseits von Sowjetkommunismus und Kapitalismus.[21] Im Unterschied zu ihren Altvorderen setzten sie jedoch mehr auf intellektuelle Reflexion denn auf straffe Organisation. So definierte sich die entstehende New Left nicht zuletzt durch einen neuen Stil. Davon zeugten theoretisch ambitionierte neue Zeitschriften, mehr noch aber kündete davon ein Papier, das schon im Moment seiner Veröffentlichung, im Sommer 1962, die Geltungskraft eines Epochendokuments reklamierte: das Port Huron Statement der Students for a Democratic Society (SDS).[22]

Ihren Anspruch, im Namen einer ganzen Generation zu sprechen, unterstrichen die Verfasser bereits im ersten Satz der bald in 60 000 Exemplaren verbreiteten Erklärung: »We are people of this generation, bred in at least modest comfort, housed now in universities, looking uncomfortably to the world we inherit.«[23] Was folgte, war eine eindringliche Gegenwartsanalyse im hohen Ton der Moralität. In der Wahrnehmung dieser Studenten hatte sich Amerika seit den glücklichen Tagen ihrer Kriegs- und Nachkriegskindheit im »reichsten und stärksten Land der Erde« sehr zu seinem Nachteil verändert. Hauptgründe ihrer Beunruhigung waren die fortdauernde Demütigung der Schwarzen im Süden des Landes und die atomare Bedrohung der Menschheit im Zeichen des Kalten Kriegs.

Die fundamentale Verletzung aller humanen Werte, die sie in beidem erblickten und mit der sie ein ganzes Szenario der Diskrepanzen zwischen Verfassungsideal und amerikanischer Wirklichkeit verknüpften, verlangte nach Einmischung. Genau darauf zielte denn auch der Leitbegriff des Manifests, auf das sich, nach tagelangen Diskussionen, ein paar Dutzend Linke (darunter mit Michael Vester auch ein Vertreter des deutschen SDS) in einem Gewerkschaftshaus am Lake Huron/Michigan verständigt hatten: »participatory democracy«.

Wie wenig die in diesem Begriff enthaltenen Vorstellungen von einer erneuerten Demokratie, von besseren sozialen Einrichtungen und gleichen Lebenschancen für alle mit der politischen Praxis in den Staaten des real existierenden Sozialismus zu tun hatten und wie viel mit der politischen Theorie des gerade verstorbenen New Yorker Soziologen C. Wright Mills, das offenbarte sich jedem, der sich der Mühe der Lektüre unterzog. Doch die Erklärung demonstrierte nicht nur den belesenen Idealismus ihres begabten jungen Autors Tom Hayden, sie atmete auch bereits ein wenig die utopisch-harmonische Weltsicht derer, die ein halbes Jahrzehnt später für Flower Power optierten: »We would replace power rooted in possession, privilege, or circumstance by power and uniqueness rooted in love, reflectiveness, reason, and creativity. As a *social system* we seek the establishment of a democracy of individual participation, governed by two central aims: that the individual share in those social decisions determining the quality and direction of his life; that society be organized to encourage independence in men and provide the media for their common participation.«[24]

Der Weg in diese Gesellschaft der Zukunft sollte durch die Universitäten führen, und auch dafür hatte Mills das Stichwort geliefert: in seinem ›Letter to the New Left‹, in dem er bereits 1960 den englischen Marxisten im Umkreis von E. P. Thompson widersprochen und anstelle der mythologisierten Arbeiterklasse eine weltweit hervortretende »young intelligentsia« als Motor des radikalen Aufbegehrens ausgemacht hatte.[25]

Kein Wunder, dass die Students for a Democratic Society sich für solche Prognosen begeisterten. Doch an den Universitäten blieb es noch eine ganze Weile still. Zwar studierten einige Grüppchen die neuen radikalen Texte, zwar lasen manche Camus und Kafka und Kerouac; die Mehrheit aber blieb desinteressiert – und steuerte offenbar geradewegs in jenen Zustand politischer »Apathie«, in dem die Aktivisten das fürchterliche Grundleiden der amerikanischen Gesellschaft diagnostiziert zu haben glaubten.

Wer allerdings zur selben Zeit, im Sommer 1962, in den brodelnden Süden blickte, wo nun immerhin schon zum zweiten Mal etliche Studenten ihre Semesterferien in den Kampagnen der Civil Rights Movement verbrachten, dem musste die Diagnose von Port Huron fast schon ein wenig überholt erscheinen. Von Friedhofsruhe jedenfalls konnte schwerlich mehr die Rede sein, und noch viel weniger galt das einen Sommer später, nach dem »Marsch auf Washington«, als die SDS, dem Vorbild des im Süden agierenden SNCC folgend, die Ghettos der Schwarzen und die verarmten Weißen im Norden entdeckten. »Interracial Movement of the Poor« lautete die Devise der neuen Projekte, unterstützt durch ein bisschen Geld aus der Kasse der Automobilarbeitergewerkschaft.[26]

So begrenzt diese Exkursionen in die Welt der Unterprivilegierten am Ende auch blieben und so schwierig sich das po-

litische Gespräch mit ihnen erwies: Allein die Versuche signa-
lisierten eine Entschlossenheit, einen Willen zur praktischen
Veränderung, der in die Hochschulen zurückwirken musste.
Am frühesten und höchst eindrücklich war das in Berkeley zu
beobachten. Dort nämlich, auf dem Campus der renommierten University of California, keineswegs ein Hort besonders
verknöcherter Strukturen, entwickelte sich im September 1964
binnen weniger Tage eine veritable Revolte.

Hintergrund waren die schockierenden Erfahrungen des
sogenannten Mississippi Freedom Summer, an dem sich etwa
tausend überwiegend junge Leute, meist weiße Studenten,
beteiligt hatten. Die Kampagne, bei der es vor allem um die Re-
gistrierung schwarzer Wähler für die bevorstehende Nomi-
nierung des Präsidentschaftskandidaten der Demokraten gegangen war, hatte zu einem schier unglaublichen Ausbruch
rassistisch motivierter Gewalt geführt: Auf drei Dutzend der
Aktivisten war geschossen, nicht weniger als sechs waren ermordet worden, rund 30 Bombenanschläge hatte es gegeben –
und das alles, ohne daß Washington Bundestruppen geschickt
hätte.[27]

Wer solches als Freiwilliger erlebt hatte, der kehrte zu Beginn des neuen Studienjahres mit Wut im Bauch zurück an
seine Alma mater; der sträubte sich dagegen, zum akademischen Normalprogramm überzugehen, als wäre nichts geschehen; der wollte reden, seine ahnungslosen Kommilitonen auf-
klären. So auch Mario Savio, Student in Berkeley und dort
schon wenig später die prominenteste Figur einer Aktion, für
die sich – wie für das meiste in diesen auf Medienwirkung
bedachten Zeiten – sehr schnell ein einprägsamer Name und
die entsprechende Abkürzung fanden: Free Speech Movement
(FSM).[28]

Trotz aller mitgebrachten Erregung über die Zustände im
Süden wäre es vermutlich aber auch in Berkeley dabei geblieben, dass vergleichsweise kleine politische Gruppen, wie seit

Jahren schon, vor dem Hauptportal ein paar Büchertische auf-
schlugen und mit der Sammelbüchse herumgingen. Doch
genau darin erblickte die Universitätsleitung im Herbst 1964
plötzlich einen Schandfleck, den sie mit der durchsichtigen
Begründung zu beseitigen trachtete, die Informationsstände
behinderten die Fußgänger. Daraufhin schleppten die Studenten ihre Tische direkt auf den Campus, organisierten eine
»nicht-sektiererische« United Front – und interpretierten den
Konflikt grundsätzlich, nämlich als Beschneidung ihres verfas-
sungsmäßigen Rechts auf freie Meinungsäußerung.

Mit diesem Argument ließen sich, leichter als mit der Aus-
rufung einer neuen Organisation, die Sympathien fast aller
Lehrenden und Lernenden gewinnen, die sich in Berkeley als
Liberale betrachteten.[29] Die Initiation einer neuen Bewegung
kam deshalb auch erst richtig in Gang, als die Universitätspo-
lizei am Mittag des 1. Oktober, nach einigen nicht genehmig-
ten Kundgebungen in den Tagen zuvor, einen jungen Mann
festzunehmen versuchte, der auf dem Campus verbotener-
weise agitierte.

Jack Weinberg, ein Aktivist des CORE, aber kein Student in
Berkeley, saß bereits im Streifenwagen, als jemand rief: »Sit
down!« Binnen kurzem war die Szene von einer dichten Men-
schenmenge umlagert, und für die nächsten 32 Stunden sollte
das so bleiben. Mario Savio nutzte das Dach des Polizeiautos
in dieser Zeit wiederholt für deftige Ansprachen an seine Kommilitonen; dass dies – wie die Chronisten registrierten: ohne
Schuhe, aber mit Erlaubnis der Polizei – geschehen konnte,
dürfte auch daran gelegen haben, dass die Ordnungshüter nicht
begriffen, mit wem der Redner sie verglich, als er davon sprach,
sie täten ihre Pflicht wie Adolf Eichmann.[30]

Trotz einer mittlerweile ziemlich aufgeladenen Atmosphäre fand die Sitzblockade am 2. Oktober ein friedliches Ende. In
dem Bewusstsein, in Mississippi schon dem Ku Klux Klan die
Stirn geboten zu haben, hatten die Verhandlungsführer ihrem

Universitätspräsidenten ein hartes Ringen geliefert – und nicht zuletzt die Rücknahme der gegen Savio und sieben weitere Aktivisten verhängten Suspendierung erreicht. Vor allem aber hatten sie ein Komitee durchgesetzt, dem auch Studenten angehörten und das neue Regeln für politisches Engagement auf dem Campus festlegen sollte.

Mit diesem Erfolg im Rücken erschien die organisatorische Verfestigung unausweichlich. Tatsächlich wurde, was eben noch ein lockeres Bündnis ziemlich heterogener Grüppchen gewesen war, als Free Speech Movement für die nächsten Monate in Berkeley zum bestimmenden Akteur. Sprechende Bilder und (nicht selten tendenziöse) Zeitungsberichte machten die anhaltenden Demonstrationen und Proteste, die inzwischen auch auf eine prinzipielle Reform der Universitätsausbildung zielten, überall in den USA bekannt. Aber dass es Anfang Dezember erneut zu einer Massenmobilisierung kam, verdankte sich weniger den (längst wieder fraktionierten) Trägergruppen der FSM als vielmehr dem taktischen Hin und Her einer gespaltenen Universitätsleitung und ihrem törichten Versuch, die Anführer der Herbstrevolte doch noch zu bestrafen.

Die Studenten antworteten darauf mit der Besetzung von Sproul Hall, des imposanten Verwaltungsgebäudes der Universität, vor dem sich am Mittag des 2. Dezember 1964, wie schon so oft, eine große FSM-Gemeinde eingefunden hatte. In einer flammenden Rede hatte Mario Savio, sich dabei ausdrücklich auf Henry David Thoreau beziehend, die historische Ikone des gewaltfreien Widerstands, von der Pflicht gesprochen, sich der »Maschine« zu verweigern; Joan Baez hatte Dylans ›The Times They Are A-Changin‹ gesungen und am Ende das Lied der Bürgerrechtler intoniert: ›We Shall Overcome‹. Danach strömten mehr als tausend Studenten in das Haus – in der erkennbaren Absicht, es so schnell nicht wieder zu verlassen. Man diskutierte, spielte Schach, schaute Chaplin-Filme an, bereitete Mahlzeiten zu und richtete sich ein für die Nacht.

Wenig später hätte man vielleicht von einem Happening gesprochen, doch das Geschehen war nicht nur friedfertig: Es
gab auch Einbrüche in einige Büros, und um drei Uhr früh
befahl der Kanzler die Räumung.

Dreizehn Stunden lang, bis in den Nachmittag des 3. Dezember, ließen sich annähernd 800 Studenten von knapp halb
so vielen Polizisten aus dem Gebäude tragen – so, wie man es
von den Sitzblockaden der Civil Rights Movement kannte. Die
größte Massenverhaftung in der Geschichte des Bundesstaates
Kalifornien traf keineswegs nur Aktivisten der FSM. Vielmehr
bildeten die Festgenommen nahezu einen Querschnitt der
Studenten; überrepräsentiert waren lediglich Hochschüler
jüdischer Herkunft, die in Berkeley ein Fünftel, unter den Verhafteten jedoch ein Drittel ausmachten. Alle aber waren, zum
Erstaunen der bald nachforschenden Psychologen, überdurch-
schnittlich unabhängig, impulsiv und nonkonformistisch.[31]

Doch auch bei denen, die sich weniger trauten, stießen die
Verhaftung und erkennungsdienstliche Behandlung so vieler
Kommilitonen mehrheitlich auf Kritik. Die Antwort war ein
Unterrichtsstreik, an dem sich etwa die Hälfte der Studenten
beteiligte. Die Universitätsspitze, das war nun offensichtlich,
hatte überzogen – und ruderte in einer spektakulären Vollversammlung zurück. Nicht nur verzichtete sie auf diszipli-
narische Maßnahmen gegen die Festgenommenen; am Ende
neuer Verhandlungen mit den Vertretern der FSM musste der
Kanzler gehen, und es gab großzügige Regeln für politische
Aktivitäten auf dem Campus.

Der Triumph, den die Bewegung damit erzielt hatte, war
freilich gleichbedeutend mit dem Verlust ihres Fokus; was
folgte, waren eher läppische Auseinandersetzungen darüber,
ob das Recht auf Free Speech auch die Lizenz für Filthy Speech
einschließen sollte. Immerhin demonstrierten diese Strei te-
reien, wie wenig eine auf protestantisches Leistungsethos und
prüdes Effizienzdenken gegründete Ausbildungsanstalt, die

ihre Erstsemester, wie die Kritiker höhnten, zuallererst im sorgsamen Umgang mit IBM-Lochkarten unterwies,[32] mit jenem (multi-)kulturellen Aufbruch anzufangen wusste, der vor allem in Kalifornien längst im Gange war und der auch das Leben in Berkeley zunehmend prägen sollte.

Aus einer gesellschaftlichen Ordnung auszubrechen, die ihnen seit 1945 im Kalten Krieg erstarrt, ja eingefroren schien: Das war es, was nun immer mehr junge Menschen als notwendig und attraktiv empfanden, und daraus ergab sich geradezu zwingend jene Parole, die, in Berkeley geboren, bald um die Welt gehen sollte: »You can't trust anybody over thirty.«[33] Die Übergänge zwischen den Forderungen nach radikalen Veränderungen im politischen System und den »weicheren« Vorstellungen von einer anderen Kultur und Gesellschaft erwiesen sich dabei als fließend. Neben denen, die wie Mario Savio erklärten, Geschichte nicht mehr studieren, sondern machen zu wollen, wuchs die Zahl der eher hedonistisch Orientierten, die sich nach dem Ende der FSM von den »winds of change« forttragen ließen, bis auf weiteres zum Surfen gingen und die Beach Boys hörten. Doch im Frühjahr 1965 kam die nächste Welle moralischer Erregung bereits in Sicht.

Vietnam
Die Globalisierung des Protests

Ziemlich exakt seit einem Jahrzehnt schon, seit dem Rückzug der Franzosen im Herbst 1954, waren die Vereinigten Staaten in Südvietnam mehr oder weniger verdeckt militärisch aktiv, als die wachsende Bedrohung des dortigen Regimes durch kommunistische Guerilla aus der Sicht des Pentagon eine Ausweitung des Engagements zu verlangen schien. Den Anlass dafür lieferte in den ersten Augusttagen 1964 der – provozierte – Beschuss des US-Zerstörers »Maddox« durch nord-

vietnamesische Patrouillenboote. Der Weg in den Vietnamkrieg war damit vorgezeichnet.

Daß es sich bei dem (im Grunde nicht sehr spektakulären)
Zwischenfall im Golf von Tonkin um einen Vorwand handeln
könnte, vermuteten anfangs wohl nur wenige Zeitgenossen.
Zu ihnen gehörte allerdings der linke Publizist I. F. Stone, der
dies als Einziger auch schrieb und mit seiner höchst kritischen
Sicht auf die Entwicklung der amerikanischen Vietnampolitik
im Dezember 1964 einen New Yorker Konvent der Students for
a Democratic Society zum Handeln brachte. Während die
wachsende Einmischung der USA in Indochina bis dahin nämlich selbst bei den pazifistischen Traditionsgruppen kaum zum
Thema geworden war, beschlossen die SDS nun für das nächste Frühjahr einen »Marsch auf Washington«.[34]

Zu diesem Zeitpunkt ahnte niemand, wie rasch und wie
sehr sich die amerikanische Präsenz in Südvietnam ausweiten
sollte: Zwar war die Zahl der »Militärberater« bereits im Laufe des Jahres 1964 auf rund 23 000 gestiegen, doch nach Angrif-
fen des Vietcong auf US-Stützpunkte im Februar 1965 eskalierte die Situation. Mit der Operation »Rolling Thunder«,
der Bombardierung des Ho-Chi-Minh-Pfads, und der Entsen-
dung regulärer Kampftruppen begann Anfang März der offene Krieg. Zu Jahresende 1965 waren am Boden und in der Luft
bereits 184 000 amerikanische Soldaten im Einsatz; drei Jahre
später sollten es mehr als eine halbe Million sein.

Unter dem Eindruck dieser schnellen Zuspitzung wurde die
SDS-Demonstration in Washington am 17. April 1965 zur bis
dahin größten Kundgebung gegen den Krieg in Vietnam. Mit
etwa 20 000 Teilnehmern brachten die Studenten zwar nicht
annähernd so viele Menschen zusammen, wie 20 Monate zuvor
Martin Luther King in der Hauptstadt zugehört hatten. Aber
der Erfolg bestand darin, dass ihre doch nach wie vor recht
elitäre Organisation überhaupt eine gewisse Mobilisierungs-
kraft bewiesen hatte – und daß sich aus der linken Studenten-

und einer älteren Friedensbewegung seitdem etwas Übergreifendes zu entwickeln begann, in das auch Motive der Civil Rights Movement Eingang fanden: die Antikriegsbewegung.

Tatsächlich war es von nun an in der Hauptsache die Opposition gegen den Krieg in Vietnam, aus der die amerikanische (und bald schon auch die bundesdeutsche) Protestbewegung ihre Energie bezog. Mit der Verbreiterung der Bewegung ging allerdings auch eine politische und kulturelle Auffächerung einher. Was die Führung der studentischen Linken im Zweifelsfall weiterhin eher intellektuell und theoretisch formulierte – es gehe darum, mit Hilfe einer »starken sozialen Bewegung« die Institutionen zu verändern, aus denen der Krieg hervorgegangen sei, hatte in Washington SDS-Präsident Paul Potter erklärt –, das nahm sich andernorts viel handfester, aber auch partikularer aus: An den (noch immer hauptsächlich weißen) Universitäten im Norden, Osten und Westen des Landes war Protest gegen den Vietnamkrieg oft gleichbedeutend mit spontanen Teach-ins, bei denen nicht nur Informationen ausgetauscht, sondern Marihuana geraucht, Musik gehört und Gemeinschaft lustvoll erfahren wurde. Im Süden hingegen suchten manche der jungen Schwarzen schlicht Unterstützung in ihrer Absicht, dem Militärdienst zu entgehen.

»No Mississippi Negroes should be fighting in Vietnam for the White Man's freedom, until all the Negro People are free in Mississippi«, lautete zum Beispiel der erste von fünf Punkten eines Flugblatts, mit dem im Juli 1965 in dem Städtchen McComb die Ortsgruppe der linken Mississippi Freedom Democratic Party hervortrat, nachdem John D. Shaw, einer ihrer Aktivisten, als 23-jähriger Soldat in Vietnam ums Leben gekommen war.[35]

Für die Students for a Democratic Society bedeutete der Zustrom, den sie seit dem Marsch auf Washington verbuchen konnten, am Ende eher eine Belastung. Dank der vielen neuen Mitglieder aus der amerikanischen Provinz sah sich die theoriebewusste »alte Garde«, die meist an Eliteuniversitäten studiert und einen linksbürgerlichen, oft auch jüdischen Hintergrund hatte, schon beim nächsten Nationalkonvent im Juni 1965 von einer jüngeren, deutlich weniger gebildeten und nach basisdemokratischen Strukturen verlangenden »prairie power« herausgefordert; Paul Potter wurde durch den Anti-Vietnamkriegs-Aktivisten Carl Oglesby aus Michigan abgelöst.[36] Der Personalwechsel an der Spitze, vor allem aber der Erfolg eines Oktoberwochenendes unter dem Motto »International Days of Protest«, bei dem unter maßgeblicher Beteiligung der SDS-Ortsgruppen in mehr als 90 Städten über 100 000 Menschen gegen den Krieg in Südostasien auf die Straße gingen, hielten die internen Spannungen einstweilen in Grenzen.

Die Wiederholung der Protesttage ein halbes Jahr später allerdings gelang nur noch mit Ach und Krach: Das Nationale Koordinationskomitee, das die rasch sehr zahlreich gewordenen Gruppen und Grüppchen der Kriegsgegner zusammenhalten sollte, war auseinandergefallen, und bei den SDS stritt man über die Frage, ob sich die eigene politische Arbeit auf Aktionen gegen den Krieg beschränken dürfe. Hintergrund dieser Debatte war nicht nur die Frage des politischen Anspruchs der Studentenorganisation, sondern auch das Faktum, dass die Antikriegsbewegung nach wie vor als eine winzige Minderheit agierte. Noch zu Jahresende 1965 war einer demoskopischen Umfrage zufolge nur ein Prozent der Amerikaner bereit, überhaupt zum Vietnamkrieg Stellung zu beziehen – die meisten davon freilich als Kritiker der Kritiker, die ihnen als Beatniks, als Subversive oder/und als Kommunisten galten. Die überwältigende Mehrheit der Amerikaner, auch die junge Generation, vertraute weiterhin der Politik ihres Präsidenten.[37]

Die Unterstützung, die Lyndon B. Johnson seit seinem großen Wahlsieg 1964 genoss, und die noch weithin geteilten Erwartungen hinsichtlich der seither auf den Weg gebrachten Sozialreformen, standen allerdings bereits in einem merkwürdigen Kontrast zu den Zeichen ultimativer Radikalität, die sich inmitten der amerikanischen Gesellschaft, wenngleich noch sehr vereinzelt, bemerkbar zu machen begannen: Im Frühjahr 1965 hatte sich in Detroit die 82-jährige Quäkerin Alice Herz, eine deutsch-jüdische Emigrantin, aus Protest gegen den Vietnamkrieg auf offener Straße verbrannt. Als dann im November kurz nacheinander zwei jüngere Männer (der eine ebenfalls Quäker, der andere Mitglied der katholischen Arbeiterbewegung) auf dieselbe Weise starben, begann sich die Presse zu interessieren.[38] Nun wurde deutlich, dass die Aktionen (die eine in Washington vor dem Pentagon, die andere vor dem Gebäude der Vereinten Nationen in New York) in Beziehung standen zu einem Vorfall, der sich bereits 1963 in Saigon ereignet hatte: Die Aufnahme von einem in Flammen gehüllten buddhistischen Mönch war damals um den Globus gegangen.

Im Unterschied zu diesem »fremden« Foto fanden die fürchterlichen Selbstverbrennungen inmitten der eigenen Gesellschaft keinen dauerhaften Platz im visuellen Gedächtnis der amerikanischen Kriegsopposition. Dennoch gehörten diese Akte höchstmöglicher Autoaggressivität zu den frühen Signalen jener Medialisierung des Protestgeschehens, ohne die der weitere Verlauf sowohl des Krieges wie der dagegen ankämpfenden Bewegung nicht zu verstehen ist.[39]

Ikonografisch und politisch von größerer Bedeutung waren aber die seit etwa 1966 überall in den USA stattfindenden öffentlichen Inszenierungen, bei denen junge Männer ihre Einberufungsbescheide (»Draft Cards«) in Rauch aufgehen ließen. Solche Bilder, die international wachsende Beachtung fanden und vielerorts Debatten über das Recht auf Kriegsdienstverweigerung provozierten, machten allerdings auch klar, dass in der Opposition gegen den Krieg vieles zusammenfloss: pazifistische Motive, persönliche Interessen – und das Ringen politisch durchaus nicht homogener Kräfte um Macht.

Für Teile der schwarzen Bürgerrechtsbewegung wurde die Ablehnung des Vietnamkriegs darüber hinaus zum Medium ihrer Radikalisierung. Nicht zuletzt die sozial ungerechte Rekrutierungspolitik der Armee lieferte dafür reichlich Gründe: Von den fast 27 Millionen Amerikanern, die aufgrund ihrer Geburtsjahrgänge zur »Generation Vietnam« zu rechnen waren, leisteten lediglich knapp 11 Millionen Wehrdienst, davon etwa 2,1 Millionen in Vietnam. Das rechnerische Risiko, in den Krieg ziehen zu müssen, lag also deutlich unter zehn Prozent. Doch es war gesellschaftlich höchst ungleich verteilt: Schlecht ausgebildete Schwarze, aber auch junge Männer aus der weißen Unterschicht mussten mit doppelt so hoher Wahrscheinlichkeit wie ihre bessergestellten Gleichaltrigen zum Militär, nach Vietnam und dort in den Kampfeinsatz. Und vor allem in den ersten Jahren des Krieges war der besondere Blutzoll, den das schwarze Amerika zu bezahlen hatte, nicht zu übersehen. 1965 waren fast ein Viertel aller in Vietnam gefallenen Soldaten Schwarze; drei Jahre später hatte das Verteidigungsministerium diesen Anteil durch gezielte Anstrengungen auf 13 Prozent (und damit in etwa auf den Bevölkerungsanteil) gedrückt.[40]

Solche systemimmanenten Korrekturen, aber auch unbezweifelbare Fortschritte in Sachen Demokratie und Emanzipation wie der Voting Rights Act im Sommer 1965, vermochten die wachsende Radikalisierung innerhalb der schwarzen Minderheit jedoch kaum mehr zu dämpfen. Symptomatisch für die herrschende Spannung war zum Beispiel, dass nur wenige Tage, nachdem Präsident Johnson das neue Wahlgesetz unterzeichnet hatte, in Watts, dem Schwarzenviertel von Los Angeles, die Situation aus nichtigem Anlass explodierte: Ein weißer Polizist hatte einen mutmaßlich betrunkenen jungen schwarzen Autofahrer festgenommen; zur Bilanz des beispiellosen Aufstands, der daraufhin losbrach und den nach fünf Tagen erst ein Einsatz der Nationalgarde beendete, gehörten mehr als 30 Tote und über Tausend Verletzte.[41]

Als es dann im nächsten Sommer gleich in einer ganzen Reihe von Städten zu Unruhen kam – wiederum in Los Angeles, aber auch und besonders massiv in Cleveland/Ohio –, da war nicht mehr zu übersehen, dass sich in der schwarzen Gesellschaft der USA etwas verändert hatte: Im Zuge der nun schon seit Jahrzehnten anhaltenden Binnenwanderung in die industriellen Ballungszentren des Nordens und Westens und der enttäuschten sozialen Erwartungen, die damit oftmals einhergingen, waren auch tradierte Grundhaltungen ins Wanken geraten. Jedenfalls glaubten immer weniger junge Leute aus den (auch im schwarzen Amerika geburtenstarken) Nachkriegsjahrgängen an eine geduldige Politik der kleinen Schritte und der sukzessiven Emanzipation. Vor allem aber: Die politischen Leitfiguren dieser Jugend propagierten jetzt Revolution statt Reform.

Ein Signum dieser Veränderung war die Gründung der Black Panther Party for Self-Defense, mit der sich Huey Percy Newton und Bobby Seale im Oktober 1966 von den überkommenen politischen Organisationen der schwarzen Minderheit und ihren bildungsbürgerlichen weißen Sympathisanten absetzten. In scharfem Gegensatz zu den Prinzipien der Gewaltlosigkeit, die in der Bürgerrechtsbewegung bis dahin fast überall hochgehalten worden waren, ging es nun in Kalifornien um bewaffnete Selbstverteidigung – und bald um mehr, wie die Streichung des zweiten Namensteils im Herbst 1968 zeigte. Black Panther kümmerte sich zwar auch ein wenig um Lebensmittel für kinderreiche schwarze Familien, avancierte ansonsten aber rasch zum Inbegriff einer revolutionären Avantgarde, die sich auf Mao berief und auf Che Guevara, ganz besonders jedoch auf Frantz Fanon und dessen kurz vor seinem Tod 1961 gleichsam als Vermächtnis erschienene kolonialismuskritische Schrift › Die Verdammten dieser Erde‹.[42]

Während also im Westen der USA martialische Black Panther den Befreiungsbewegungen der » Dritten Welt« nacheiferten, entstand im Süden das Konzept der Black Power: nicht zuletzt als Antwort der Jungen auf die vermeintliche Behäbigkeit in den Traditionsverbänden der Civil Rights Movement, die ihre Aktionen nach wie vor getrennt zu halten suchten von der ja doch noch minoritären Kritik am Vietnamkrieg. Wem aber die Einberufung drohte und wer überdies davon überzeugt war, dass es, wie der längst legendäre Malcolm X schon in den frühen sechziger Jahren verkündet hatte, eines aggressiven schwarzen Selbstbewusstseins bedurfte, für den gehörten der Kampf um Bürgerrechte und der Protest gegen den Krieg zusammen. Und dem leuchteten die Worte ein, die im Frühjahr 1967 Stokely Carmichael fand, der das Student Nonviolent Coordinating Committee seit seiner Wahl zum Vorsitzenden vor einem Jahr immer weiter in eine Rhetorik der Militanz getrieben hatte: »White people sending black people to make war on yellow people in order to defend the land they stole from red people.«[43]

Gewaltlosigkeit war, mindestens für Teile der Bewegung, fortan kein Selbstzweck mehr. Aber dass sich die verbliebenen Anhänger des »Snick« mit diesem Kurs auf den Rückweg in ein schwarzes Ghetto begeben hatten (Carmichael selbst verließ das SNCC im Sommer 1967, schloss sich den Black Panther an und ging zwei Jahre später nach Guinea), das blieb angesichts der allgemeinen Radikalisierung einstweilen unerkannt. Denn inzwischen hatte die Antikriegsbewegung überall im Land, besonders aber an den Universitäten, massiven Auftrieb bekommen, und statt um »Protest« ging es nun um »Widerstand«.[44] »We won't go« lautete folglich die Parole einer Konferenz, zu der sich im Dezember 1966 Repräsentanten zahlreicher Bürgerrechtsorganisationen in Berkeley trafen. Im Zeichen dieser Draft Resistance entstanden an vielen Hochschulen sogenannte Anti Draft Unions – zum Teil unterstützt von den SDS, die sich inzwischen ebenfalls in die Kampagne eingeschaltet hatten.

Angesichts eines Krieges, dessen mediale Präsenz, dem fernen Schauplatz zum Trotz, beständig wuchs, hatten sich etwa seit Jahresanfang 1966 allerdings auch im liberalen Establishment die ersten Zweifler zu Wort gemeldet.[45] Einer der frühesten war Senator J. William Fulbright von den Demokraten. Als Vorsitzender des Auswärtigen Senatsausschusses setzte der angesehene Parteifreund des Präsidenten wegen der beantragten neuen Finanzhilfen für Süd-Vietnam im Januar/Februar tagelange öffentliche Anhörungen durch, die das Fernsehen beharrlich übertrug. Diese Auftritte von Außenminister Dean Rusk, General Maxwell Taylor (dem vormaligen US-Botschafter in Saigon) und anderen Regierungsvertretern machten auch für Durchschnittsamerikaner klar, dass man kein verkappter Kommunist sein musste, um sich gegen den Krieg in Südostasien zu stellen. Und als ein paar Monate später Fulbrights Buch ›The Arrogance of Power‹ erschien, gehörte es für aufgeklärte Patrioten fast schon zum guten Ton, kritisch zu konstatieren, dass nach den Franzosen nun also auch die Supermacht USA in Indochina ohne erkennbare Aussichten auf Erfolg, aber mit einer wachsenden moralischen Bürde operierte.

Vor diesem Hintergrund konnte es eigentlich nicht verwundern, dass der Vietnamkrieg seit 1966 immer mehr zum zentralen Movens und Motiv einer Protestbewegung wurde, die sich, ausgehend von Amerika, bald über den gesamten Westen erstreckte. Und obgleich sich dem Protest überall auch Angehörige der älteren Generationen anschlossen – an der Spitze marschierten oft genug jene mit, die schon in den fünfziger Jahren, sei es in London oder in Frankfurt am Main, gegen Atomrüstung und Antikommunismus protestiert hatten –, beunruhigten die Bilder dieses Krieges doch vor allem die Gewissen derer, die während oder kurz nach dem Zweiten Weltkrieg geboren und im prekären Frieden des Ost-West-Konflikts aufgewachsen waren. Deshalb aber war es auch ganz folgerichtig, wenn politischer Protest und kultureller Eskapismus sich nun

verbanden: zu einem neuen Lebensgefühl der jungen Generation, dessen Entfaltung und Verästelung ebenfalls am frühesten
in den USA zu beobachten war. Genauer gesagt, in Kalifornien.

Haight-Ashbury
Counterculture und andere Freuden

Mit dem »Beat« der Fünfziger hatte die weltumspannende
Erfolgsgeschichte der Beatmusik seit Anfang der sechziger
Jahre nichts gemein, weder geografisch noch generationell:
Jack Kerouac und die Dichter der »Beat Generation«, inzwischen schon in ihren Vierzigern, standen für eine amerikanische Spielart des Existenzialismus, während die halb so alten
Beatles, die Rolling Stones und etliche andere der frühen Bands
bekanntlich aus England kamen. Aber an der Westküste der
Vereinigten Staaten trafen die esoterische Kulturkritik der
Beatniks und die leicht konsumierbare Musik der Beatles auf-
einander; hier vermischten sich so ziemlich alle Strömungen
der Popkultur um die Mitte des zweiten Nachkriegsjahrzehnts
zu einem ebenso aberwitzigen wie faszinierenden Cocktail,
dessen Ingredienzien geradezu sprichwörtlich wurden: Sex
and Drugs and Rock 'n' Roll.[46]
    Zum Mekka der neuen Daseinsformen wurde San Francis-
co. Dort, in den etwas heruntergekommenen, idyllisch bemal-
ten Holzhäusern von Haight-Ashbury, dem europäischsten
Teil der Stadt, entwickelte sich die bunteste Blüte jener Flower
Power, deren Anhänger als Hippies firmierten. Zu den Hervor-
bringungen ihres alternativen Kultur- und Lebensstils gehörten »Digger«, die kostenlose Mahlzeiten verteilten, aber auch
Straßenverkäufer, die »Loveburger« und »Lovedogs« anboten,
natürlich Musikbühnen, Mode-»Boutiquen«, eine eigene Zeitung mit dem schönen Titel ›Oracle‹ und ein Psychedelic Shop,
in dem die Zutaten für sehr bunte Nachmittage erhältlich

waren. Wer danach Mühe hatte, zur Erde zurückzukehren, für den hielt ein gewisser Dr. David Smith in seiner Free Clinic rund um die Uhr einen Ruheraum offen.[47]

Im Zentrum der Counterculture standen also die Idee der »freien Liebe« und der Gebrauch von Drogen. Marihuana, vor allem aber der 1943 in einem Schweizer Chemielabor entdeckte Kunst-Stoff LSD, mit dem Timothy Leary noch zwanzig Jahre später in Harvard medizinische Testreihen unternahm, ehe er zum Szene-Guru avancierte, verhießen neue Bewusstseinserfahrungen. »Turn on, tune in, drop out«, lautete einer der Sprüche, mit denen Dr. Learys League for Spiritual Discovery den Konsum von »Acid« (für Lysergic Acid Diethylamid) propagierte, das anfangs oft kostenlos zu haben war und dessen Besitz erst ab Oktober 1966 in Kalifornien unter Strafe stand. Für die Verbreitung der Pillen sorgten zum Beispiel der Autor Ken Kesey (›Einer flog über das Kuckucksnest‹) und seine psychedelische Kommune der Merry Pranksters, die sogenannte Acid Tests und im Januar 1966 schließlich ein tagelanges Trips Festival veranstalteten.

Das hedonistische Happening, das mehrere Tausend kostümierte und zu allen Erfahrungen bereite junge Menschen anzog, steigerte noch einmal die Aufgeregtheit der »bürgerlichen« Medien, die das Treiben in »Hashbury« schon seit Monaten mit branchenüblicher Sensationslust begleiteten – und damit die Neugier weiter nährten. Die Folgen blieben natürlich nicht aus: Immer mehr junge Amerikaner machten sich in ihren Ferien zu einem realen Trip nach San Francisco auf, und was dort in den Sommermonaten 1966 noch einigermaßen zu bewältigen war, wurde in der nächsten Saison, die schon im Januar 1967 mit einem spektakulären Human Be-in im Golden Gate Park begann, zu einem überwältigenden »Summer of Love«.

Ungeachtet aller Kommerzialisierung, die, über das Einfallstor der Musik- und Unterhaltungsindustrie, mittlerweile auch die meisten anderen künstlerischen Formen und Produkte der Subkultur erfasst hatte – im Juli 1967 kam ›Time Magazine‹ mit einem von New Yorker Hippie-Grafikern gestalteten Titelbild und einer ungewöhnlich langen Bildstrecke heraus[48] –, wäre es doch zu kurz gegriffen, die psychedelische Bewegung als völlig unpolitisch abzutun. Die Botschaft der neuen Boheme, in den Songs ihrer Idole vielfach variiert, war klar genug: »Make Love, Not War«. Der Krieg in Vietnam war, wenngleich stets ein wenig vernebelt, auch in der Bucht von Monterey präsent, in der sich die Szene im Juni 1967 zu einem noch nicht dagewesenen, weltweit beachteten Popfestival traf, das für Jimi Hendrix den Durchbruch bedeutete. Derweil stießen die Doors die Tür zu einer anderen Seite des menschlichen Bewusstseins auf (›Break on Through to the Other Side‹), gefolgt von Jefferson Airplane, den Stones und schließlich sogar von den so lange brav gebliebenen, nun aber anspielungsreichen Beatles (›Lucy in the Sky with Diamonds‹).

Mochten manche Probleme auch kaum mehr zu lösen sein, die aus dem massenhaften Ansturm junger Menschen resultierten und mit denen San Francisco kämpfte, seit Haight-Ashbury eine Art globales Schaufenster der Gegenkultur geworden war: Die meisten, die kamen, vergaßen rasch die schlechten Trips, die unerfüllten Sehnsüchte und die kalten Nächte ohne Unterkunft – und fuhren mit dem seligen Gefühl nach Hause zurück, in ihrem Leben habe sich Entscheidendes verändert. Noch wichtiger aber war, dass sich die Images der Counterculture mit unerhörter Geschwindigkeit medial verbreiteten: ihre Bilder, ihre Musik und ihre Mode, ihre Stimmungen, ja ihre »strange vibrations«, von denen Scott McKenzie jetzt in seinem Welthit ›San Francisco‹ sang. Auf diese Weise erreichten die Phantasien einiger Hunderttausend, die sich eine Zeitlang als Hippies gerierten, viele Millionen junger Menschen, die nie die Westküste erblickten – und berührten am Ende wohl wirklich, wie tief auch immer, fast eine ganze Generation.

Verstört von dem »ozeanischen Gebrodel«, bilanzierte einer der Starautoren der Epoche, der damals viel gelesene (und im Abstand von vierzig Jahren nur noch mit viel Geduld zu lesende) Norman Mailer: »Ein tiefes Zusammengehörigkeitsgefühl hatte die Jugend Amerikas (und der Hälfte aller Nationen der Erde) erfasst, eine avantgardistische Vision von orgiastischen Freuden fern jeder Gewalt und selbst abseits der Unterschiede des Geschlechts.«[49]

Nicht untypisch für diese Stimmung, wenngleich besonders elaboriert, war das Credo einer amerikanischen Studentin, die im Oktober 1967 in ›Harper's Magazine‹, einer biederen Illustrierten, bekannte: »I deeply feel the inadequacy of the values I learned while growing up. Categories of social worth; drive for possession of things and people; the academic definitions of what is worth knowing and doing; the myth of America's good intentions around the world – all of these break down in the search for what is really important, and for a style of life that has dignity. [...] Most recently, the easy accessibility and acceptability of drugs has opened a whole new area of possible experiences [...]. The ethics of the hippie culture – indiscriminate love and openness, the dignity of the individual and the value of human relationships, the destructiveness of rigid external authority – have influenced students who are demanding flexibility and personal relevance of the college curriculum. [...] Finally, Vietnam has given the lie to the values we learned at home and in school.«[50]

In wenigen Zeilen hatte die junge Frau damit so gut wie alle Themen und Probleme benannt, von denen der wachere Teil nicht nur der amerikanischen Jugend inzwischen durchdrungen war. Dass der Krieg in Vietnam den Schlusspunkt dieser Selbsterklärung bildete, war zweifellos keine rhetorische Volte, sondern Zeichen einer ernsthaft empfundenen moralischen Betroffenheit. Diese verstand sich keineswegs als unvereinbar mit dem Wunsch nach Selbstverwirklichung und der fast im

gleichen Atemzug formulierten Ablehnung autoritärer Strukturen. Und deshalb war es auch nicht weiter verwunderlich,
dass im Subtext des Bekenntnisses sogar ein wenig von dem
Motiv der »Befreiung« und der »großen Weigerung« mit-
schwang, wie Herbert Marcuse, inzwischen auch in Kalifornien
kein Unbekannter mehr, es in diesen Monaten im Gepäck führte: auf seinen Reisen zwischen San Diego, Frankfurt, London,
Berkeley und Berlin.

Gemessen an der aufgewühlten Situation in Deutschland,
wo nach dem Tod von Benno Ohnesorg am 2. Juni 1967 nicht
mehr nur die Theorie der Revolte ihrem Höhepunkt entgegen-
strebte, wirkte die Stimmung in den USA in diesen Sommermonaten aufs Ganze gesehen eher entspannt. Die linken Gruppen, so schien es, überließen vorderhand den Hippies das Feld,
und über dem Land lag eine Wolke des Rauschhaften und Kon-
templativen, die wohl auch manche der politischen Aktivisten
umschmeichelte. Mochten sich die Strategen der Revolution
über die politische Naivität und das unklare Bewusstsein der
Blumenkinder auch immer wieder mokieren, so wussten sie
doch gut genug, dass ihre eigene Sache von der Bedeutungszu-
schreibung profitierte, mit der das Establishment auf die zwar
reichlich diffus, aber doch beeindruckend breit gewordene
Protestbewegung reagierte. Und für die Wahrnehmung, dass
große Teile der Jugend vom amerikanischen Pfad der bürgerlichen Tugenden abzukommen drohten, mehr noch: dass eine
ganze Generation verloren zu gehen schien, war es in der Tat
nicht so erheblich, ob die Gründe dafür in einem sich radika-
lisierenden Kampf für die »Befreiung« der Schwarzen, in linker
Theorieverliebtheit, im »Widerstand« gegen den Vietnamkrieg
oder im massenhaften Ausstieg in die Subkultur zu suchen
waren. Irgendwie politisch sensibilisiert wirkten plötzlich fast
alle, und fein säuberlich voneinander zu trennen waren die
vielfältigen Motive des Nonkonformismus ja wirklich nicht
mehr.

»A red warning light for the American way of life« glaubte
denn auch Arnold Toynbee, der am Aufstieg und Fall historischer Imperien geschulte Geschichtsphilosoph, in den Hippies
zu erkennen, während ein kalifornischer Bischof wohlmeinende Vergleiche mit den frühen Christen zog – und ›Time Magazine‹ zu dem Schluss kam, die Aussteiger verkörperten nur eine
leicht verdrehte Version der von ihnen so abgelehnten protes-
tantischen Ethik: »This, despite their blatant disregard for
most of society's accepted mores and many of its laws – most
notably those prohibiting the use of drugs – helps explain why
so many people in authority, from cops to judges to ministers,
tend to treat them gently and with a measure of respect. In the
end it may be that the hippies have not so much dropped out of
American society as given it something to think about.«[51]

Die Auffassung freilich, dass sich in Amerika vieles ändern
müsse, um die Zukunft zu gewinnen, war nichts, was in diesen
ganz auf Reform gepolten Jahren der Präsidentschaft Lyndon
Johnsons große Gegner fand. Und dazu stand auch nicht im
Gegensatz, dass einiges in der Außen- und in der Innenpolitik
der USA die Legitimationsprobleme des Spätkapitalismus,
von denen, beiderseits des Atlantiks, die Intellektuellen der
Neuen Linken nun schon eine Weile sprachen, eindrucksvoll
zu bestätigen schien: der erfolglose Krieg in Vietnam, den die
US Air Force neuerdings mit hochtoxischen Entlaubungsmit-
teln führte, die strategischen Geländegewinne der Sowjetunion
in der »Dritten Welt«, die ungelöste, ja sich verschärfende
»Rassenfrage« und die wachsende soziale Desintegration in
den Vorstädten auch der weißen unteren Mittelschicht. Von
alledem nämlich war der gesellschaftliche Fortschrittsglaube
im Land der unbegrenzten Möglichkeiten anno 1967 noch
ziemlich unberührt.

Auch wer einen Blick auf Amerikas künstlerische Avantgarden warf, bemerkte in den mittleren sechziger Jahren schwerlich Anzeichen einer kommenden Krise.[52] Wohin man schaute:

ungeheure Produktivität – Andy Warhols Studio hieß nicht grundlos »Factory« – und ungebrochenes Zutrauen in die eigenen Ideen, obgleich die Anfänge der Pop Art und mancher ihrer Seitentriebe natürlich schon eine Weile zurücklagen. Literatur, Film und Theater florierten, sofern ihre Protagonisten die neuen Trends nur aufzugreifen und weiterzuführen wussten. Ganz besonders galt das für die Musik, die ohne jeden Zweifel wichtigste kulturelle Ausdrucksform und Antriebskraft des Jahrzehnts.[53] Dabei stand Woodstock erst noch bevor: als medial erzeugte Kollektiverfahrung, die nach dem friedlichen Fest der Vierhunderttausend im August 1969 fast blitzartig zum generationsstiftenden Mythos wurde, wie in seinem realen, geradezu als Menetekel zu begreifenden Ende im Schlamm.

Columbia
Radikalisierung und Zerfall der Bewegung

Das Auseinanderlaufen in eine Vielzahl neuer sozialer Bewegungen, das seit Ende der sechziger Jahre auch in den USA für den bei weitem größten Teil der Protestgeneration charakteristisch werden sollte, zeichnete sich im Blumensommer 1967 noch keineswegs ab. So wenig wie damals etwa zu erwarten stand, dass es die Students for a Democratic Society zwei Jahre später praktisch nicht mehr geben würde, so wenig vorstellbar war die 1968 explodierende Gewalt. Doch im Annus horribilis[54] änderte sich fast alles.

Dabei schienen die Dinge im Sinne der Neuen Linken noch im Herbst 1967 wieder mehr Fahrt aufzunehmen. Aus Berkeley kommend, einem der wenigen nahezu konstant aktiv gebliebenen Zentren des Protests, hatte mit Jerry Rubin eine charismatische Figur die nationale Bühne betreten. Im Auftrag von »Mobe«, dem National Mobilization Committee to End the War in Vietnam, organisierte der erfahrene Aktivist, dem bei

der Bürgermeisterwahl in Berkeley im Frühjahr immerhin ein
Achtungserfolg gelungen war, nun eine ganze Protestwoche
unter dem Motto »Stop the Draft«. Geplanter Höhepunkt nach
einer Serie von Veranstaltungen überall im Land war der
»Marsch auf das Pentagon« am Samstag, den 21. Oktober. Mit
mindestens 50000 Teilnehmern – der Sache gewogene Quellen
sprechen von doppelt so vielen – wurde daraus eine der bedeutendsten Kundgebungen gegen den Krieg in Südostasien. Der
Grund dafür lag allerdings weniger in der Menge der Demonstranten, die nach Washington gekommen waren, als in der ge-
konnten, auf Publizität hin kalkulierten und inszenierten
Form des Protests.[55]

Mit Sinn für die Sensationssucht der Medien und mit Ge-
spür für die Massen hatte Rubin den in der Hauptstadt zusam-
menkommenden Gruppen und Fraktionen garantiert, nach je
eigenem Gusto auftreten zu können. Entsprechend bunt gestaltete sich das Bild: »Einige waren gut gekleidet, andere waren
arm, viele gaben sich bürgerlich in ihrem Auftreten, manche
aber auch nicht. Denn auch die Hippies waren da, in großer
Zahl strömten sie den Hügel herab, viele gekleidet wie Sergeant
Peppers Legionen, ein paar traten als arabische Scheichs auf
oder trugen goldverschnürte Mäntel wie die Portiers der vor-
nehmen Park Avenue in New York, andere erinnerten an die
legendären Helden des Westens [...]. Hundert Soldaten im
Grau der Konföderierten-Armee traten auf, und neben ihnen
zweihundert oder dreihundert Hippies im Blau der Offiziers-
röcke der Unionstruppen. Von überall her kamen diese Ko-
stüme, aus den Läden, die Restbestände der Armee verkauften,
und aus Gebrauchtwarenhandlungen, aus den kostenlosen
Verteilungsstellen der ›Digger‹-Organisation ebenso wie aus
den psychedelischen Schatzkammern des Hindu-Kitsches.« –
Halb angewidert, halb fasziniert registrierte Norman Mailer,
der den Aufmarsch beobachtet hatte: »Ein Maskenball zog in
die Schlacht!«[56]

Mehr als eine symbolische »Eroberung« des Verteidigungsministeriums war allerdings gar nicht vorgesehen; Jerry Rubin
und seinem nicht weniger einfallsreichen Mitstreiter Abbie
Hoffman ging es darum, Counterculture und Neue Linke zu
verbinden. Ihre Ankündigung, das Pentagon vermittels exorzistischer Praktiken von den kriegerischen Teufeln zu befreien, traf auf das kalkulierte große Echo in den Medien, auch
wenn der Versuch dann leider scheiterte, das Gebäude während
einer Massenséance von seinen Fundamenten zu lüpfen. Doch
am Ende eines langen Tages voller Teach-ins, Happenings und
Love-ins, bei denen unter freiem Himmel geliebt, getanzt und
zur Gitarre gesungen wurde – manche Soldaten hatten schon
Blumen in den Gewehrläufen –, eskalierte die Situation. Im
Schutz der Dunkelheit wurden Einberufungsbefehle verbrannt,
und ein verbliebener harter Kern legte es darauf an, die Truppen vor dem Pentagon zu provozieren. Gegen Mitternacht
schlugen diese tatsächlich los, verletzten eine Demonstrantin
schwer und nahmen etwa tausend Protestierer fest.[57]

Im Nachhinein betrachtet, bildeten die Szenen am Pentagon gleichsam die Brücke von den Protestformen ziviler
Friedfertigkeit, wie sie die alte Bürgerrechtsbewegung, die Free
Speech Movement in Berkeley und auf ihre Weise auch noch
die Hippies für sich in Anspruch genommen hatten, zur
Gewaltbereitschaft einer radikalen Linken, die sich nun immer mehr auf »Revolution« einstimmte. Deren theoretische
Grundlagen waren natürlich schon seit längerem diskutiert
worden. Und doch bedurfte es zur praktischen Radikalisierung noch eines Anlasses, wie ihn erst die weitere Zuspitzung
der Lage in Vietnam lieferte.

In der Nacht vom 30. auf den 31. Januar 1968 stürmten
Guerillakämpfer des Vietcong das Gelände der amerikanischen
Botschaft in Saigon.[58] Als die unzensierten Bilder dieser Demütigung (und des Desasters im gesamten Süden des Landes)
am nächsten Abend die Wohnzimmer der Amerikaner er

reichten, war eine Nation schockiert. Selbst Optimisten begannen sich nun zu fragen, ob der Krieg in Fernost noch zu gewinnen war. Zwar hatte es zum vietnamesischen Neujahrsfest auch in den Vorjahren schon heftige Angriffe gegeben, doch diesmal entstand daraus jene berüchtigte Tet-Offensive, die den amerikanischen und südvietnamesischen Truppen wochenlang massiv zu schaffen machte. Die Aufnahme von der Erschießung eines gefesselten Vietcong durch den südvietnamesischen Polizeichef auf offener Straße[59] wurde zum unauslöschlichen Symbol dieser Erfahrung: als erstes jener zwei, drei berühmten Pressefotos, die aller Welt den Wahnsinn des Krieges vor Augen führten – ja die offenbarten, dass er für die USA moralisch verloren war.

Entsetzen machte sich jetzt auch im Establishment breit. Selbst mediale Bannerträger der Regierung wie das ›Wall Street Journal‹ prophezeiten eine bittere Niederlage, und Walter Cronkite, der einflussreiche Anchorman von CBS (»I thought we were winning the war«), warnte für den Fall weiterer Eskalation vor einer Katastrophe »kosmischen« Ausmaßes. Eine Sondersendung aus Vietnam beendete Cronkite mit der für ihn neuen Einsicht, der einzige Ausweg aus dem Krieg führe über Verhandlungen mit dem Feind.[60] Präsident Johnson hatte fortan nicht mehr allein das bedingungslose »Out now!« der Radikalen gegen sich, sondern auch die Skepsis der Medien und einer rasch wachsenden Zahl prominenter Politiker seiner eigenen Partei. Am 31. März 1968, zwei Wochen nach der Erklärung Robert Kennedys, als Kandidat der Demokraten für das Oval Office kandidieren zu wollen, kündigte Johnson seinen Rückzug an.

Für Triumphgefühle blieb der Linken allerdings kaum Zeit, auch wenn Veteranen der SDS wie Tom Hayden nun ernsthaft erwogen, Kennedy zu unterstützen. Vier Tage später nämlich wurde Martin Luther King in Memphis/Tennessee von einem weißen Attentäter erschossen. Die Welle des Zorns und der

Zerstörung, die daraufhin durch die Ghettos zahlreicher Städte ging, war noch kaum abgeebbt, als am 5. Juni auch Robert Kennedy einem bis heute nicht völlig aufgeklärten Anschlag zum Opfer fiel. Gewiss verkörperte King als Träger des Friedensnobelpreises zuletzt nur noch den gemäßigten Teil der schwarzen Bewegung; zusammen aber standen die beiden Toten für politische Hoffnungen, denen nun die herausragenden Repräsentanten fehlten. Amerika durchlitt einen düsteren Sommer der Gewalt.

Während die US-Truppen in Vietnam Verluste in einem Ausmaß erlebten wie nie zuvor – allein im Mai 1968 fielen 1 800 Soldaten, zehnmal so viele wurden verletzt –, war die Atmosphäre an den meisten Universitäten aufs Äußerste gespannt. Fast überall gab es neue Proteste, radikalisierten sich die politischen Positionen, wurden Einberufungsbescheide verbrannt und machten Slogans die Runde, die den Präsidenten als Mörder der eigenen wie der vietnamesischen Jugend anklagten: »Hey, hey, LBJ, how many kids did you kill today?«

Die härtesten Konfrontationen erlebte Columbia, die New Yorker Eliteuniversität am Rande von Harlem.[61] Mindestens die Auslösung der Unruhen, die von einer ebenso aktiven wie radikalen Hochschulgruppe der SDS gesteuert wurden, hing mit dieser topografischen Lage zusammen: Unbeeindruckt von Beschwerden aus der schwarzen Nachbarschaft, wo angesichts der Expansion der Universität schon seit Jahren Unmut wuchs, war im öffentlichen Morningside Park mit dem seit langem geplanten Bau einer Sporthalle begonnen worden. Im nervösen Frühjahr 1968 roch das rasch nach rassistischer Arroganz – Freizeitvergnügen für begüterte weiße Studenten auf Kosten der Erholungsmöglichkeiten für arme Schwarze –, und entsprechend suchte Columbias winzige Student Afro-American Society die Anwohner zu agitieren: »Gym Crow Must Go!«[62]

Zwar hatten selbst die Students for a Democratic Society wenig Kontakt zu den kaum 70 Schwarzen, die zu diesem Zeitpunkt in Columbia studierten, aber Mark Rudd, der neue starke SDS-Mann auf dem Campus, nahm deren Thema – wie alles, was Konfliktstoff bot – zielsicher auf. Nun wurde sogar eine Gedenkfeier für Martin Luther King instrumentalisiert: Zum Entsetzen von Professoren wie Fritz Stern[63] sprengten Rudd und sein Gefolge die Zeremonie mit der Begründung, an einer rassistischen Institution wie Columbia sei die Ehrung des großen Bürgerrechtlers eine obszöne Heuchelei. Zuvor schon hatte der Zwanzigjährige, wie zum Ausweis seiner Zugehörigkeit zur radikalen *action faction* der SDS, dafür gesorgt, dass der Chef der New Yorker Rekrutierungsbehörde der Armee bei einem Werbeauftritt an der Universität eine Zitronentorte ins Gesicht bekam. Die Pöbelhaftigkeit, die Rudd im Verein mit den anarchistischen East Village Motherfuckers an den Tag legte, stieß bei der Hochschulleitung allerdings auf wenig kluge Reaktionen.

Vor allem Grayson Kirk, der Präsident der Universität, wich in den Wochen der Krise kein Jota zurück. Nicht nur verbot er jede Demonstration auf dem Universitätsgelände; als treuer Diener des Big Business und Mitglied im Aufsichtsrat des Institute for Defense Analysis, das Columbia mit der Rüstungsforschung verband, verkündete er vor auswärtigem Publikum, Amerikas Jugend drohe im »Nihilismus« zu versinken. Auch Teile der Professorenschaft reagierten darauf mit Kritik. Aber es war Mark Rudd, der die Rede des Präsidenten am 22. April in einem offenen Brief an »Dear Grayson« auseinandernahm: Der beklagte »Nihilismus«, belehrte der Student den Politikprofessor, sei in Wahrheit der erhoffte »Sozialismus«. Es folgte eine veritable Drohung, typischerweise gespickt mit jenen Verheißungen einer besseren Welt, wie sie inzwischen auch lokalen SDS-Größen zu Gebote standen: »You are quite right in feeling that the situation is ›potentially dangerous‹. For if we win, we will take control of your world, your corporation, your University and attempt to mold a world in which we and other people can live as human beings. […] We will have to destroy at times, even violently, in order to end your power and your system – but that is a far cry from nihilism.« Ließ schon die beiläufige Gewaltankündigung aufhorchen, so hoben Rudds Schlusszeilen den Text als ein besonderes Stück revolutionärer Prosa heraus. Es verband die Kritik am Vietnamkrieg mit dem Vorwurf, die junge Generation werde dort als »Kanonenfutter« verheizt – und endete mit einer regelrechten Drohung: »There is only one thing left to say. It may sound nihilistic to you, since it is the opening shot in a war of liberation. I'll use the words of LeRoi Jones, whom I'm sure you don't like a whole lot: ›Up against the wall, motherfucker, this is a stick-up.‹«[64]

Angesichts solcher Ausfälle war es vielleicht noch immer nicht klug, aber kaum verwunderlich, dass die Universitätsspitze – zunächst erfolglos – auf der Durchsetzung von Recht und Ordnung beharrte, als anderntags an der Baustelle für die Sporthalle neue Demonstrationen begannen. Dem Protest im Park folgte die Besetzung eines ersten Universitätsgebäudes, dann gingen SDS und SAS getrennte Wege. Während eine Reihe liberaler Professoren nach wie vor das Gespräch mit den Studenten suchte, wuchs unter diesen die Sympathie für die Radikalen um Rudd. Auch Tom Hayden, wiewohl gar nicht mehr Mitglied der SDS, stellte sich nun als Ratgeber und Beobachter ein; spätestens durch ihn war die geistige Verbindung nach Berlin und nach Paris präsent, konnte man sich als Teil einer weltweiten Protestbewegung verstehen, deren Notwendigkeit seit dem Attentat auf Rudi Dutschke einmal mehr bestätigt zu sein schien.

In den letzten Apriltagen – inzwischen hielten Hunderte von Studenten fünf große Gebäude und das Büro des Präsidenten besetzt, einen Dekan hatte man vorübergehend »gefangengenommen«, der Lehrbetrieb war eingestellt – wurde der Campus im Nordwesten von Manhattan zu einem Wallfahrtsort des New Yorker *Radical Chic*. Susan Sontag, Dwight

Macdonald, Abbie Hoffman, H. Rap Brown und Stokely Carmichael schauten vorbei, und natürlich fehlte auch Norman
Mailer nicht. Stephen Spender zeigte sich ergriffen von den
»jungen Rebellen«, die in ihm nostalgische Erinnerungen an
den Spanischen Bürgerkrieg weckten – und reiste schließlich
nach Europa weiter, um die Sorbonne zu sehen, aber auch Prag
und West-Berlin.[65]

Das Ende des sechs Tage und sieben Nächte währenden
Campus-Dramas erlebte Spender so wenig wie die anderen
Prominenten, denn es war in den frühen Morgenstunden des
30. April, als Grayson Kirk sämtliche Gebäude von der New
Yorker Polizei räumen ließ. Betroffene meinten hinterher, das
»nackte Gesicht des Faschismus« erblickt zu haben; Beobachter
wie der Soziologe Daniel Bell diagnostizierten betrübt, das brutale Vorgehen der Uniformierten habe binnen weniger Stunden weite Teile der Studentenschaft »radikalisiert«. Doch gemessen an der psychischen und physischen Energie, die auf
allen Seiten in das Kriegsspiel geflossen war, hätte es im Schluss-
akt auch schlimmer kommen können; etwa 150 Verletzte und
700 Verhaftete lautete die Bilanz.

Ärger als die momentanen Blessuren waren die Folgen auf
mittlere Sicht. Nach der Revolte in Columbia, die in den Flug-
schriften der Bewegung natürlich noch lange nachbebte, ver-
schärfte sich die geistige Polarisierung an den Universitäten.
Viele Liberale rückten ein Stück nach rechts, umgekehrt propagierte nun auch die Theoriefraktion der SDS die Barrikade –
»to bring the war home«. Mit Fidel Castro erblickte man in
den Studenten die »guerrillas in the field of culture«, und Tom
Hayden dichtete Che Guevara nach, den Helden der Saison:
»Two, Three, Many Columbias«.[66] Mark Rudd, der Universität
verwiesen, aber fortan Teil der SDS-Prominenz, entschied sich
im Jahr darauf für den Weg in die Militanz. Und Grayson Kirk
trat am Ende eines ruinierten Semesters mit der Erklärung
zurück, nach mehr als 17 Jahren an der Spitze wolle er seiner

Universität einen ruhigen Start ins neue akademische Jahr er-
möglichen.

Doch Ende August 1968 – Westeuropas Studenten waren
in den Ferien, über den Prager Wenzelsplatz rasselten sowjetische Panzer – stand der Scheitelpunkt der amerikanischen
Protestbewegung erst noch bevor: »Chicago '68«, der Nominierungsparteitag der Demokraten für die Präsidentschafts-
wahl am 5. November.[67]

Für dieses Großereignis, dem die diversen Antikriegsgrup-
pen seit Monaten entgegenfieberten,[68] hatten Abbie Hoffman
und Jerry Rubin, die sich inzwischen Yippies nannten (ihr vor-
gebliches Akronym buchstabierten sie ebenso klangvoll wie
inhaltsleer als Youth International Party), etwas Besonderes in
petto: Im Laufe eines mehrtägigen situationistischen Spek-
takels wollten sie »Mr. Pigasus« zu ihrem Präsidentschaftskandidaten küren – ein Schwein. Nicht eigens deshalb, aber in
Erwartung großer Demonstrationen und womöglich neu auf-
flackernder Rassenkrawalle hatte Bürgermeister Richard Daley, einer der altgedienten Parteibosse der Demokraten, mehr
als 20 000 Polizisten, Soldaten und Nationalgardisten zusam-
mengezogen und mit entsprechenden Verboten schon im Vorfeld für gereizte Stimmung gesorgt. Abbie Hoffman sprach von
»Czechago«, andere fühlten sich in »Prague West«. Tatsächlich
war die Atmosphäre derart angespannt, dass solche Beschrei-
bungen bei den zu Hunderten angereisten Journalisten durchaus auf Verständnis trafen.

Während sich das demokratische Establishment mit der
Entscheidung zwischen dem dezidierten Kriegsgegner Eugene
McCarthy und Johnsons Vizepräsident Hubert Humphrey
quälte (Letzterer war es dann, der gegen Richard Nixon antre-
ten durfte und verlor), verlagerte sich das Interesse auch des
Fernsehens immer mehr auf die Ereignisse außerhalb des »International Amphitheatre«. Die Präsenz zahlreicher Künstler
und linker Intellektueller, darunter selbstredend Norman

Mailer, verlieh den Protestaktionen und Happenings in den Parks der Innenstadt zusätzliches Flair, und die allabendlichen Zusammenstöße mit der Polizei garantierten Nachrichtenwert. Am zweiten Tag schon belasteten die Vorkommnisse am Rande des Konvents die Diskussionen unter den Delegierten, klagten etliche Politiker über die Brutalität von Daleys Truppen und kritisierte ein Senator gar die »Gestapo-Methoden« in den Straßen von Chicago. Was nach dem Mord an Robert Kennedy zur Plattform eines späten Schnellstarts für den demokratischen Präsidentschaftsbewerber hätte werden sollen, geriet zum Fiasko. Noch tagelang waren die Medien voller Berichte – nicht über Humphreys Kandidatur und dessen strategisches Versäumnis, um die protestierende Jugend zu werben, sondern über die hemmungslose Gewalt der staatlichen Organe. Dass niemand zu Tode gekommen war, galt vielen, die »Chicago '68« erlebt hatten, noch lange Zeit danach als Wunder.

Die Fernsehbilder aus Chicago, Amerikas amerikanischster Stadt, führten dem Land die Krise dramatisch vor Augen, in die Politik und Gesellschaft seit Mitte der sechziger Jahre geraten waren. Auf welcher Seite der Einzelne auch stand – in den späten Augusttagen 1968 erlebten sich die Vereinigten Staaten als eine zerrissene Nation: Die politische Unzufriedenheit eines großen Teils der schwarzen Minderheit und der studentischen Jugend, die Fronten zwischen den Verfechtern des Hergebrachten und den Protagonisten postmaterialistischer Ideen, das Unbehagen in der kapitalistischen Moderne, die Spannungen zwischen den Generationen (und der Glaube der Jungen, eine völlig neue zu repräsentieren) – das alles hatte sich in den letzten Jahren verschärft, und der Vietnamkrieg hatte dabei wie ein Katalysator gewirkt.

Deshalb hörten die Proteste auch nicht auf, solange der Krieg in Südostasien weiterging. Noch in den frühen siebziger Jahren fanden immer wieder große Demonstrationen statt, und als Präsident Nixon Ende April 1970 ankündigte, Kambodscha zu bombardieren, reagierten Studenten und Hochschullehrer überall im Land mit Streik. In Ohio kam es dabei zu einer Explosion der Gewalt, die alles in den Schatten stellte, was Amerikas Universitäten in den Jahren zuvor erlebt hatten: Am 4. Mai, nach tagelangen Krawallen auf dem Campus der Kent State University und im angrenzenden Städtchen, feuerten Nationalgardisten plötzlich in die Menge; vier Studenten starben, neun weitere wurden verletzt.[69] In den Medien war von einem »Massaker« die Rede, und der Protestmarsch der Antikriegsbewegung, die sich daraufhin noch einmal in Washington versammelte, endete, wenig überraschend, in schweren Ausschreitungen.

Die Neigung zur Gewalt war in den Jahren des Protests zweifellos gewachsen. Die Prinzipien des zivilen Ungehorsams, unter denen die Bürgerrechtsbewegung einst angetreten und in deren Fußstapfen die Studentenbewegung groß geworden war, hatten sich teils in der Praxis verloren, teils hatten die Theoretiker der Neuen Linken und der Black Power sie infrage gestellt. Gleichwohl blieben jene, die sich im Laufe der Entwicklung zur Gewalt bekannten, stets in der Minderheit, und geradezu winzig – gemessen an der Zahl der Protestbewegten – waren die Gruppen, die schließlich den Weg in den Terror wählten.

Für die studentische Bewegung, vor allem für die SDS, bildeten die Erfahrungen von »Chicago '68« in dieser Hinsicht einen Wendepunkt.[70] Der Streit darüber, was aus den Debatten über »Revolution«, »Befreiung« und »Guerillakampf« konkret zu folgen hätte und ob man sich die Militanz der Black Panther zum Vorbild nehmen sollte, führte im Sommer 1969 zur Abspaltung der Weathermen. Danach ging alles ziemlich rasch: Den »Four Days of Rage« im Oktober in Chicago, zu denen sich statt der erwarteten Zehntausend lediglich ein paar Hundert Militante einfanden, folgte Ende Dezember 1969 ein letztes landesweites Treffen der Students for a Democratic

Society. Als die Weathermen zwei Monate später erklärten, nun beginne der »bewaffnete Kampf«, hatten sich die meisten lokalen Gruppen der SDS bereits verlaufen.

Das Ende der Studentenorganisation war auch ein Zeichen dafür, dass die soziale und kulturelle Dynamik, die den Protest seit Anfang der sechziger Jahre motiviert und vorangetrieben hatte, inzwischen einigermaßen aufgebraucht war. Die Helden der Revolte waren erschöpft.[71] Manchem Studentenführer dämmerte wohl auch bereits, dass man das revolutionäre Potential der eigenen sozialen Gruppe, zumal in Relation zu einer nicht einmal ansatzweise mobilisierten Gesamtbevölkerung, maßlos überschätzt und sich in seinen Veränderungsansprüchen ins Fantastische verstiegen hatte.[72] Katerstimmung, Resignation, aber auch Besinnung auf das Mögliche und Konzentration auf das Machbare lauteten die Vokabeln, die das Abflauen der Bewegung begleiteten. »The Movement« begann, zum Mythos zu werden.

Bei aller Esoterik, in die sich Teile der »rebellischen Generation« zurückzogen – in erster Linie natürlich die Hippies –, war ihre nun einsetzende Verästelung doch auch geprägt von einem starken Element des Pragmatismus, das in dieser Weise vor allem in Deutschland nicht – oder jedenfalls nicht so bald – zu beobachten war. Women's Lib, Green Power, Gay Power, Grey Power, dazu das Emanzipationsbemühen der Indianer und anderer ethnischer, sozialer und kultureller Minderheiten: Bereits seit Ende der sechziger Jahre entstand in den USA ein Kaleidoskop des konkreten Aktivismus,[73] in dem sich zwar zumeist sehr spezifischer Veränderungsdruck manifestierte, der aber die allgemeine politische Artikulation und Partizipation dieser Gruppen nicht ausschloss.

Tom Hayden, der politische Poet von Port Huron, bot dafür das beste Beispiel. Als Delegierter der kalifornischen Demokraten spendete er auf dem Nominierungsparteitag 1976 in New York jenem Richard Daley Beifall, der für »Chicago '68«

verantwortlich gewesen war und den er auf dem Parteikonvent 1972 noch höchst wirkungsvoll angegriffen hatte. Harris Wofford beobachtete die Szene, die sich daraufhin entspann: »›Why are you doing this?‹ a TV man asked Hayden. ›Because on balance I'm glad to see him back,‹ replied the man Daley's police had attacked and prosecuted. ›But didn't you kick him out in '72?‹ ›Yes, but we were probably wrong. The politics of exclusion didn't work,‹ said Hayden. Aside to me, he chuckled, ›The politics of inclusion may not work either.‹ ›Are you going to go up and shake his hand?‹ asked the persistent reporter. ›I haven't got that far yet‹, Tom Hayden said.«[74]

Kapitel 2
Ein deutscher Sonderweg?

> »*Immer häufiger hört man vom Wahrheits-
> willen deutscher Studenten. Sie wollen sich
> nicht mehr betrügen lassen.*«
> Karl Jaspers an Hannah Arendt, 27. Juli 1964[1]

Ein Jahrzehnt nach den Ereignissen war »68« in Amerika politisch nahezu vergessen, massenkulturell hingegen waren die
Energien, Werte und Ideen der Revolte zu weiten Teilen ab-
sorbiert. Letzteres galt, wie praktisch in allen Gesellschaften
des entwickelten Konsumkapitalismus, auch in der Bundesrepublik. Diese jedoch stand seinerzeit (wie sonst nur Italien[2])
unter dem Eindruck einer Bedrohung, die im »deutschen
Herbst« des Jahres 1977 einen dramatischen Höhepunkt erreichte.

Im Lichte des linken Terrorismus der siebziger, achtziger
und frühen neunziger Jahre hat die Geschichte der Außerparlamentarischen Opposition (APO), wie sich die bundesdeutschen »68er« zeitgenössisch gerne nannten, manche Verkür-
zungen erfahren; tiefe Schatten fielen dadurch aber auch auf
ihre Vorgeschichte. Zum nüchternen Verständnis des Geschehens und seiner Ursachen hat das nicht beigetragen. Suchten
(und suchen) die einen aus den Rebellen die Ruinierer der
bürgerlichen Gesellschaft und ihrer Tugenden zu machen, so
überhöhten die anderen den Protest der Studenten eine Zeit
lang zum nachholenden Gründungsakt einer bis dahin unvoll-
endet gebliebenen westdeutschen Demokratie. Dazwischen
erfanden die Protestbewegten sich selbst als »68er-Genera-
tion« – und blendeten dabei jene Gleichaltrigen aus, die das
Jahr 1968 zwar nicht an den Universitäten, sondern in Büros

und Fabriken verbracht, den »Zeitgeist« auf ihre Weise aber ebenfalls mitbekommen hatten.

Doch wen es nach historischer Erklärung verlangt, wer begreifen will, woher die Bewegung der Jahre 1967/68 kam und was sie vorantrieb, der muss fast ein Jahrzehnt zurückgehen: bis etwa in das letzte Drittel der Ära Adenauer. Damals nämlich, gegen Ende der fünfziger Jahre, begann sich jene spezifische Generationenkonstellation herauszubilden, in der eine halbe Dekade später die Konflikte zwischen APO und »Establishment« vor allem ausgetragen werden sollten. Mehr als irgendwo sonst in Europa (nicht zu reden von den USA) resultierten diese Konflikte in der Bundesrepublik aus der Erfahrung des Zweiten Weltkriegs – genauer gesagt, aus dem Umgang mit dem Nationalsozialismus und seinen Verbrechen.

Auch wenn dieser – seinerzeit sehr wohl gesehene – Zusammenhang in den letzten Jahren wiederholt bestritten worden ist:[3] Die Kritik der »unbewältigten Vergangenheit«, das politisch-moralische Skandalon der nahezu ungebrochenen respektive fast vollständig wiederhergestellten Kontinuität der Funktionseliten vom »Dritten Reich« zur Bundesrepublik bildete zwar nicht den einzigen, aber den hauptsächlichen Ausgangspunkt jener Entfremdung zwischen den Generationen, die sich seit den frühen sechziger Jahren als »Legitimationskrise« des politischen Systems und seiner Institutionen deutlich abzuzeichnen begann. Darin, in der vergangenheitspolitischen Aufladung des Konflikts, lag der wichtigste Unterschied zur Entwicklung der Revolte in den Demokratien des Westens. Das war, jenseits der überall sich lockernden Lebensauffassungen und des vielzitierten allgemeinen »Wertewandels«, der die spätindustriellen Gesellschaften seinerzeit erfaßte, das Besondere in der Vorgeschichte von »68« in der Bundesrepublik, und das wirkte auch in die Nachgeschichte hinein.

Kinder der Verdrängung
Die Geburt einer Generation aus dem Geist der NS-Kritik

Nicht nur symbolisch markiert das epochale Datum 1945 recht treffend die Jahrgangsmitte der späteren »68er«. Zu ihnen zählen, grob gerechnet, die in den vierziger Jahren Geborenen.[4] Somit begegnen sie uns im Herbst 1957, als die Union mit Konrad Adenauer zum ersten und einzigen Mal in der Geschichte der Bundesrepublik eine absolute Mehrheit im Bundestag errang, noch als Schüler. Die Jüngsten und Klügsten der Kohorte bereiteten sich gerade aufs Gymnasium vor, die Ältesten auf ihr Abitur. Zur Schullektüre vieler von ihnen dürfte das Tagebuch der Anne Frank gehört haben, die Älteren hatten vielleicht auch schon ›Nacht und Nebel‹ (1955) gesehen, Alain Resnais' Konzentrationslager-Film, und demnächst würden sie womöglich über den Ulmer Einsatzkommando-Prozess (1958) lesen, mit dem die Ahndung ungesühnter NS-Verbrechen nach Jahren des Stillstands endlich wieder in Gang kam. Nachrichten, die weltweit für Aufsehen sorgten und in den Jahrgängen dieser Kriegs- und Nachkriegskinder die Konstituierung eines vergangenheitskritischen Bewusstseins weiter beförderten, waren zu Weihachten 1959 die Hakenkreuz-Schmierereien an der eben erst wieder eingeweihten Kölner Synagoge, 1961 das Verfahren gegen Adolf Eichmann in Jerusalem und zwei Jahre später der Auschwitz-Prozess in Frankfurt am Main.

Damit ist implizit zum einen gesagt, dass es – entgegen mancher nachträglichen Selbstdeutung – offensichtlich nicht die späteren »68er« waren, denen die Erstwahrnehmung des Problems einer »unbewältigten Vergangenheit« zugeschrieben werden kann. Zum andern ergibt sich daraus aber auch, dass diese Jahrgänge den frühen Aufklärungsbestrebungen in einer sehr besonderen, zwiespältigen Weise ausgesetzt waren: Den kritischen Initiativen, wie sie von einer Minderheit älterer Intellektueller, aber auch aus den Reihen der eigenen »großen Brüder« aus der HJ- und Flakhelfergeneration vorangetrieben wurden – so etwa die 1959 von einer Berliner SDS-Gruppe um Reinhard Strecker organisierte Ausstellung »Ungesühnte Nazi-Justiz«[5] –, standen die im Zweifelsfall abwehrenden oder apologetischen Reaktionen ihrer Väter und Mütter entgegen. Und mag auch die Vorstellung einer lastenden Stille über den familiären Abendbrottischen eine Übertreibung sein, so liefert die Erinnerungsliteratur doch hinreichend Anschauung für spezifische Verständigungsschwierigkeiten zwischen der künftigen Protestgeneration und ihren Eltern.[6]

Hannah Arendt, gewiss keine unkritische Beobachterin der deutschen Gemütslage nach dem Krieg, hat diese Spannungen bezeugt. Im Mai 1961 berichtete sie ihrem Ehemann Heinrich Blücher nach New York von einer Tagung mit jungen Studienstiftlern (»eine sowohl menschlich wie akademisch sehr ausgesuchte Gesellschaft«) in der Eifel: »Wir sprachen über Eichmann-Prozeß und davon ausgehend über Gott und die Welt, aber doch im wesentlichen über Politik. Adenauer sehr unbeliebt, obwohl die anwesenden Professoren versuchten, ihn zu verteidigen. Sie wissen, sie leben in einem unbeschreiblichen Saftladen. Man könnte mit ihnen was machen, aber es ist niemand da, der mit ihnen wirklich spricht. Sie waren sehr begeistert von mir, aber eben auch darum, weil es wirklich niemanden gibt auf weiter Flur. Der Generationsbruch ist ungeheuer. Sie können mit ihren Vätern nicht reden, weil sie ja wissen, wie tief sie in die Nazi-Sache verstrickt waren.«[7]

Das im Klima des »kommunikativen Beschweigens«[8] der Vergangenheit in den fünfziger Jahren vielfach gescheiterte Gespräch zwischen Vätern und Söhnen, Müttern und Töchtern bildete den gleichsam negativen Grundstock von Erfahrungen, die sich dann im Studium wiederholten und bestätigten. Denn das Thema Nationalsozialismus in die Seminare zu tragen, war in den frühen Sechzigern alles andere als leicht.

Zwar hielt die junge Disziplin der Zeitgeschichte im Verein mit einer aus Amerika remigrierten Politikwissenschaft durchaus schon respektable Erkenntnisse bereit, nicht zufällig aber waren nur wenige ihrer Vertreter akademisch verankert: Im Normalfall war die kritische Auseinandersetzung mit dem »Dritten Reich« an den Hochschulen nicht gerne gesehen – vor allem auch deshalb nicht, weil sich für die Mehrzahl der Ordinarien damit die Frage nach der eigenen Vergangenheit stellte.

Noch im Januar 1963, zum 30. Jahrestag der »Machtergreifung«, tat sich an den Universitäten wenig; die Zahl der historisch-politisch substantiell Interessierten war auch auf studentischer Seite begrenzt. Erst ein paar Semester später kamen vereinzelt Ringvorlesungen zustande, so zunächst in Tübingen unter dem noch recht getragenen Titel »Deutsches Geistesleben und Nationalsozialismus«, dann in München und Marburg.[9] Als im Januar 1966 schließlich auch an der Freien Universität (FU) Berlin eine größere Veranstaltung stattfand, hatte sich die Tonlage auf Seiten der Studenten allerdings bereits deutlich verschärft. Aus Anlass der Universitätstage kritisierten sie, die Wissenschaft zögere noch immer, »sich endlich mit ihrer eigenen dunklen Vergangenheit (zu) beschäftigen«. Gefragt war jetzt die »Politisierung der Universität«, und gefordert wurden »Konsequenzen«. Noch ein wenig ungelenk, aber unbeeindruckt von den durchsichtigen Warnungen mutmaßlich Betroffener, die auf ihre Weise terminologische Vergleiche mit 1933 zogen, hieß es im ›FU-Spiegel‹: »Ein Professor, der den Faschismus in Deutschland nicht absolut integer überlebt hat, sollte von sich aus seine damalige Haltung klar verurteilen und analytisch zu klären versuchen, warum er geirrt hat und was daraus zu lernen ist. Es ist nicht unmenschlich oder unanständig zu fordern, daß er dies in der Öffentlichkeit tun soll, denn seine damalige Haltung war auch nicht nur seine eigene Sache, sie hatte Folgen für andere.«[10]

Zwar waren solche Forderungen auch weiterhin nicht populär, ein Teil der Professorenschaft maß ihnen inzwischen aber eine gewisse Berechtigung bei. Den Rektor der FU, Hans-Joachim Lieber, veranlasste diese Konstellation in seiner Ansprache zur Eröffnung der Universitätstage zu einem bezeichnenden Balanceakt: Erkennbar an die Adresse der Studenten gerichtet, riet er davon ab, in »moralisierender Manier [...] Disziplinen und Personen unter dem Aspekt von Schuld und Unschuld abzuhandeln und etikettierend zu ordnen«. Doch warnte er auch seine Kollegen, sich auf die »rein instrumental gemeinte These von der politischen Vergewaltigung deutscher Wissenschaft durch den Nationalsozialismus« zurückzuziehen.[11] Der linksliberale Philosoph und Spranger-Schüler wusste: Allzu schnell waren Professoren bereit, in einfach nur nachfragenden Studenten eine »neue SA« oder die »Methoden des NS-Studentenbundes« zu erkennen.

Das hatte auch Rolf Seeliger erfahren, der 1964 in München im Selbstverlag eine Broschüre veröffentlichte, deren Titel bald sprichwörtlich wurde: ›Braune Universität. Deutsche Hochschullehrer gestern und heute.‹ Die Dokumentation des Einzelkämpfers machte nicht nur deutlich, dass viele politisch belastete Professoren ihre Karriere nach 1945 fast nahtlos hatten fortsetzen können; was das studentische Publikum wohl noch mehr erschreckte, waren die apologetischen oder bestenfalls unreflektierten Stellungnahmen, die Seeliger von den Betroffenen erhielt und die er neben deren Texte aus der NS-Zeit stellte. Bis 1968 wuchs die Reihe auf sechs Folgen, und liest man Seeligers Vorworte, so wird man schwerlich sagen können, seine Anstrengungen seien wirkungslos verpufft: Schon mit dem ersten Heft hatten sich nicht nur zahlreiche Studentengruppen befasst, sondern auch die Westdeutsche Rektoren- und die Kultusministerkonferenz.[12]

Wer aber als junger Mensch zu Anfang der sechziger Jahre die kritische Perspektive erst einmal eingenommen hatte, wer

sich – zumal nach der Affäre um den ›Spiegel‹ 1962 – keinen
Maulkorb mehr umhängen lassen wollte, der fand dafür ohne
große Mühe immer wieder neue gute Gründe: Im Sommer
1964 etwa, als die Wiederwahl von Bundespräsident Heinrich
Lübke durchgezogen wurde, obwohl Dokumente aufgetaucht
waren, die eindeutig zu beweisen schienen, dass er als Archi-
tekt im »Dritten Reich« Baracken für Konzentrationslager ge-
zeichnet hatte.[13] Daß die Kampagne gegen den »KZ-Baumei-
ster Lübke« aus der DDR gesteuert wurde, diskreditierte sie in
den Augen der Jungen nicht automatisch, denn auch die Vorwürfe gegen »Hitlers Blutrichter in Adenauers Diensten«, mit
denen Ost-Berlin die westdeutsche Justiz schon seit Jahren attackierte, hatten sich fast ausnahmslos als zutreffend erwiesen.

Mehr oder weniger skandalöse personelle Kontinuitäten
taten sich nun, da der Blick geschärft war, überall in Politik
und Gesellschaft auf: Da war ein Theodor Heuss, der 1933 als
Reichstagsabgeordneter der DDP dem Ermächtigungsgesetz
zugestimmt hatte; da gab es in Adenauers Kanzleramt einen
Staatssekretär Globke, dessen Name einen juristischen Kom-
mentar zu den Nürnberger Rassegesetzen zierte; da amtierte
fast sieben Jahre lang ein nach des Kanzlers eigener Einschätzung »tiefbrauner« Bundesvertriebenenminister Oberländer,
der den deutschen »Lebensraum im Osten« geplant und für die
Völker dort bestenfalls ein Helotendasein vorgesehen hatte; da
waren furchtbare Juristen wie Wolfgang Fränkel, der am Leipziger Reichsgericht Fälle von »Rassenschande« verfolgt hatte
und gleichwohl 1962 für das Amt des Generalbundesanwalts zu
taugen schien. Da waren noch immer die vormaligen Direkto-
ren der I. G. Farben und die Manager von Krupp und Flick, die
während des Krieges Zehntausende von Zwangsarbeitern re-
gelrecht »verbraucht« hatten; da waren die Generäle einer Bundeswehr, die alle schon Hitler den Krieg geführt hatten. Kurz:
Da war seit 1965 ein ganzes »Braunbuch« voller Namen ein-
flussreicher Bundesbürger mit NS-Vergangenheit. Ost-Berlin

hatte zum Rundumschlag gegen die westdeutschen Funktionseliten ausgeholt, und die studentische Jugend las das »Who
was who im Dritten Reich« mit fassungsloser Empörung.

Anders als noch in den fünfziger Jahren, als sich die Generation der vormaligen Flakhelfer mit den Selbstrechtfertigun-
gen und Lebenslügen einer postnationalsozialistischen Volks-
gemeinschaft meist pragmatisch arrangierte, versperrten die
unaufgeräumten Lasten der Vergangenheit mittlerweile mehr
und mehr die Verständigungswege zwischen der NS-Funkti-
onsgeneration und ihren Kindern. Das auf dem Höhepunkt
der Revolte dann allenthalben postulierte »kritische Bewusstsein« entstand mithin nicht über Nacht und aus purer Lust am
Protest; es entwickelte sich vielmehr im Laufe eines sich zuspit-
zenden intergenerationellen Konflikts über den – wie es nun
immer öfter hieß – »Faschismus« und seine Folgen.[14]

Bei der Entfaltung dieses Konflikts, der in schweigenden Pa-
triarchen Namen und Gesichter hatte, mischten Ost-Berliner
Stellen als Stichwortgeber wie als Faktenlieferanten, direkt und
indirekt nach Kräften mit. Sich selbst als Hort des Antifaschismus begreifend und damit scheinbar aller Probleme ledig,
suchte die DDR mit immer neuen Kampagnen aus Hitler sozu-
sagen einen Westdeutschen zu machen und aus der Bundesregierung das »Braune Haus von Bonn«.[15] Wer dieser Perspektive
etwas abgewinnen konnte und in der bundesrepublikanischen
Öffentlichkeit entsprechend zu wirken bereit war, der durfte
mit Unterstützung rechnen – sei es, daß man ihn mit einschlägigen Dokumenten versorgte oder mit Geld; Klaus Rainer
Röhl bewies mit seiner Zeitschrift ›konkret‹, dass auch beides
gleichzeitig zu haben war.[16]

Wie aus den Akten der Staatssicherheit nach 1989 deutlich
wurde, blieb solch fürsorgliche Begleitung der westdeutschen
»Faschismuskritik« nicht auf die formative Phase der Studentenbewegung beschränkt, sondern erstreckte sich bis hin zur
Aufnahme erschöpfter RAF-Mitglieder in den achtziger Jah-

ren. Gleichwohl wäre es völlig verfehlt, den antifaschistischen Impetus oder gar die Entstehung der bundesrepublikanischen Protestbewegung mit der Wirksamkeit realsozialistischer Agitation erklären zu wollen.[17] Die intellektuelle Attraktivität, die der Faschismusbegriff seit Anfang der sechziger Jahre gewann, entsprang unterschiedlichen Motiven, und nicht das unwichtigste davon bildete die Absetzung von der bis dahin vorwaltenden Totalitarismustheorie, die nach Meinung ihrer Kritiker mit Blick auf den Nationalsozialismus zum bequemen Alibi gesellschaftlicher Selbstexkulpation und mit Blick auf den Kommunismus zu einem Werkzeug der Kalten Krieger verkommen war. Vor diesem Hintergrund durfte das – letztlich begrenzte – Interesse der »bürgerlichen« Geschichtsschreibung an einer vergleichenden Faschismusforschung, wie insbesondere Ernst Nolte sie vertrat,[18] auch als ein Element der Suche nach wissenschaftlichen Deutungsalternativen verstanden werden.

Freilich spielten in der anhebenden Konjunktur der Faschismustheorien von Beginn an auch Gesichtspunkte und Interessen dezidiert linker Politik eine Rolle. Gerade in Berlin hatte im Umkreis der Zeitschrift ›Das Argument‹, die aus der »Kampf dem Atomtod«-Bewegung hervorgegangen war, schon früh eine entsprechende Debatte eingesetzt. Ähnliches galt für Marburg, wo man sich im politikwissenschaftlichen Seminar von Wolfgang Abendroth, der inzwischen wegen seiner Solidarisierung mit dem von der Mutterpartei verstoßenen Sozialistischen Deutschen Studentenbund 1961 selbst aus der SPD ausgeschlossen worden war, systematisch mit nicht-orthodoxen Faschismusinterpretationen beschäftigte, wie sie Otto Bauer, August Thalheimer und andere marxistische Theoretiker in den zwanziger und dreißiger Jahren vorgelegt hatten.[19]

Mit historischer NS-Forschung hatten solche Exegesen offenkundig nichts zu tun, nicht einmal mit der bis dahin hauptsächlich praktizierten – und keineswegs effektlosen – Kritik

der westdeutschen »Restauration« und Elitenkontinuität. In
der Hinwendung zu den neu- beziehungsweise wiederentdeck-
ten Klassikern der Faschismuskritik zeichnete sich im Grunde
schon ab, was wenig später offensichtlich werden sollte: Statt
um Personen ging es jetzt um Strukturen; nicht mehr die politische Belastung Einzelner stand im Mittelpunkt, sondern
die Verwerflichkeit des Systems. An die Stelle gesellschaftlicher
Aufklärung über die Vergangenheit zum Zwecke einer prag-
matischen Veränderung der Gegenwart trat die Zurichtung
von Geschichte mit dem Ziel ihrer Aufhebung – im wahren
Sozialismus. Der Zusammenhang von Faschismus und Kapitalismus sollte herausgearbeitet, die Notwendigkeit der Überwindung der »bürgerlichen Demokratie« gleichsam wissen-
schaftlich bewiesen werden.

Keine andere zeitgenössische Schrift verdeutlichte diesen
unter den linken Studenten sich nun vollziehenden Umschlag
im Umgang mit der NS-Vergangenheit sinnfälliger als das
1967 erschienene und im Jahr darauf aktualisierte Suhrkamp-
Bändchen von Wolfgang Fritz Haug: ›Der hilflose Antifaschismus‹, eine Untersuchung der Vorlesungsreihen zum »Dritten
Reich« aus den zurückliegenden Semestern. Die in diesem
Rahmen an den Universitäten geübte Kritik an der »unbewältigten Vergangenheit«, so der FU-Assistent in seinem neuen
Nachwort, sei zwangsläufig stumpf und folgenlos geblieben.
Denn alles, was die Professoren zu bieten gehabt hätten, sei-
en zwei gleichermaßen falsche Antworten gewesen: notori-
schen Antikommunismus im Sinne einer totalitarismustheo-
retisch inspirierten Gleichsetzung von Nationalsozialismus
und Kommunismus oder den »Rückzug in die reine, unpolitische Wissenschaft«.

Haug brachte zweifellos nicht nur den eigenen Unmut auf
den Punkt, wenn er konstatierte, der bürgerliche Antifaschismus bestehe aus einem »spezifischen Gemisch progressi-
ver und konservativer, ja reaktionärer Komponenten«. Noch

mehr aber störte den jungen Philosophen und Mitbegründer der marxistischen Zeitschrift ›Das Argument‹ der Begriff des »Linksfaschismus«, wie ihn regierende Sozialdemokraten aus Angst benutzten, »sie würden von den Christlich-Konservativen, die die nationalen Töne noch immer besser beherrschen, von der Macht verdrängt«, und wie ihn Jürgen Habermas (dessen Name ungenannt blieb) neuerdings gegenüber der Studentenbewegung gebrauchte. Diese Gleichsetzung habe es schon immer erlaubt, »die Position eines formalen Antifaschismus einzunehmen und doch zugleich fundamentale Tendenzen des Faschismus fortzusetzen«. Für Haug stand deshalb fest: »Der Kampf gegen den Faschismus ist zu gewinnen nur als Kampf für den Sozialismus.«[20]

Bis in den Frühsommer 1967 hinein gehörten solche Sätze zu den vergleichsweise exklusiven Gewissheiten der Vordenker der APO, für die es schon damals um anderes ging als um die Auseinandersetzung mit der konkreten NS-Vergangenheit. Doch das sagt wenig über die Auffassungen und Motive der vielen jungen Leute, die sich der Bewegung demnächst anschließen sollten. Typischer als theoriebasierte Postulate war für sie noch immer moralischer Protest: gegen die Schuld der Väter und die falschen Autoritäten, die von Pflicht und Anstand sprachen und doch so unglaubwürdig erschienen. Das waren im übrigen Erfahrungen, die nicht nur Studenten aus gutem Hause gemacht hatten, sondern das galt auch für manchen Lehrling, der genug hatte von den Schikanen seines Meisters. Es war der Zorn über innerfamiliäre und gesellschaftliche Frustrationen der fünfziger Jahre, der aus so mancher Forderung sprach: »Machen wir Schluß damit, daß nazistische Rassenhetzer, daß die Juden-Mörder, die Slawen-Killer, die Sozialisten-Schlächter, daß die ganze Nazi-Scheiße von gestern weiterhin ihren Gestank über unsere Generation bringt.«[21]

Das Bedürfnis nach einem solchen Trennstrich war ebenso begreiflich wie naiv, und es enthielt in seiner Unbedingtheit eine doppelte Ironie: Zum einen bestätigte es, dass die kritische Bezugnahme auf die Vergangenheit mit den herangewachsenen Kriegs- und Nachkriegskindern aus den intellektuellen Randzonen in die Mitte der Gesellschaft vorgerückt war; zum anderen zeigte sich, dass gerade wegen dieser neuen Präsenz der NS-Vergangenheit – auch in den Medien – ihr eine Generation zu entkommen suchte, die eben begonnen hatte, sich als »68er« in die Geschichte der Bundesrepublik einzuschreiben. Doch so wenig die »Bewältigung« der Vergangenheit erst mit den (damals noch längst nicht so genannten[22]) »68ern« einsetzte, so wenig ist die Herausbildung der APO ohne die lebendige Protestkultur der fünfziger und frühen sechziger Jahre zu verstehen.

Frankfurts Neue Linke
Vom Notstand der Demokratie

Erich Kästners bekanntes Wort vom »motorisierten Biedermeier« hat wohl dazu beigetragen, dass die Binnengeschichte der Bundesrepublik in den fünfziger Jahren eine ganze Weile lang als eine zwar trügerische, aber unpolitische Idylle wahrgenommen worden ist. Der Missgriff erstaunt noch im Rückblick, denn der Dichter wusste es besser: Kästner gehörte zu den Erstunterzeichnern des Aufrufs »Kampf dem Atomtod«, mit dem eine breite außerparlamentarische Bewegung im Frühjahr 1958 gegen die geplante atomare Bewaffnung der Bundeswehr opponierte. Anknüpfend an die 1955 gescheiterte Paulskirchen-Kampagne gegen die Remilitarisierung, aber auch an die »Göttinger Erklärung« vom April 1957, in der die Crème der westdeutschen Kernphysik vor einem Atomkrieg warnte, hatte sich noch einmal ein loses Bündnis aus Sozialdemokraten und Gewerkschaftern, bürgerlichen Neutralisten und einstigen Mitgliedern der Bekennenden Kirche gegen den

Kurs der Regierung Adenauer zusammengefunden.[23] Zehntausende folgten in den nächsten Monaten überall im Bundesgebiet den Aufrufen zu Kundgebungen und Demonstrationen, und an einer Reihe von Hochschulen bildeten sich, zumeist getragen vom SDS, vom Liberalen Studentenbund Deutschlands (LSD) und von der Evangelischen Studentengemeinde, »Arbeitskreise gegen die atomare Aufrüstung«. Auf dem Frankfurter Römerberg erklärte der 28-jährige Adorno-Assistent Jürgen Habermas Unruhe zur ersten Bürgerpflicht (»Wenn sich angstbereite Einsicht kompetenzfrei mit Unerschrockenheit gegenüber den Einflußreicheren verbindet, heißt man's Zivilcourage.«[24]), und bei einer Veranstaltung in Münster trat als Hauptrednerin die 23-jährige Studentin Ulrike Meinhof auf, damals noch nicht einmal Mitglied im SDS.[25]

Die Initiative rührte an die Ängste der Deutschen. Offensichtlich misstrauisch geworden gegenüber Beschwichtigungsversuchen à la Adenauer (»Weiterentwicklung der Artillerie«), hatten sich schon vorher in Meinungsumfragen 83 Prozent der Befragten gegen eine Stationierung von Atomwaffen in der Bundesrepublik ausgesprochen. Mitte April 1958 demonstrierten in Hamburg mindestens 120 000 Menschen – mehr, als später die APO je an einem Ort mobilisieren sollte. Die Suggestivität der Parolen (»Lieber aktiv als radioaktiv«) und die Prominenz der Mahner, auf die sich der Protest berufen konnte (»Hört auf Albert Schweitzer«), spiegelten sich im Bundestag in einem äußerst harten Schlagabtausch zwischen CDU/CSU und SPD. Als die Führung der Sozialdemokratie ein paar Wochen später dann aber zum Rückzug blies – weniger wegen der Vorwürfe einer kommunistischen Unterwanderung des Aktionsbündnisses als unter dem Eindruck ihres überraschenden Misserfolgs bei der Landtagswahl in Nordrhein-Westfalen und des am Bundesverfassungsgericht gescheiterten Vorhabens einer Volksbefragung –, verlor die Bewegung mit ihrem organisatorischen Rückhalt fast schlagartig auch ihren Zulauf.

Doch es entstanden Zerfallsprodukte, zumal vor dem Hintergrund der sich nun abzeichnenden theoretischen, aber auch praktisch-politischen Neuausrichtung der SPD, die im Godesberger Programm von 1959 Gestalt gewann. Bereits zu Ostern 1960 gingen in Norddeutschland, dem Vorbild der englischen Campaign for Nuclear Disarmament folgend, etwa eintausend Rüstungsgegner auf die Straße. Stärker als die Anti-Atomtod-Kampagne speiste sich die Ostermarsch-Bewegung[26] aus einem diffus linken, parteipolitisch weitgehend ungebundenen, nicht zuletzt religiös motivierten Pazifismus; ihr erster Sprecher war ein Hamburger Quäker.

Zwar wuchs die Zahl der Ostermarschierer von Jahr zu Jahr (1966 sollen es schließlich 150 000 gewesen sein), aber wichtiger als die Menge der Mobilisierten war wohl ihr performatives Beispiel: der persönlich zum Ausdruck gebrachte, gewaltlose Protest (»Haben Sie Vertrauen in die Macht des Einzelnen!«), die neuen Rituale, die international gebräuchlichen Zeichen und Symbole – und die Fähigkeit, als außerparlamentarische Bewegung aus eigener Kraft zu bestehen. Das alles sollte Schule machen, wenn auch erst auf mittlere Sicht.

Kurzfristig herrschte im sozialistischen Lager eher Katerstimmung. Im Juni 1960 nämlich hatte sich die SPD von ihrer Studentenorganisation getrennt;[27] vorangegangen waren monatelange Auseinandersetzungen um einen ganz nach links gerückten Bundesvorstand, dessen zeitweiliger Vorsitzender Oswald Hüller sich noch dazu als DDR-hörig erwies. Der SDS war gezwungenermaßen auf der Suche nach einem neuen Profil. Nach Lage der Dinge konnte das nur bedeuten, strikt am Begriff des Sozialismus festzuhalten, für den die SPD seit ihrer Lossagung vom Marxismus und ihrer soeben von Herbert Wehner verkündeten Westbindung keine Verwendung mehr zu haben schien. So wurde zur Geburtsstunde einer sich

selbst als solche begreifenden »Neuen Linken« ausgerechnet
der Moment, da sich die Ära Adenauer erkennbar ihrem Ende
zuneigte und ein intellektueller Klimawechsel spürbar im
Gange war, da sich die Bölls und Grassens und Walsers in Kulturkritik übten und selbst im konservativen Milieu viele nach
Reformen schielten, kurz: da die bundesrepublikanische Gesellschaft sich insgesamt neu zu orientieren begann. Es wurde
keine leichte Geburt.

Das aber hing weniger mit der Wirklichkeit zusammen als
mit internen Streitigkeiten und Flügelkämpfen. Der SDS, dem
einst Helmut Schmidt vorgestanden und dem pragmatische
Intellektuelle wie Ralf Dahrendorf und Horst Ehmke ange-
hört hatten,[28] der mithin und nicht zuletzt als Rekrutierungs-
basis für sozialdemokratisches Führungspersonal gegolten
hatte, war in den letzten Jahren immer mehr zur Plattform
von Theoretikern und politisch Irrlichternden (wie der ›konkret‹-Gruppe) geworden. Nach der Abspaltung des Sozialdemokratischen Hochschulbundes (SHB) im Mai 1960 auch
organisatorisch und finanziell geschwächt, mussten die etwa
900 verbliebenen Mitglieder eine neue Grundlinie finden.
Doch das war nicht die einzige Schwierigkeit: Hinzu kam, dass
es an einer Figur gebrach, die das Programm des SDS mit Über-
zeugungskraft und Charisma verkörpert hätte – wenigstens ein
bisschen so, wie es in den USA jetzt gerade Tom Hayden vor-
machte, der Autor des berühmten Port Huron Statement der
Students for a Democratic Society (SDS). Ungeachtet zahlreicher Übereinstimmungen in der Analyse und in den Begriffen,
mit denen die beiden Schwesterverbände hantierten: Wer im
deutschen SDS zu lesen verstand, dem hätte eigentlich auffal-
len müssen, wie attraktiv – und um wie vieles attraktiver als
man selbst – die amerikanischen Genossen ihre Botschaft zu
formulieren wussten.

Gemessen an der poetischen Sprachgewalt eines Tom Hayden war es ein kläglicher, stellenweise ungewollt komischer

Versuch der Anschaulichkeit, mit dem die Adorno-Schülerin Elisabeth Lenk auf der 17. ordentlichen Delegiertenkonferenz des SDS im Oktober 1962 für die theoretische Selbstbesinnung einer »Neuen Linken« plädierte: »Sozialistische Theorie sprengt die Borniertheit und Zukunftslosigkeit des spätbürgerlichen Bewußtseins. Wir haben es daher nicht nötig, mit einem Ideal vor dem Kopf herumzulaufen oder eine Ideologie gleich einem roten Lämpchen mit uns herumzutragen, das alle Gegenstände in ein sanftes, den Augen angenehmes Licht taucht. Unsere Theorie sollte eher einem Scheinwerfergerät gleichen, dessen Licht stark genug ist, ein Stück des Wegs in die Zukunft zu erhellen, das aber zugleich, auf die gegenwärtige Gesellschaft gerichtet, grell ihre Risse, Sprünge, Jahrhunderte alten Staub, Muff und Spinnweben beleuchtet. Wenn wir so unsere Arbeit betrachten, werden wir vielleicht dem Anspruch gerecht, wirklich Neue Linke zu sein.«[29]

Neue Linke – das bedeutete erst einmal nur, dass vielen im SDS die Marxroutine nicht mehr genügte, dass man Ausschau hielt nach Anregungen, zum Beispiel auch bei amerikanischen und englischen Koryphäen wie C. Wright Mills oder E. P. Thompson. Schon deshalb erwies sich die Arbeit an einem allgemein überzeugenden und zugleich theoretisch fundierten Gesellschaftsprogramm als kompliziert. Leichter taten sich die neulinken Studenten mit der Kritik des westdeutschen Universitätssystems. Hierzu fielen nicht erst auf dem Frankfurter Delegiertentreffen, sondern bereits in der Diskussion über die seit 1961 zirkulierende Denkschrift »Hochschule in der Demokratie« etliche jener Stichworte, die in den nächsten Jahren zu Lieblingsvokabeln der APO werden sollten: Gefordert wurde die »Demokratisierung« der Universitäten im Sinne der Aufhebung aller »sachfremden Herrschaftspositionen und Abhängigkeitsverhältnisse«, die Ermöglichung von »Partizipation« und die Überwindung »autoritärer Strukturen«. Damit freilich befand man sich terminologisch wieder ganz nahe bei den amerikanischen Kommilitonen, und in ähnlicher Weise diskutierten kleine Zirkel einer jungen akademischen Linken inzwischen vielerorts in Westeuropa.

Frankfurt am Main war gleichwohl ein besonderer Platz. Denn hier war dank der Rückkehr eines eminenten Teils des 1933 emigrierten Instituts für Sozialforschung schon seit 1949/50 ein Hort linker Gesellschaftstheorie und Gesellschaftskritik wiedererstanden, dessen Bedeutung als intellektueller Quellort der späteren Studentenbewegung zwar, wie während des Terrorismus der siebziger Jahre geschehen, dämonisiert werden kann, aber schwerlich zu überschätzen ist.

Nüchtern betrachtet, war die Kritische Theorie, wie Max Horkheimer und Theodor Adorno sie in den fünfziger Jahren (noch ohne großes K) vertraten, als Anleitung einer radikalen Praxis nicht zu gebrauchen. Wer die Arbeiten der beiden aus der Kriegszeit im amerikanischen Exil studierte oder auch nur ihre aktuelle Politikberatung und die empirisch-tüchtige Auftragsforschung des Frankfurter Instituts zur Kenntnis nahm, dem konnte kaum entgehen, dass nichts davon auf revolutionäres Handeln zielte. Die Diskrepanz zwischen der Radikalität ihrer Kapitalismus- und Faschismuskritik aus den frühen dreißiger Jahren und ihrer späteren, dem »universalen Verblendungszusammenhang« der modernen Bewusstseins- und Kulturindustrien geschuldeten »Negativen Dialektik« war eigentlich unübersehbar, ebenso aber auch ihre über alle theoretische Ausweglosigkeit hinweg (»Es gibt kein richtiges Leben im falschen.«) stets vorhandene Bereitschaft, sich für das Gelingen einer »bürgerlichen Demokratie« in Westdeutschland praktisch zu verwenden.[30]

Das Risiko des Scheiterns blieb den Zurückgekommenen indes zeitlebens bewusst. Anfang der Sechziger, nach einem Jahrzehnt des herausgehobenen universitären und öffentlichen Wirkens, schien es vor allem Horkheimer, aber auch Adorno, als mehrten sich die Menetekel gar. »Ich betrachte das Nachleben des Nationalsozialismus *in* der Demokratie als potentiell bedrohlicher denn das Nachleben faschistischer Tendenzen *gegen* die Demokratie«, erklärte Adorno im November 1959 in einem aufsehenerregenden Vortrag (»Was bedeutet: Aufarbeitung der Vergangenheit«).[31] Wenige Wochen später, nach der Attacke auf die Kölner Synagoge, wurde offenkundig, wie sehr die Realität des Antisemitismus in der Bundesrepublik unter einem Schleier des Beschweigens gehalten worden war. Gerade in der jungen Generation war das Erschrecken groß, und es fällt nicht schwer, sich vorzustellen, wie Reputation und Glaubwürdigkeit eines akademischen Lehrers, ja einer ganzen »Frankfurter Schule« kritischen Denkens, in der Wahrnehmung der Studenten sich in solchen Momenten verdichteten.

Der Faszinationskraft einer Kritischen Theorie, deren Grundgebäude noch vor dem (deutschen) »Faschismus« errichtet worden war und die dessen fortbestehende Potentialität im gegenwärtigen Massenkapitalismus ebenso eindringlich wie schlüssig darzulegen schien, die in der Figur der »autoritären Persönlichkeit« Erkenntnisse der Sozialpsychologie und der Psychoanalyse mühelos zu integrieren vermochte, die sich überdies frei wusste vom Ballast des Parteimarxismus – einer solchen Weltdeutung konnte schwerlich entkommen, wer sich als Teil einer Neuen Linken verstand und theoretisch nicht völlig unmusikalisch war. Tatsächlich erwiesen sich die Lehrveranstaltungen Horkheimers und mehr noch die von Adorno als Renner: 150 Teilnehmer im Proseminar, bis zu 90 in den Hauptseminaren, waren keine Seltenheit, und seit den frühen sechziger Jahren schossen die Hörerzahlen in Adornos Vorlesung steil nach oben; in seiner letzten, im Sommersemester 1969, saßen tausend Studenten.[32]

Auch vor diesem Hintergrund erklärt sich, daß bis zur Mitte des Jahrzehnts nicht etwa West-Berlin, sondern Frankfurt am Main das Zentrum der aufkommenden Neuen Linken war.

Von dort gingen in diesen Jahren die wichtigsten theoretischen Impulse aus, aber auch eine Fülle praktischer Aktivitäten. Denn Frankfurt, das war die amerikanischste der deutschen Nachkriegsstädte, Hauptquartier der US-Truppen in
Europa, Inbegriff des kapitalistischen Wiederaufbaus und des
Wirtschaftswunders, Sitz einer starken Sozialdemokratie und
einer selbstbewussten IG Metall, Ort einer großen jüdischen
Vergangenheit, linkskatholischer Gegenwart (›Frankfurter
Hefte‹), radikaldemokratischer Traditionen, wichtiger Verlage
und einer ernstzunehmenden Presse. Frankfurt, das bedeutete
satirische Frechheit (seit 1962 in Gestalt von ›Pardon‹) und intellektuellen Anspruch (seit 1963 ›neue kritik‹, seit 1963 ›edition suhrkamp‹, seit 1965 ›Kursbuch‹), Modernität und Konsum, Lust auf das Neue und Bereitschaft zur Veränderung.
Frankfurt in den sechziger Jahren war die verdichtete Wirklichkeit einer im Umbruch befindlichen Bundesrepublik.

Kein Wunder, dass in diesem Laboratorium der Kritik auch
die Opposition gegen die von der Bundesregierung seit 1958 in
immer neuen Anläufen versuchte Notstandsgesetzgebung
ihren geistigen Dienstsitz nahm. Ziemlich die ersten, die gegen
das Vorhaben ihre Stimme erhoben, waren 1960/61 die Gewerkschaften, die befürchteten, die geplanten Änderungen des
Grundgesetzes könnten zur Einschränkung des Koalitions-
und Streikrechts genutzt werden.[33] Zumal nach der ›Spiegel‹-
Affäre, in der die von einer rabiat-bedenkenlosen Exekutive
ausgehenden Gefahren für das Grundrecht der Presse- und
Meinungsfreiheit schärfer als je zuvor in der »Kanzlerdemo-
kratie« wahrgenommen wurden, gerieten die Notstandspläne
dann auch innerhalb der Universitäten in den Fokus der Kritik.
Eine breite Protestbewegung kam allerdings erst seit Herbst
1964 in Gang, als sich eine Einigung zwischen Bundesregierung und sozialdemokratischer Opposition, ohne deren Zu-
stimmung die notwendige Zweidrittelmehrheit zur Änderung
des Grundgesetzes nicht zu erreichen war, anzubahnen schien.

Zu den treibenden Kräften bei der Zusammenführung einer Koalition der Verhinderungswilligen zählte der vormals Frankfurter und demnächst Gießener, Anfang 1965 aber noch in Bonn lehrende Verfassungsrechtler Helmut Ridder, der die inzwischen als »Kampagne für Abrüstung« firmierenden Ostermarschierer, ergänzt um Gewerkschafter, dissidente Sozialdemokraten und Hochschullehrer, zu einem ersten Appell an die Bundestagsfraktionen veranlasste. Bald darauf artikulierte sich auch der studentische Widerspruch deutlicher als bisher: Am 24. Mai 1965, zwei Tage vor der ersten Lesung des sogenannten Benda-Entwurfs, protestierte ein vom SDS und anderen Frankfurter Jugend- und Studentenverbänden organisierter »Aktionsausschuß gegen die Notstandsgesetze« vor und in der Paulskirche. Am 30. Mai traf man sich in der Bundeshauptstadt zum Kongress »Demokratie vor dem Notstand«, am 15. Juni war man wieder in Frankfurt, wo auf dem Römerberg mehr als 5 000 Menschen demonstrierten.[34]

Die Tatsache, dass bei all diesen Aktionen der Sozialistische Deutsche Studentenbund eine wesentliche Rolle spielte (und die radikalste Position vertrat: nämlich gegen jede Notstandsverfassung), schreckte 1965 niemanden, der überzeugt war, dass sich mit dem Projekt ernste Gefahren für das Grundgesetz verbanden. So saßen zum Beispiel auf einem der Bonner Podien (»Die Pressefreiheit im Notstandsfall«) zur Linken von Diskussionsleiter Jürgen Habermas das SDS-Mitglied Jürgen Seifert, zu seiner Rechten die Politikwissenschaftler Thomas Ellwein (ein Verteidiger des Benda-Entwurfs) und Karl Dietrich Bracher, der als linksliberaler Weimar-Spezialist schon vor Wochen, zusammen mit erklärten Linken wie Wolfgang Abendroth, Ossip K. Flechtheim, Helmut Gollwitzer und 211 anderen Professoren, gewarnt hatte: »Ausnahmegesetze sind – wir haben es schon einmal erlebt – der Tod der Demokratie. Sie sind es auch dann, wenn sie im Namen der Demokratie beschlossen und angewandt werden.«[35]

Zwar ebbte die Notstands-Opposition nach dem Kongress zunächst wieder ab – die Möglichkeit einer großen Abstimmungskoalition im Bundestag war erst einmal erfolgreich durchkreuzt –, was aber im Sinne der öffentlichen Präsenz neulinker Positionen weiterwirkte, waren die frisch geknüpften Verbindungen zwischen Angehörigen des SDS und politisch entschlossenen Gewerkschaftern. Nicht zuletzt darauf beruhte das im Herbst 1966 gegründete Kuratorium »Notstand der Demokratie«, als dessen Sekretär der bisherige SDS-Bundesvorsitzende Helmut Schauer fungierte. Mit der Finanz- und Organisationskraft der IG Metall im Rücken und getragen von der Autorität ihres schon damals legendären Vorsitzenden Otto Brenner, veranstaltete das Kuratorium am 30. Oktober 1966 – der Gedanke einer Großen Koalition lag nach dem Sturz von Ludwig Erhard bereits in der Luft – in Frankfurt einen weiteren großen Notstands-Kongress. Zur Abschlußkundgebung vor dem Römer fanden sich diesmal nicht weniger als 20 000 Demonstranten ein. Für alle »unter Dreißig« sprachen der 37-jährige Hans Magnus Enzensberger und der 71-jährige Ernst Bloch; während der Dichter den Befürwortern »des Notstands« wortreich das Gespräch aufkündigte, malte der remigrierte Philosoph hauptsächlich düstere historische Analogiebilder: »Wir kommen zusammen, um den Anfängen zu wehren«, begann Bloch, um am Schluss einer hoch emotionalen Assoziationskette beim Ermächtigungsgesetz zu landen, nach dessen ausgedehntem Gebrauch »nicht nur die Schornsteine der Industrie geraucht haben«.[36]

Gewiss mußte man nicht gleich an das Ende von Weimar und an dessen schlimmste Folgen denken, um sich vor der Großen Koalition, einer ersichtlich auf dem Vormarsch begriffenen NPD und den unklaren sonstigen Auswirkungen einer womöglich andauernden Rezession zu grausen. Doch ein härterer Ton – man kann auch sagen: eine gewisse Enthemmung des politischen Diskurses – war inzwischen nicht nur bei Großdemonstrationen zu beobachten. Auf dem Weg zur APO veränderte sich die Diktion der Neuen Linken insgesamt. Verglichen damit, wie nun etwa in Marburg um Abendroth diskutiert wurde und an anderen Instituten, an denen der SDS – teils seit langem, teils erst in letzter Zeit – Unterstützung fand, erschien die Theoriesprache der Frankfurter plötzlich sogar manchem, der sich eben noch darin übte, umständlich und kraftlos, ja betulich. Gemessen an der Wortgewalt des jungen Mannes, der dort vor wenigen Wochen den Bundeskongress des SDS in seinen Bann geschlagen hatte, traf das allerdings auch zu.

Berliner Aufbrüche
Über das Wesen einer Freien Universität

Rudi Dutschkes erster großer Auftritt in »Westdeutschland«, wie die Berliner beiderseits der Mauer damals zu sagen pflegten, faszinierte auch den eigens aus Hamburg angereisten Reporter der ›Zeit‹: »›Genossinnen! Genossen! Unser Ziel ist die Organisierung der Permanenz der Gegenuniversität als Grundlage der Politisierung der Hochschulen!‹ Zugegeben, dieser Satz liest sich schauderhaft, aber er hört sich großartig, ja furchterregend an, wenn Rudi Dutschke vom Berliner SDS ihn formuliert. Jedesmal, wenn er im Großen Saal des Frankfurter Studentenhauses [...] ans Rednerpult tritt, wird es still unter den Delegierten. Wie Peitschenschläge fahren seine Thesen auf das Auditorium nieder. Dutschke, Slawist und Experte in der Geschichte der Arbeiterbewegung, hat das Zeug zum Demagogen. Unter schwarzen Brauen blickt er finster drein, die Haarsträhnen fallen ihm in die Stirn, der schmächtige Körper scheint zu beben, sobald das Temperament mit ihm durchgeht. Und jeder weiß, wen (und was) er meint, wenn er im Eifer des Gefechts nur noch die Vornamen herausprudelt: ›Rosa – Karl – und Leo!‹«[37]

Die 21. ordentliche Delegiertenkonferenz Anfang September 1966 markierte für die Medien den Moment, in dem die »Unruhe der Studenten« ein Gesicht bekam. Zwar war Dutschke schon im Jahr zuvor in den politischen Beirat des SDS gewählt worden (wo ihn nun Wolfgang Lefèvre ablöste), gleichwohl bedeutete der fulminante Auftritt für die sogenannten Antiautoritären einen weiteren Geländegewinn gegenüber den meist etwas älteren sogenannten Traditionalisten. Auf deren Regie ging es wohl zurück, dass zu Kongressbeginn drei FDJler Gelegenheit hatten, die Grüße ihres Zentralrats zu überbringen, und vor dem Hintergrund des unlängst geplatzten Redneraustauschs zwischen SPD und SED unterstrich man auch die Notwendigkeit einer »Anerkennung der Existenz zweier deutscher Staaten«. Mit Sympathie für das Ulbricht-Regime hatte das jedoch nichts zu tun – jedenfalls nicht bei einem wie Dutschke, der, geboren 1940 bei Luckenwalde in der Mark Brandenburg, noch vor dem Abitur politisch angeeckt war.

Weil er den »freiwilligen« Dienst in der Nationalen Volksarmee verweigert hatte und ihm deshalb das erhoffte Studium der Sportjournalistik in Leipzig verwehrt worden war, erlebte der talentierte Leichtathlet den 13. August 1961 in West-Berlin, wo er an der Askanischen Schule gerade das West-Abitur nachgeholt hatte. Durch den Mauerbau zum »politischen Flüchtling« gestempelt, schrieb sich Dutschke zum Wintersemester 1961 an der Freien Universität ein. »Journalistik allgemein« erschien ihm aber als ein »Studienfach ohne Boden«, weshalb seine Wahl auf das »All-round-study« Soziologie fiel: »Die ganze Menschheitsgeschichte rollt ab. Es macht unheimlich Spaß und unheimlich Arbeit.«[38]

Dutschkes Studieneifer und Lesehunger gingen einher mit einer geradezu planmäßigen Aneignung politisch-theoretischer Überzeugungen, und dass diese von einer tiefen Religiosität ihren Ausgang nahmen, zeigen seine (ansonsten damals spärlichen) Tagebucheintragungen zu Ostern 1963: »Jesus ist auferstanden, Freude u. Dankbarkeit sind die Begleiter dieses Tages; die Revolution, die entscheidende Revolution der Weltgeschichte ist geschehen, die Revolution der Welt durch die allesüberwindende Liebe. Nähmen die Menschen voll die offenbarte Liebe im Für-sich-Sein an, die Wirklichkeit des Jetzt, die Logik des Wahnsinns könnte nicht mehr weiterbestehen.« Ein Jahr später, am Karfreitag 1964, formulierte der evangelische Christ Rudi Dutschke nicht mehr im Konjunktiv: »In diesen Stunden verschied im keuchenden Morgenlande der Welt größter Revolutionär – Jesus Christus; die nichtwissende ›Konterrevolution‹ schlug ihn ans Kreuz; Christus zeigt allen Menschen einen Weg zum Selbst – diese Gewinnung der inneren Freiheit ist für mich allerdings nicht zu trennen von der Gewinnung eines Höchstmaßes an äußerer Freiheit; die gleichermaßen und vielleicht noch mehr erkämpft sein will. Den Anspruch Jesu, ›mein Reich ist nicht von *dieser* Welt‹, kann ich nur immanent verstehen; natürlich, die Welt, in der Jesus wirkte und arbeitete, war noch nicht die ›neue Wirklichkeit‹; diese galt und gilt es noch zu schaffen, eine ›Hic-et-nunc-Aufgabe‹ der Menschheit.«[39]

Im Frühjahr 1964 war Rudi Dutschke bereit zur Aktion. Gemeinsam mit seinem ebenfalls aus der DDR stammenden Studienfreund Bernd Rabehl reagierte er auf eine auch in Berlin plakatierte »Suchanzeige« der Subversiven Aktion, einer seltsamen, seit 1962 vor allem in München agierenden Truppe um Dieter Kunzelmann, die aus der avantgardistischen Künstlergruppe SPUR (zeitweise »deutsche Sektion« der Situationistischen Internationale) hervorgegangen war.[40] Am Ende einer Reihe einschlägiger Zitate von Theodor Adorno – und in dessen Namen – hatten die Subversiven ihre Leser aufgefordert: »Wenn auch Ihnen das Mißverhältnis von Analyse und Aktion unerträglich ist, schreiben Sie unter Kennwort ›Antithese‹ an 8 München 23, Postlagernd.«[41] Die ironische Kritik verfehlte ihre Wirkung nicht: Adorno, empört ob der Verhöhnung als tatenloser Intellektueller, erstattete Anzeige, Dutschke und Rabehl stießen zur Berliner »Mikrozelle« der Subversiven Aktion.

Diese nannte sich nun Anschlag-Gruppe und gab ein »theoretisches Organ« heraus; dass Dutschke daran mitarbeitete, war unübersehbar. Schon im ›Anschlag 1‹ trieb er die Adorno-Kritik vom Frühjahr ins Prinzipielle – und ihr den Witz aus. Unter dem (jüdischen!) Pseudonym Alexander Joffe attackierte er die Frankfurter Schule und seinen prospektiven Berliner Doktorvater Hans-Joachim Lieber: »Es gibt in der Bundesrepublik auch heute ausgezeichnete Analysen [...]. Wir fragen uns allerdings, wie es möglich ist, daß bei diesen hervorragenden Denkern die in der gegenwärtigen bundesrepublikanischen Wirklichkeit völlig unverständliche Trennung von Denken und Sein, von Theorie und Praxis, weiterhin durchgehalten werden kann?!«[42]

Dutschke selbst stand der Praxistest schon bald bevor. Für den 18. Dezember 1964 war nämlich eine jener typischen Stippvisiten von Bonner Staatsgästen angekündigt, auf die längst nicht nur linke Studenten mit Sarkasmus reagierten: Zum Frontstadtbesuch mit obligater Mauertour kam der kongolesische Ministerpräsident Moise Tschombé, von dem mit einiger Plausibilität behauptet werden konnte, er habe 1961 die Ermordung seines Vorgängers und Widersachers Patrice Lumumba betrieben, des wegen seines Kampfes gegen die belgische Kolonialmacht beileibe nicht alleine in Dutschkes Augen »bedeutendsten afrikanischen Revolutionärs«.

Zum behördlich angemeldeten Protest gegen den unerwünschten Besucher standen also ein paar Hundert Mitglieder und Sympathisanten des SDS, des Lateinamerikanischen Studentenbunds und der Anschlag-Gruppe in Tempelhof bereit. Doch Tschombé fuhr unbemerkt über den amerikanischen Teil des Flughafens zum Schöneberger Rathaus. Dort sprach ein verständnisvoll-verlegener Willy Brandt inzwischen schon

mit einer Delegation der Demonstranten – und ließ den Staats-
gast warten. Rudi Dutschke kam erst nach einer wilden Verfol-
gungsjagd durch die Polizei (»offensichtlich war ich denen
wegen meiner voll-schwarzen Jeans aufgefallen«) vor dem
Rathaus an, wo gerade Wochenmarkt war und seine Genossen
angeblich Tomaten kauften (»nicht bloß zum Essen«). Beinahe
hätte man Tschombé ein zweites Mal verpasst, denn der »im-
perialistische Agent und Mörder« verließ das Gebäude durch
den Hinterausgang. Ob ihn in diesem Augenblick eine der Tomaten »voll in die Fresse« traf, wie es in Dutschkes Tagebuch
heißt, oder ob, wie er später schrieb, die abfahrende Limousine
einem »Tomaten-Terror-Bombardement« ausgesetzt war – ja
ob (Mitte Dezember!) überhaupt Tomaten flogen –, mag offen
bleiben.[43] Viel wichtiger war, dass der Auftritt aus Dutschkes
Perspektive eine hoffnungsvolle Zäsur darstellte: »Mit der
Anti-Tschombé-Demonstration hatten wir erstmalig die politische Initiative in dieser Stadt ergriffen. In der post-festum-
Betrachtung können wir sie als Beginn unserer *Kulturrevolution* ansetzen.«[44]

Bemerkenswert an dieser Deutung sind nicht nur ihr Ent-
stehungsdatum (vermutlich um die Jahreswende 1967/68) und
der auf Maos China anspielende Begriff der Kulturrevolution;
höchst aufschlussreich ist darüber hinaus, wie wichtig es
Dutschke offensichtlich war, die Geschichte der antiautoritären
Bewegung schon zu schreiben – und zwar selbst –, während sie
noch entstand. Daraus sprachen fraglos die Ansprüche und
Überzeugungen des Revolutionärs, für den »Geschichte machbar«[45] war. Aber daraus sprach auch, was als Charakteristikum
der »68er«-Bewegung gelten darf: ein ausgeprägter Sinn für
die Medien und eine durch diese ermöglichte kontinuierliche
Selbstbespiegelung schon im Moment des Geschehens. Wie
anders wollte man den Erfolg des ›rororo‹-Bändchens erklären, in dem Dutschkes Text im Mai 1968 erschien, das noch im
selben Monat zwei Nachdrucke erlebte und gegen Jahresende

eine Auflage von 170 000 Exemplaren erreicht hatte? ›Rebellion der Studenten oder Die neue Opposition‹ – ein solcher Titel versprach Selbstvergewisserung, und dafür bestand nach dem Attentat auf Dutschke zweifellos erhöhter, wenn auch nicht erst dadurch ausgelöster Bedarf.

Der »Durchbruch«, den Dutschke seit der Störung des Tschombé-Besuchs für gelungen hielt, war bezeichnenderweise keiner in der Politik, sondern einer in den Medien. Nicht schon den »Weg zu den Massen« hatte die Demonstration gegen den afrikanischen Potentaten geebnet, wohl aber hatte sie zu öffentlicher Wahrnehmung verholfen. Man spürte sich plötzlich selbst – und hatte einen Ansatzpunkt für neue Aktionen. In den Worten Rudi Dutschkes, deklamatorisch wie meist: »Die Demonstranten erkannten sich in den Pressekommentaren des nächsten Tages absolut nicht wieder, ihr Mißtrauen gegen die staatlich-gesellschaftliche Ordnung wurde verstärkt. Sie sahen die arbeitsteilige Berichterstattung, alle Ebenen der Verzerrung und Lüge […]. Die manipulierende Manipulation wurde für uns der Resonanzboden unserer ›Öffentlichkeitsarbeit‹.«[46]

Für Dutschke war nun aber auch klar, dass es aus den esoterischen Zirkeln der Subversiven Aktion heraus nicht möglich sein würde, »die noch sehr schmale Basis innerhalb der Universität auszubauen und zu verbreitern«. Die logische Konsequenz aus dieser Einsicht war der Beitritt zum SDS im Januar 1965. Dort ging es schon bald hoch her, denn die sogenannte Dutschke-Rabehl-Fraktion legte weder Wert auf bürokratisch geordnete noch auf demokratisch geregelte Entscheidungsprozesse.[47]

Im Vergleich zu den Themen, die Dutschke und die Seinen sich zu eigen machten – im Mai 1965 zum Beispiel die Invasion der USA in der Dominikanischen Republik, wo Aufständische die Militärjunta zu Fall zu bringen drohten –, waren die typischen Anliegen des SDS immer noch sehr deutsch. Nach

wie vor bildeten die NS-Vergangenheit und die Kontinuität
der Eliten einen Schwerpunkt der Kritik. Allerdings änderten
sich jetzt die Aktionsformen, und in dieser Hinsicht begriffen
die Gremienprofis im SDS, die sich in der ›neuen kritik‹ infor-
mierten,[48] kaum weniger rasch als die Antiautoritären: Von
Amerika lernen hieß protestieren lernen.

Anlass dafür wurde, wie im vorangegangenen Wintersemester in Berkeley, ein Redeverbot an der Freien Universität:
Auf Einladung des AStA hatte der Publizist Erich Kuby am
8. Mai 1965 an einem thematisch naheliegenden und mutmaßlich brisanten Podiumsgespräch über »Restauration oder Neu-
beginn – die Bundesrepublik 20 Jahre danach« teilnehmen sollen, war vom Rektor jedoch nicht zugelassen worden.[49] Als
Begründung diente eine bereits Jahre zurückliegende Äuße-
rung Kubys, in der, wer wollte, einen beleidigenden Vergleich
zwischen der 1948 mit amerikanischer Hilfe ins Leben gerufe-
nen FU und der Humboldt-Universität im Ostteil der Stadt er-
blicken konnte.

Gegen diese »politische Bevormundung« setzten sich die
Studentenvertreter mit einer fraglos passenden Parole zur
Wehr: »Redefreiheit 20 Jahre danach«. Erich Kuby sprach am
7. Mai außerhalb des Campus, und eine volle Woche lang
existierte eine *picketing line*, in der rund 3 000 junge Männer
und Frauen (immerhin ein Fünftel der Immatrikulierten) Plakate malten und eine Protestresolution unterschrieben; die
Studenten am Otto-Suhr-Institut für Politikwissenschaft
(OSI) traten schließlich sogar in einen halbtägigen Vorle-
sungsstreik. Wer es nicht schon ahnte, dem demonstrierte ein
(mit Ausnahme des unionsnahen RCDS) von sämtlichen
Hochschulgruppen und dem Argument-Club gezeichnetes
Flugblatt, dass die kalifornische Free Speech Movement in
Dahlem angekommen war: »Verteidigt Euer Recht ›to hear
any person speak in any open area on campus at any time on
any subject‹!«[50]

Als sich der Dissens zwischen Studentenschaft und Hochschulleitung durch den »Fall Krippendorff« ein paar Tage später dann noch weiter aufschaukelte – der Rektor hatte den Arbeitsvertrag des am OSI tätigen Assistenten wegen ein paar kritischer, wohl auch sachlich falscher Bemerkungen in einem Zeitungsbeitrag zu der Veranstaltung am 8. Mai nicht verlängert und damit den Eindruck politischer Zensur erweckt –, da war endgültig klar, dass an der Freien Universität andere Zeiten angebrochen waren. Vollversammlungen mit mehr als tausend Teilnehmern waren plötzlich nicht mehr ungewöhnlich,[51] und von politisch indolenten Studenten konnte im Sommersemester 1965 jedenfalls in Berlin keine Rede mehr sein. Selten lag ein jugendsoziologischer Befund so sehr daneben wie der, den Ludwig von Friedeburg, seines Zeichens Direktor des FU-Instituts für Soziologie, just in diesem Moment publizierte: »Überall scheint die Welt ohne Alternativen, paßt man sich den jeweiligen Gegebenheiten an, ohne sich zu engagieren, und sucht sein persönliches Glück in Familienleben und Berufskarriere. In der modernen Gesellschaft bilden Studenten kaum mehr ein Ferment produktiver Unruhe.«[52]

Von Friedeburgs aktuelle Diagnose schrieb freilich im Grunde nur fort, was er zusammen mit Jürgen Habermas und weiteren Mitarbeitern des Instituts für Sozialforschung Ende der fünfziger Jahre über das politische Bewusstsein Frankfurter Hochschüler ermittelt und in der rasch bekannt gewordenen Untersuchung ›Student und Politik‹ niedergelegt hatte. Danach galten zwei Drittel der Befragten als »apolitisch« und weitere 16 Prozent als »autoritätsgebunden«; bei nur 9 Prozent der Studenten hatten die empirischen Sozialforscher damals ein »definitiv demokratisches Potential« ausgemacht.[53] Dieses aber begann sich nun kräftig zu regen – und zwar durchaus nicht zum Missbehagen einer Gesellschaftswissenschaft, die sich noch stets einer normativen Kritik der Wirklichkeit verpflichtet gesehen hatte. In diesem Sinne wollte zum Beispiel auch der Politologe Kurt Sontheimer verstanden werden, der sich als Senatsbeauftragter für politische Bildungsarbeit bisher eher um die Ausfüllung als um den Missbrauch des an der FU durchaus gegebenen, bald aber heftig umkämpften »politischen Mandats« der Studentenschaft hatte sorgen müssen.

Den amerikanisch inspirierten neuen Formen studentischer Campus-Politik folgte nun allerdings auch von dort ein neues Thema: Wichtiger als die gleichsam mitlaufenden Klagen über einen drohenden »Bildungsnotstand« und die ausstehende Reform der Universitäten, über die innerhalb der Hochschulen im Grunde (noch) wenig Dissens herrschte, wurde der eskalierende Krieg in Vietnam. Die Fernsehbilder von den Bombenlasten, die die US Air Force über vietnamesischen Strohhütten ausklinkte, sorgten für wachsende moralische Erregung – und mobilisierten vor allem studentische Opposition.

Von der Frankfurter Zeil ist aus dem Frühjahr 1965 ein Foto überliefert, das ebenso gut aus der amerikanischen Hauptstadt hätte stammen können, wo die Students for a Democratic Society drei Wochen später einen ersten großen »March on Washington for Peace in Vietnam« veranstalteten: Es zeigt eine Gruppe junger Leute mit Protestplakaten, Kinderwagen und Friedenszeichen mitten auf der Straße sitzend; eines ihrer Schilder, die vor dem Dritten Weltkrieg warnen, ist sogar auf Englisch abgefasst.[54]

Auch in West-Berlin stand der Protest gegen den Krieg, den die Schutzmacht der »Frontstadt« in Fernost führte, bald ganz im Zentrum der Aufmerksamkeit. Angesichts einer völlig unkritischen Berichterstattung der übermächtigen Springer-Presse bemühte sich ein »Arbeitskreis Südvietnam« des SDS um »kritische Aufklärung«. Bereits seit Anfang 1965 sammelten die Genossen systematisch Informationen, und noch vor Ende des Wintersemesters gab es an der FU eine Filmvorführung. Kurz darauf, in einer ersten größeren Veranstaltung, diskutierten die SDS-Experten im Henry-Ford-Bau mit einem

Vertreter der Berliner US-Mission. Danach jedoch entwickelten sich die Kommunikationsbeziehungen rasch auseinander.

Mit seinem ›Kursbuch‹ trug Hans Magnus Enzensberger das Thema Vietnam, zielsicher erweitert um die Aspekte Imperialismus und »Dritte Welt«, im Sommer 1965 ins linksliberale Milieu; das zweite Heft der neuen Zeitschrift brachte ein Kapitel aus Frantz Fanons ›Die Verdammten dieser Erde‹ nebst einer eleganten Erläuterung des Herausgebers für die »Europäische Peripherie«.[55] Parallel dazu sammelte ein Honoratiorenkreis des Berliner SDS, hierin erneut amerikanischen Vorbildern folgend, prominente Unterschriften für eine »Erklärung über den Krieg in Vietnam«. Der Begleitbrief war zugleich eine Philippika an die Adresse der Berliner Presse: »Daß dieser Aufruf vom geteilten Berlin ausgeht, ist kein Zufall. Keineswegs ist die Situation in Vietnam der in dieser Stadt gleichzusetzen, wie blinde Antikommunisten uns einreden möchten. Man erweist den Interessen Berlins einen schlechten Dienst, wenn man uns rät, das amerikanische Vorgehen in Vietnam zu billigen oder zumindest keiner Kritik zu unterziehen.«[56] Anfang Dezember hatte man eine von etwa 70 Schriftstellern (darunter fast die gesamte Gruppe 47) und mehr als 130 Professoren, Dozenten und Assistenten unterschriebene Resolution unter Dach und Fach.

Die Antwort der »bürgerlichen Presse« kam prompt: Auf Initiative des sozialdemokratischen ›Telegraf‹ riefen sämtliche Tageszeitungen zum »Berliner Weihnachtsgedenken 1965«. Aus den eingegangenen Leserspenden in Höhe von 130 000 Mark wurden bei der Staatlichen Porzellan-Manufaktur kleine Nachbildungen der während der Berliner Blockade von den USA gestifteten Freiheitsglocke erworben und an amerikanische Familien verschickt, die einen Angehörigen in Vietnam verloren hatten.[57] Die linke Sprachlosigkeit angesichts solchen Biedersinns überwand am schnellsten Wolfgang Neuss, Vorsitzender der Satirischen Einheitspartei SED und Herausgeber von ›Neuss Deutschland‹. Der Kabarettist und seine Verbündeten erklärten die mediale Rührung für »mörderisch« (»Heute für die amerikanische Vietnam-Politik Geld spenden heißt sparen fürs eigene Massengrab.«) und baten im Gegenzug »um Gasmasken und Luftschutzkeller für die Redaktionsstäbe der Westberliner Tageszeitungen. Wie leicht fällt aus Versehen so eine Napalmbombe der Amerikaner auf das Ullsteinhaus.«[58]

Mit Ironie, selbst mit Sarkasmus, war danach bei Springer nicht mehr viel zu wollen. Am Vorabend der ersten großen Demonstration gegen den Krieg in Vietnam, zu der die linken und liberalen Studentenverbände für den 5. Februar 1966 aufgerufen hatten, klebten Rudi Dutschke und eine kleine klandestine Truppe – natürlich ohne im SDS um Erlaubnis zu bitten – Plakate gegen den »Mord durch Napalmbomben«, auf denen eine »Internationale Befreiungsfront« die »Revolution!« verkündete und in großen Lettern forderte: »Amis raus aus Vietnam«. Tags darauf, nach einem Zug über den Kurfürstendamm, der 2500 Teilnehmer mobilisierte und den Berlinern erstmals zeigte, was ein Sit-in ist, flogen am Bahnhof Zoo fünf Eier gegen das Amerika-Haus und kam die Fahne über dessen Eingang abhanden.[59] Sehr bewusst hatte ein Teil der Protestierenden die Spielregeln durchbrochen. Man wollte provozieren, und die Rechnung ging auf.

Während sich die Presse über »Die Narren von West-Berlin!« empörte, der SHB sich distanzierte und Willy Brandt von einer »Schande« sprach, ja die deutsch-amerikanische Freundschaft besudelt sah, entschuldigte sich Hans-Joachim Lieber, der neue Rektor der Freien Universität, beim US-Standortkommandanten für die Beleidigung »der Flagge Ihres Landes«.[60] In gewisser Weise waren damit bereits die Fronten markiert, die praktisch die gesamte Revolte hindurch halten sollten: Das politische Establishment der Bundesrepublik glaubte sich keinerlei Kritik an der amerikanischen Kriegführung in Vietnam leisten zu können – und leistete es sich damit, die wachsende Schar der moralisch Sensibilisierten in der jungen Generation fortwährend vor den Kopf zu stoßen, anstatt sie von den politisch Radikalen zu trennen.

Auch wenn wenig dafür spricht, den Anteil einzelner Motive für die Entfaltung der Revolte mathematisch exakt bestimmen und ihre wechselnde Bedeutung sozialpsychologisch festschreiben zu wollen: Die Tatsache, dass sich die deutschen Kriegs- und Nachkriegskinder in ihrer Kritik des Vietnamkriegs als Teil einer ständig wachsenden internationalen Protestgemeinde fühlen konnten, machte dieses Sujet zweifellos besonders attraktiv. Die transatlantische Beziehungsgeschichte dieses linken Pazifismus und Antikapitalismus steht im übrigen der Vorstellung eines pauschalen Antiamerikanismus in der deutschen Studentenbewegung entgegen – politisch und mehr noch kulturell. Das schließt nicht aus, dass in dem Eintreten für ein geschundenes Volk und in der Wahrnehmung der USA als Aggressor zum Teil auch unbewusste Identifikationsbedürfnisse und Momente des Kompensatorischen eine Rolle spielten, deren tiefere Wurzeln in generationsspezifischen Erfahrungen lagen; nicht von ungefähr begegnen uns die älteren »68er« heute vielfach als die Kinder des Bombenkriegs, von Flucht und Vertreibung.

Mit dem Zustandekommen der Großen Koalition im Spätherbst 1966 mehrten sich weiter die Anlässe und Ansatzpunkte der Kritik. Aus der Perspektive einer »jungen Intelligenz«, wie ihre arrivierten Förderer gerne sagten (und diese gab es nach wie vor in nicht geringer Zahl), war die Demokratie in der Bundesrepublik ernsthaft in Gefahr. Wo parlamentarische Opposition auf einen traurigen Rest namens FDP geschrumpft war, da schien Außerparlamentarische Opposition nötiger denn je. Einerlei, ob man es mit der Frankfurter Schule hielt oder mehr mit Herbert Marcuse, dem auratischen Stargast zahlreicher Vietnamkongresse und schillernden Diagnostiker einer »repressiven Toleranz«: Wer halbwegs wach und kritisch

inspiriert durchs Leben ging, der entdeckte überall »autoritäre Strukturen«, gegen die es anzugehen galt.

Aber das musste nicht immer durch theoriestarke Reflexion geschehen und durch klassische »politische Arbeit«, wie
langgediente Auguren des SDS sie verstanden. Ein einfallsreicher und aktiver Mann wie Rudi Dutschke bewies im Berliner Advent 1966 einmal mehr, dass es auch anders ging.[61]
Nach einer im wahrsten Sinne des Wortes ziemlich zerschlage-
nen Vietnam-Demonstration am 10. Dezember, dem »Tag der
Menschenrechte«, lenkte er die Protestierenden – denen er gerade die Schaffung einer »außerparlamentarischen Opposition« angetragen hatte – in das Einkaufsgewühl am Kurfürstendamm. Dort sorgte eine neue, in der Spur der Subversiven
Aktion agierende »Kommune-Gruppe« vor dem Café Kranz-
ler für den inszenatorischen Höhepunkt des Tages: mit den indes nur mühsam kokelnden Pappköpfen von Walter Ulbricht
und Lyndon B. Johnson.

Eine Woche später, inzwischen hatten sich Dutschke und
die prospektiven Kommunarden von einem Amsterdamer
Schriftsteller und Kenner der dortigen Provo-Szene unterwei-
sen lassen, operierte man mit veränderter Taktik. Statt ange-
meldeter Demonstration gab es nun einen »Spaziergangspro-
test«, dessen Sinn ein »Ausschuß ›Rettet die Polizei‹ e. V.« per
Flugblatt erläuterte: »Diese Spa-Pro-Taktik will die versteiner-
te Legalität lächerlich machen, will das Irrationale der ratio-
nellen Ordnung bloßlegen, will durch Spaß zeigen, daß die
Vor- und Leitbilder dieser Gesellschaft Narren sind.« Und um
nicht länger »die hilflosen Objekte der Aggressivität junger
Leute in Polizeiuniform zu sein«, forderte man für die Polizisten »die 35-Stunden-Woche, damit sie mehr Zeit zum Lesen
haben, mehr Muße für die Bräute und Ehefrauen, um im Lie-
besspiel die Aggressionen zu verlieren, mehr Zeit zum Diskutieren, um den alten Passanten die Demokratie zu erklären«.
Im übrigen plädierte der Ausschuss für eine moderne Ausrü-

stung der Polizei mit Bonbons für Kinder, Verhütungsmitteln
für Teenager und »Pornographie für geile Opas«. Auch sollte
das Gehalt der Polizei höher sein als das der »Springer-Schrei-
ber«, denn eines Tages werde sie als »bewußte Opposition der
›Großen Koalition‹ in den Bundestag einziehen müssen«.[62]

Antiautoritärer Protest, das wurde plötzlich deutlich, ließ
sich originell verpacken. Dass es sogar noch unkonventioneller
und lustvoller ging, suchten Männer wie Dieter Kunzelmann,
Fritz Teufel und Ulrich Enzensberger (und wenige Frauen: vor
allem Dorothee Ridder, Dagmar Seehuber und Dagrun Enzensberger) zu beweisen, die im Februar 1967 in den Wohnungen der verreisten Dichter Hans Magnus Enzensberger und
Uwe Johnson die Kommune 1 aus der revolutionären Taufe hoben.[63] Der aus München zugereiste Kunzelmann profilierte
sich auch in den folgenden Monaten, in denen die Bewegung
immer mehr Tempo gewann, als einfallsreicher Arrangeur
skurriler Happenings. Zu seinen (nicht zuletzt für die Beteiligten) riskanteren Satireplänen zählte die Idee eines sogenannten
Pudding-Attentats auf den amerikanischen Vizepräsidenten
Hubert Humphrey, der Anfang April 1967 in Berlin erwartet
wurde. Der Zugriff der Verfassungsschützer, die bei den Vorbe-
reitungen mitgehört hatten, führte zu den wohl angestrebten
Schlagzeilen, allerdings auch zu einer vorübergehenden Festnahme der Gruppe.[64]

Während der Berliner SDS die nervenden Kommunarden
wenig später wegen »falscher Unmittelbarkeit« ausschloss,
wurden die Inszenierungen der nach eigener Auskunft »leiden-
schaftlich an sich selbst Interessierten« zu begehrten Objekten
der »bürgerlichen« Medien, ohne deren schon damals permanente Präsenz weder die weitere Entwicklung der Kommune 1
noch die Geschichte von »68« zu erklären sind. Die in den Zita-
tenschatz der (alten) Bundesrepublik eingegangene Frage Dieter Kunzelmanns, was ihn der Vietnamkrieg angehe, solange
er Orgasmusschwierigkeiten habe, steht dafür bis heute als ein

Beispiel. Und schon zeitgenössisch konkurrierten – als ikono-
grafische Verdichtungen des in kleinerer Münze selbstredend
auch andernorts gehandelten Hedonismus – die nackten Rück-
ansichten[65] der Kommune 1 und die Hochglanzporträts der
Uschi Obermaier mit dem politischen Schlüsselbild der deutschen Revolte: der Aufnahme des sterbenden Benno Ohnesorg.

Die Siebenundsechziger
Das unwahrscheinliche Jahr

1968 – das Jahr, das angeblich alles verändert hat[66] – begann
im späten Frühling 1967 und währte etwa achtzehn Monate:
kein »kurzer Sommer der Anarchie« also, wie Hans Magnus
Enzensberger schon bald danach literarisch zu suggerieren
schien, wohl aber eine noch nicht dagewesene Situation in der
Erfahrungsgeschichte der Bundesrepublik, in der die Akteure
mitunter meinten, sie hätten »die Verhältnisse zum Tanzen«
gebracht. Tatsächlich handelte es sich um eine Phase ebenso
unerwarteter wie unwahrscheinlicher Beschleunigung, Ent-
grenzung und Radikalisierung in einer Vielzahl politischer
und gesellschaftlicher Bezüge, in der die Nachkriegsordnung
auf den Prüfstand und an manchen Tagen vielleicht sogar ein
wenig ins Schlingern geriet. Der 2. Juni 1967 war ein solcher
Tag.

»Die Straßen waren fast leer, als wir vom Flugplatz zum
Rathaus fuhren«, sollte sich Pfarrer Heinrich Albertz später
erinnern.[67] Der Regierende Bürgermeister von Berlin, so wenig Sympathie er seinen Staatsgästen, dem persischen Kaiser-
paar, wohl entgegenbrachte, machte an diesem Tag fast alles
falsch. Schon am Mittag, bei der Ankunft in Schöneberg,
gelang es den Polizeikräften nicht, in der Schar der Schaulusti-
gen ein paar Hundert Demonstranten und die mit zwei Bussen herbeigeschafften Gegendemonstranten auseinanderzu-

halten.[68] Kaum dass der Schah im Rathaus verschwunden war, schwangen bestellte (und wohl auch bezahlte) »Jubelperser« Dachlatten gegen die Kritiker des »Folterregimes«. Zwar kam niemand ernsthaft zu Schaden, aber die Studenten fühlten sich verletzt: Festgenommen worden waren, wie am Vorabend in München, einige ihrer Kommilitonen, nicht die prügelnden Agenten des iranischen Geheimdienstes.

Entsprechend aufgeheizt erwies sich die Stimmung dann am Abend vor der Deutschen Oper. Jetzt waren es etwa tausend Demonstranten, die Mohammed Reza Pahlevi und Farah Diba erwarteten: mit Porträtmasken aus Einkaufstüten (produziert von der Kommune 1), mit Buhrufen und Sprechchören (»Schah-Schah-Schaschlik«), aber auch mit Tomaten, Rauchkerzen und Farbbeuteln. Zwar gelangten die meisten Gäste, darunter Bundespräsident Lübke, unbehelligt in das Gebäude; doch für Albertz war die erneute Krawallszene umso peinlicher, als es bei Staatsbesuchen in letzter Zeit schon öfters Ärger gegeben hatte und an der Entschlossenheit der Studenten in diesem Fall, spätestens seit dem Teach-in vom Vortag im überfüllten Audimax der FU, kein Zweifel mehr bestehen konnte.

Dort hatte – nachdem der Senat mit seinem Versuch gescheitert war, die Veranstaltung zu verhindern – Bahman Nirumand, ein junger iranischer Literaturwissenschaftler, auf Einladung des AStA über das »Folterregime« des Schahs berichtet. ›Persien, Modell eines Entwicklungslandes oder Die Diktatur der Freien Welt‹, lautete der Titel seines gerade bei ›rororo aktuell‹ erschienenen Bändchens, in dem Hans Magnus Enzensberger mit einer kunstvoll enragierten, die Aussichten der Revolution suggestiv wägenden »Nacherinnerung« vertreten war (er hatte Nirumand auf einer Lesereise in Teheran kennengelernt und zum Schreiben angehalten). Nach den Ereignissen der folgenden Stunden entwickelte sich das Traktat zum hunderttausendfach verkauften Vademecum der deutschen Schah-Kritik.

Noch im Foyer des Opernhauses bemerkte Albertz zu einem Beamten, er hoffe, dass sich das Straßenschauspiel nach der Vorstellung nicht wiederhole.[69] Tatsächlich begannen die Einsatzkräfte, kaum dass der Vorhang sich gehoben hatte, die Protestierenden auseinanderzutreiben – mit einer sehr speziellen Taktik, deren Erläuterung durch Polizeipräsident Erich Duensing zu einem bitteren Merksatz der Revolte werden sollte: »Nehmen wir die Demonstranten als Leberwurst, nicht wahr, dann müssen wir in die Mitte hineinstechen, damit sie an den Enden auseinanderplatzt.«[70]

Der »Regierende« lauschte noch der ›Zauberflöte‹, da ereilte ihn das Gerücht, ein Student, dann: ein Polizist sei zu Tode gekommen.[71] Draußen hieß es mittlerweile »Füchse jagen«: Sogenannte Greiftrupps gingen gezielt gegen einzelne Demonstranten vor. Wer Bart trug oder eine Brille, musste mit Prügel rechnen; auch junge Frauen wurden zusammengeschlagen. Wasserwerfer kamen zum Einsatz, das Viertel wurde abgeriegelt, aus den Seitenstraßen gab es kaum ein Entkommen. Plötzlich fiel auf einem Parkhof ein Schuss. Die Kugel traf Benno Ohnesorg in den Hinterkopf. Es war 20.30 Uhr, und geschossen hatte Karl-Heinz Kurras, Kriminalobermeister in Zivil.

Noch in der Nacht erklärte Heinrich Albertz, der Tote gehe auf das »Konto« der Demonstranten: »Die Geduld der Stadt ist am Ende.« Wie viel davon Ausdruck der Verwirrung war und wie viel ein Versuch der Vertuschung, das gehörte zu den Fragen, die später – ohne dass es je eine befriedigende Antwort gegeben hätte – Untersuchungsausschüsse und Gerichte beschäftigten.[72] Am nächsten Morgen aber war klar: Der studentische Protest hatte einen Märtyrer hervorgebracht.

Nach einem Moment der Fassungslosigkeit verwandelte sich der Schock in Bewegungsenergie. Binnen Stunden wuchsen den bis dahin doch eher kleinen Trägergruppen der Revolte neue Sympathisanten zu – zunächst natürlich an der FU. In den ersten eilig hektografierten Flugblättern hieß es noch, Benno Ohnesorg sei von Polizisten »erschlagen« worden.[73] Der Sozialdemokratische Hochschulbund, bestürzt über Albertz' »unglaublich zynische Erklärung«, rief für 15 Uhr zu einer »Schweigeversammlung« vor dem Rathaus auf. Doch dann verhängte der Senat ein generelles Demonstrationsverbot. Ein neuer Text kursierte, Überschrift: »*Geplanter Mord!*« Zeugenberichte über die Vorfälle an der Oper sollten gesammelt werden, um die »faschistoide Verschwörung des Senats« aufzudecken. Ein »Tribunal« wurde angekündigt, aber dessen Ergebnis stand schon fest: »*Die Mörder dieses vorbereiteten Verbrechens heißen Albertz und Büsch.*«[74]

Nicht weniger alarmierend als dieses Verdikt über den sozialdemokratischen Regierungschef und seinen jungen Innensenator war zweifellos, in welcher Lage sich mindestens ein Teil der Demonstranten nun offenbar wähnte: »Da die Mörder und ihre ausführenden Organe jetzt nicht mehr zurückschrecken, weitere Morde zu begehen, und der Platz vor dem Schöneberger Rathaus zum Schauplatz neuer Terror-Exzesse der Polizei werden könnte, versammeln wir uns bei Abriegelung des Platzes um 16.00 Uhr vor dem Henry-Ford-Bau, um den Untersuchungs-Ausschuß ins Leben zu rufen.«

Der Vorstellung, man befinde sich in einer Situation, die geradewegs mit der vor 1933 zu vergleichen sei, hingen im Sommer 1967 allerdings nicht nur Studenten an. »Wir haben etwas gegen SA-Methoden«, erklärte die ›Bild-Zeitung‹ an diesem Morgen – nicht zum ersten Mal – im Namen ihrer Leser: »Die Deutschen wollen keine braune und keine rote SA. Sie wollen keine Schlägerkolonnen, sondern Frieden.«

Seit Monaten schon hatten die Springer-Blätter keine Gelegenheit ausgelassen, demonstrierende Studenten als »Radikalinskis«, »Krawallmacher« und »akademische Halbstarke« zu verunglimpfen. Auch an diesem Tag sprachen die Fotos auf der ›Bild‹-Titelseite Bände. Unter dem glanzvollen Porträt des

persischen Herrscherpaares bot die Aufnahme eines bluten-
den Polizisten, gestützt von zwei Kollegen, Gelegenheit zu rou-
tinierter Polemik: »In Berlin gab es bisher Terror nur östlich
der Mauer. Gestern haben bösartige und dumme Wirrköpfe
zum erstenmal versucht, den Terror in den freien Teil der Stadt
zu tragen.«[75]

Ein Wort wie »Terror« ging jetzt allenthalben leicht über
die Lippen, und man musste offensichtlich nicht Student sein
um zu meinen, daß Springers Boulevardzeitungen die Öffentlichkeit »manipulierten«: »Sie erzeugten Pogromstimmung,
sie machten Dahlem zum Getto«, schrieb Kai Herrmann in
der ›Zeit‹, die in den nächsten Wochen, ähnlich wie der ›Spiegel‹, die Berliner Hochschulen mit kostenlosen Sonderdrucken
versorgte.[76] Auch wenn dahinter der Geschäftssinn aufblitzte
(Augstein und Bucerius nährten seit geraumer Zeit eine Debatte über »Pressekonzentration«, die Springer treffen sollte):
Beim AStA registrierte man die publizistische Hilfe aus »Westdeutschland« mit Genugtuung, waren doch in den ersten Tagen
fast alle Versuche gescheitert, die verzerrten Darstellungen über
die Ereignisse während des Schah-Besuchs zu korrigieren.[77]
Keine zwei Wochen mehr, und die Parole »Enteignet Springer« war in der Welt.[78]

Unterstützung kam nun allerdings auch aus der Professorenschaft. Am Otto-Suhr-Institut für Politikwissenschaft
schlossen sich die Lehrenden, darunter Gordon A. Craig, Richard Löwenthal, Alexander Schwan und Kurt Sontheimer,
einer Resolution ihrer Studenten an. Gemessen an dem Umstand, dass seit dem Tod von Benno Ohnesorg noch keine 48
Stunden vergangen waren, wirkte der Text geradezu abgewogen: »Steine, Rauchkörper und Farbbeutel« seien »in keiner
Situation gerechtfertigte Mittel der Auseinandersetzung in
einer immer noch demokratischen Gesellschaft«. Dann aber
folgte die Kritik am Verhalten der Polizei angesichts »terrori-
stischer regierungstreuer Perser« – und auch hier die Klage

über die Manipulationsmacht der Medien: »Der Tod eines Studenten sollte auch der anderen Seite unbedingt Anlaß sein, den Einsatz der eigenen Mittel selbstkritisch zu überprüfen und nicht in pharisäerhafter Weise, unterstützt von einer weitgehend monopolisierten Presse, nur einer Seite die Schuld an den Vorgängen zu geben.«[79]

Der Bonner Historiker Karl Dietrich Bracher, der an der FU seine grundlegenden Bücher über das Ende der ersten deutschen Demokratie geschrieben hatte, fühlte sich durch die Springer-Zeitungen »an die Hetzkampagnen der Hugenberg-Presse erinnert, an der einst die Weimarer Republik zerbrach«. Wie Bracher waren an etlichen Hochschulen vor allem Geisteswissenschaftler und Theologen bereit, auf Trauerfeiern und Solidaritätsveranstaltungen zu sprechen. Zwar meinte Knut Nevermann, der diese Wortmeldungen namens des Verbands Deutscher Studentenschaften sogleich zusammentrug, die deutsche Universität habe »ihre Studenten im Stich gelassen«; tatsächlich aber demonstrierte die Broschüre eine Bereitschaft zur politischen Einmischung und zur Auseinandersetzung mit der gesellschaftlichen Wirklichkeit, wie sie das akademische Milieu der Bundesrepublik noch nicht gesehen hatte.[80]

Überdeutlich wurde in diesen Tagen freilich erneut, wie präsent der Nationalsozialismus in den Köpfen der Zeitgenossen war: in Bildern und Gegenbildern, in warnender Rede und gesellschaftskritischer Reflexion wie in nachwirkenden Affekten und mentaler Apologie. Zwei Jahrzehnte nach Kriegsende war die Sicht auf die Gegenwart in hohem Maße durch Vorstellungen von der »jüngsten Vergangenheit« bestimmt, ja kontaminiert. In der Überzeugung, dass es einer verstärkten Auseinandersetzung mit dieser »unbewältigten Vergangenheit« bedarf, waren sich kritische Studenten und ein Teil ihrer akademischen Lehrer immer noch recht nahe. Doch schon bald sollten sich diesbezügliche Deutungsunterschiede zu einer prinzipiellen Differenz verdichten, die zugleich eine Generationengrenze markierte: nämlich in der Antwort auf die Frage, ob man die deutsche Gesellschaft für »postfaschistisch« oder für »präfaschistisch« hielt. Bezeichnete erstere (wenngleich zumeist nicht in dieser Terminologie) gewissermaßen die Geschäftsgrundlage einer in der Bundesrepublik angekommenen »skeptischen Generation« der Flakhelfer und jungen Frontsoldaten des Zweiten Weltkriegs, so war letztere der kritische Bezugspunkt einer neuen Generation, die sich über den Juni-Ereignissen konstituierte. Und ein böser Abglanz davon sollte noch der Name jener »Bewegung 2. Juni« sein, die eine halbe Dekade später als Zusammenschluss militanter Gruppen ihre mörderische Karriere begann.

Im Sinne der generationsprägenden Wucht des 2. Juni 1967 wäre es – nicht im internationalen Zusammenhang, aber mit Blick auf die Bundesrepublik – historisch eigentlich präziser, von den »67ern« statt von den »68ern« zu sprechen. Denn so gewiss dem Schicksal des Benno Ohnesorg ein Moment des Zufälligen innewohnte, so gewiss bündelte und dynamisierte erst sein Tod die Bewegung.

Zugleich erweiterte er schlagartig deren Radius. War Berlin, genauer gesagt: die Freie Universität bis dahin das unbestrittene Zentrum des vom Sozialistischen Deutschen Studentenbund angeführten Protests, so holte »Westdeutschland« nun auf. Selbst in Universitätsstädten, in denen der als theoretisch-elitär verschriene SDS bisher kaum Anhänger hatte, in denen aber auch parteinahe Hochschulgruppen wie der SHB, der LSD oder die Humanistische Studentenunion mühsam um Mitglieder werben mussten, waren Demonstrationen, Teach-ins oder Sit-ins plötzlich keine Sache isolierter Häuflein mehr.[81] Und im öffentlichen Sprachgebrauch wurde aus der »Unruhe der Studenten« die »Studentenbewegung«.

Zwar sollte der SDS, der jetzt einen deutlichen Zustrom verzeichnete, selbst auf dem Höhepunkt der Revolte kaum mehr als 2000 Mitglieder zählen; aber auch an den Hochschu-

len in der Provinz waren nun Tausende entschlossen, nicht
länger Zaungäste zu bleiben, wenn der Allgemeine Studenten-
ausschuss oder spontane Organisationsbündnisse zu neuen
Protesten riefen. Dabei war es nicht ohne Bedeutung, dass
auch der 26-jährige Berliner Student der Romanistik und Ger-
manistik, ehe ihn eine Polizeikugel traf, ein ganz und gar unbe-
schriebenes Blatt gewesen war: ein eher grüblerischer Mann,
mitnichten ein »Rädelsführer«; einer, der die sich entfaltende
Außerparlamentarische Opposition noch bis zum Abend vor
dem Schah-Besuch eher vom Rande her beobachtet hatte.[82] In
ein Schicksal wie das von Benno Ohnesorg sich hineinzuden-
ken, das war nicht schwer – und bedeutete doch, dass im langen Sommer 1967 eine Welle der politisch-moralischen Sen-
sibilisierung durch die Universitäten ging. Wer dort ein Herz
hatte, der fühlte sich nun irgendwie links.

Bereits das Begräbnis in Hannover, bei dem die Westdeutsche Rektorenkonferenz mit einem Kranz vertreten war, zeigte
allerdings auch, dass parallel zur Mobilisierung weiterer Kreise junger Menschen (von »Massen« konnte nur sprechen, wer
die beklagenswert niedrige Studentenquote ignorierte) eine
Radikalisierung in den Führungszirkeln des Protests begonnen
hatte. Während die DDR noch Krokodilstränen vergoss und
dem West-Berliner Trauerkonvoi sympathieheischend kon-
trollfreie Durchfahrt gestattete, glaubte ein Teil der Auguren,
nun gelte es, die Sache der Revolution beschleunigt voranzutreiben. In spektakulärer Weise illustrierte das der Kongress,
den der SDS am Tag nach Ohnesorgs Beerdigung veranstaltete
und zu dem sich mehr als 7 000 Studenten, Assistenten und
Professoren aus dem gesamten Bundesgebiet einfanden. Unter
dem Motto »Hochschule und Demokratie – Bedingungen und
Organisation des Widerstands« ging es um die klassische Frage:
Was tun?

Statt Lenin antworteten Hans-Jürgen Krahl und Rudi
Dutschke, und heraus kam eine furoremachende Kontroverse

mit Jürgen Habermas. Denn dessen Verurteilung des »Terrors« in West-Berlin und seine mitnichten unkritische Beschreibung der »autoritären Leistungsgesellschaft« gingen den beiden entschieden nicht weit genug, zumal die Analyse verbunden war mit deutlichen Warnungen vor »Aktionismus« und »theoretischen Übereinvereinfachungen« auf Seiten der Studenten. In scharfem Gegensatz zu Habermas erklärte Dutschke die »materiellen Voraussetzungen für die Machbarkeit unserer Geschichte« als gegeben – und rief auf zu »direkter Aktion«: »Die Entwicklungen der Produktivkräfte haben einen Prozeßpunkt erreicht, wo die Abschaffung von Hunger, Krieg und Herrschaft materiell möglich geworden ist. Alles hängt vom bewußten Willen der Menschen ab, ihre schon immer von ihnen gemachte Geschichte endlich bewußt zu machen, sie zu kontrollieren, sie sich zu unterwerfen, das heißt, Professor Habermas, Ihr begriffsloser Objektivismus erschlägt das zu emanzipierende Subjekt.«[83]

Habermas saß schon im Auto, als ihn die Erregung über diese Attacke und einen hinsichtlich der Gewaltfrage unklar changierenden Kongress in den Tagungssaal zurückkehren ließ, den Dutschke inzwischen allerdings ebenfalls verlassen hatte: »Herr Dutschke hat als konkreten Vorschlag nur vorgetragen, daß ein Sitzstreik stattfinden soll. Das ist eine Demonstration mit gewaltlosen Mitteln. Ich frage mich, warum er das nicht so nennt und warum er eine Dreiviertelstunde darauf verwendet, eine voluntaristische Ideologie zu entwickeln, die man im Jahre 1848 utopischen Sozialismus genannt hat, die man aber unter heutigen Umständen – jedenfalls glaube ich, Gründe zu haben, diese Terminologie vorzuschlagen – ›linken Faschismus‹ nennen muß.«[84]

Damit war zweifellos der schlimmstmögliche Vorwurf gegen die Antiautoritären formuliert – und das durch jemanden, der eben noch, und zwar zu Recht, als Sympathisant der Studenten gegolten hatte. Doch der Frankfurter Horkheimer-

Nachfolger brachte in Hannover nur auf den Punkt, was bis zu ihrem Ende das Problem der APO bleiben und danach der Bundesrepublik in Gestalt des linken Terrorismus in ganz anderer Weise zu schaffen machen sollte:»Ich meine, daß es in einer Situation, die weder revolutionär noch nachrevolutionär ist (...) für Studenten, die in der Tat nichts anderes als Tomaten in den Händen haben können, nur subjektive Anmaßung sein kann, eine Strategie vorzuschlagen, die [...] darauf angelegt ist, eine sublime Gewalt, die notwendig in Institutionen impliziert ist, manifest werden zu lassen – gleichviel, ob jene zu vertreten ist oder nicht.«

Für eine Minderheit hatte Habermas damit das Entscheidende gesagt, und mancher fand darüber wohl tatsächlich zu intellektueller Distanz zurück. Für viele aber, auch unter denen, die sich erst nach dem Tod ihres Kommilitonen dem Lager des Protests anschlossen, erwies sich die in diesem Milieu weidlich ausgekostete Empörung über die Reizvokabel des Faschismus, von einem Linken auf die Linke gewendet, geradezu als eine Gelegenheit: die es erlaubte, in diffusen Aktionserwartungen zu schwelgen statt nach den Perspektiven und Zielen des sich abzeichnenden brachialen Voluntarismus zu fragen.

Das war die Stunde des ›Spiegel‹, zumal sich Dutschke nach dem Rencontre in Hannover gegenüber Habermas öffentlich zurückgehalten hatte.[85] In seinem ersten großen Interview blieb das »geistige Oberhaupt einer Studentengruppe, die eine Umwälzung der gesellschaftlichen Verhältnisse erstrebt«, einer ungewöhnlich betulichen Redaktion keine Antwort schuldig.[86] Mochte sich die Klarheit seiner Sprache auch der Redigierkunst seiner Gesprächspartner verdanken (die ein Zitat in einen durchaus eigennützigen Titel verwandelten: »Wir fordern die Enteignung Axel Springers«) – Dutschke wich selbst der heikelsten Frage nicht aus:»Ein Aufruf zur Gewalt, zu Mord und Totschlag in den Metropolen hochentwickelter Industrieländer – ich denke, das wäre falsch und geradezu konterrevolutionär. Denn in den Metropolen ist im Grunde kein Mensch mehr zu hassen.« Kiesinger, Strauß und andere seien »bürokratische Charaktermasken«, die er ablehne und bekämpfe, die er aber nicht hassen könne wie Diktatoren in der Dritten Welt. Auf Nachfrage räumte Dutschke jedoch ein: »Ganz sicher wird niemand behaupten können, daß es überhaupt keine Gewalt innerhalb des Prozesses der Veränderung geben wird.«

Dutschkes Zuversicht, »daß das antiautoritäre Lager immer größer wird und damit beginnt, sich selbst zu organisieren«, wirkte im Sommer 1967 auf viele so unerschütterlich wie seine Forderung richtig, »das Bestehende« müsse »unterhöhlt und Neues herausgebildet werden«. Tatsächlich beschleunigte sich das Tempo der Revolte nun immer mehr. Nicht nur in den Köpfen der Revolutionäre, auch in der Wahrnehmung der Medien – den sympathisierenden wie der weiterhin auf Krawall gebürsteten Springer-Presse – entstanden zum Teil groteske Vorstellungen darüber, wie viel und wie kurzfristig »Geschichte machbar« sei. Und mit den imaginierten Handlungsmöglichkeiten wuchsen die Erwartungen in die Tat.

Als sich der SDS ein paar Wochen später in Frankfurt zu seiner jährlichen Delegiertenkonferenz traf, diskutierte niemand mehr über Tomaten. Die Proteste gegen die Notstandsgesetze waren unterdessen weitergegangen, mit Unterstützung des SDS hatte sich ein bundesweites Aktionszentrum Unabhängiger und Sozialistischer Schüler (AUSS) gegründet,[87] der Sechs-Tage-Krieg hatte auf der Linken zu ersten kritischen Positionierungen gegenüber Israel geführt, und an der FU hatte Herbert Marcuse, seine Freunde am Institut für Sozialforschung dabei nur schwach verhüllt des »Defätismus« zeihend, zwei Abende lang zu Tausenden von Zuhörern über »Das Ende der Utopie« und namentlich über »Das Problem der Gewalt in der Opposition« gepredigt. Aus London, wohin Marcuse anschließend weiterreiste, erreichte die deutschen Studenten dann die Kunde von Black Power und vom »Guerillakrieg«

der Schwarzen in den USA, den Stokely Carmichael zur Überraschung von Marcuses Schülerin Angela Davis prognostizierte.[88]

Beim SDS-Treffen in Frankfurt[89] debattierte man die Gewaltfrage nun unter der Fahne des Vietcong. Und immer wenn Rudi Dutschke das Wort ergriff, surrten die Kameras der »bürgerlichen« Medien, denn für die war der Authentische aus Luckenwalde inzwischen die Verkörperung der Rebellion. Nicht jeder seiner Genossen vertrug diese »Personalisierung«, aber nach dem Attentat vom Gründonnerstag 1968 blieben selbst diejenigen stumm, denen es mehr als nur missfiel, dass Dutschke gerade auf dem Titelbild von ›Capital‹ posiert hatte.[90] Doch bis dahin waren es noch sieben Monate, und führt man sich vor Augen, in welcher Intensität und permanenten Anspannung Dutschke und die anderen Protagonisten der Bewegung jetzt agierten, so wird man vieles von dem, was damals gesagt und geschrieben wurde, auch unter dem Aspekt der Autosuggestion zu betrachten haben. Die Genossen redeten sich die Revolution herbei.

Nicht mehr der »Klassenfrage«, sondern dem »revolutionären Willen« komme in der Gegenwart entscheidende Bedeutung zu, erklärte Rudi Dutschke den Konferenzdelegierten in Frankfurt, die erstmals vor einem sich offensichtlich emanzipierenden Publikum sogenannter einfacher Mitglieder verhandeln mussten und sich noch dazu mit den Ausgestoßenen der Kunzelmann-Kommune konfrontiert sahen, die im Foyer unter Abspielung fernöstlicher Kampflieder Devotionalien der chinesischen Kulturrevolution, aber auch erste Raubdrucke von Wilhelm Reich (›Die Funktion des Orgasmus‹ und die ›Massenpsychologie des Faschismus‹) und Horkheimers Frühschrift ›Dämmerung‹ feilboten. Letzteres passte freilich alles gar nicht so schlecht zu Dutschkes Grundsatzreferat, das von »revolutionären Bewußtseinsgruppen« und deren neuen Formen des politischen Kampfes (»sinnlich manifeste Aktion«)

in den Städten schwärmte. In der schlichten Sprache Rudi Dutschkes hieß das »Urbanisierung ruraler Guerillatätigkeit«. Deren Aufgabe sollte es sein, die »Propaganda der Schüsse« eines Che Guevara durch eine »Propaganda der Tat« zu vervollständigen: »Der städtische Guerillero ist der Organisator schlechthinniger Irregularität als Destruktion des Systems der repressiven Institutionen.«[91]

Das war nicht der Anfang des »bewaffneten Kampfes«, aber das hatte auch nichts mehr zu tun mit den Positionen etwa der Orthodoxen aus Marburg oder der Kritischen Theorie der Frankfurter. Gleichwohl war Hans-Jürgen Krahl für dieses »Organisationsreferat« eine Allianz mit Dutschke und den »Dutschkisten« eingegangen; Letzteres übrigens sehr zum Leidwesen der »Illegalen« von der verbotenen KPD wie Hannes Heer, der Dutschke nun seinerseits als »Linksfaschisten« beschimpfte und – wie es die Legende will: mit Tränen in den Augen – gegen dessen »anarchistischen Terror« protestierte.[92] Trotz dieses bunten Treibens, dem Christian Semler mit einem unter Heers Stuhl plazierten kubanischen Kanonenschlag die Pennälernote verlieh, gebar die Versammlung schließlich eine »Resolution zum Kampf gegen Manipulation und für die Demokratisierung der Öffentlichkeit«. Die nach dem Tod von Ohnesorg zunächst in Berlin ausgegebene Forderung »Enteignet Springer« erhielt damit eine dem Geltungsanspruch des SDS gemäße Ausstaffierung: grundsätzlich und bundesweit.

Nun ging es nicht mehr allein um den Springer-Konzern, gegen den laut gesondertem Aktionsprogramm eine »lang andauernde Kampagne« mit dem Ziel der »Entlarvung und Zerschlagung« geführt werden sollte,[93] sondern sehr prinzipiell um die »Institutionen der öffentlichen Meinungsbildung«. Diese sollten in »öffentliches Eigentum und demokratische Kontrolle« überführt und dadurch vom »Meinungsmonopol« und vom »Diktat des Profitinteresses« befreit werden. Außerdem hielt man es für notwendig, »Konsumpropaganda« durch

»sachgerechte Verbraucherinformation« zu ersetzen, die »Kritikfähigkeit« von Presse, Funk und Fernsehen gegenüber dem Staat zu garantieren und die Journalisten gegen wirtschaftliche und politische Pressionen zu schützen. Die Forderung, wonach »jede politisch, sozial oder kulturell relevante und demokratische Gruppe« das Recht bekommen müsse, ihre Auffassungen zu artikulieren, stand gedanklich in enger Verbindung mit einem anderen Projekt, das der SDS im Sinne einer »aufklärenden Gegenöffentlichkeit« nun vorantrieb: die »Kritische Universität« (KU).

Mit Beginn des Wintersemesters 1967/68 nahm die an der Freien Universität schon länger diskutierte studentische Selbstbelehrung ihren Betrieb auf. Auch hier wieder standen amerikanische – genauer gesagt: kalifornische – Vorbilder Pate, wobei die Ziele allerdings in der Schwebe blieben. Während Leute wie Dutschke mindestens mittelfristig an ernstzunehmende »Gegenuniversitäten« dachten, lief das konkrete Veranstaltungsprogramm der KU auf eine Ergänzung der offiziellen Lehrveranstaltungen hinaus. Anknüpfend an die Forderungen der seinerzeitigen Hochschuldenkschrift des SDS stand die »permanente Hochschulkritik und praktische Studienreform« an erster Stelle der Aufgaben, gefolgt von der »Verbreiterung und Intensivierung politischer Praxis« und dem Ziel, die Studenten auf die »Wissenschafts- und Gesellschaftspolitik in ihren künftigen Berufen« vorzubereiten.[94] Gegenwind kam allerdings nicht nur aus dem Akademischen Senat, sondern auch vom RCDS und von den Verbindungen. Indigniert notierte die AStA-Vorsitzende Sigrid Fronius nach der Gründungsveranstaltung im Audimax: »Die eigenen Parteigänger, Unterstützer und Sympathisanten kommen wie immer zu spät. Die Rechten kopieren den Proteststil der Linken. Luftballons steigen auf, Gelächter, Sprüche und Tumult lassen eine aufgeregte Sitzung erwarten. Flugblätter werden verteilt. Die Gegner setzen sich in die ersten Reihen.«[95]

Als Nonplusultra fortschrittlichen Hochschullebens tauchten »Kritische« respektive »Gegenuniversitäten« zwar bald auch in Westdeutschland auf, aber man wird nicht sagen können, dass entsprechende Initiativen in Heidelberg, Frankfurt und Mainz, auch in Münster und Kiel, nachhaltigen Eindruck hinterlassen hätten. Am meisten Furore machte noch die Szene, für die zwei Jurastudenten der Hamburger Universität bei der feierlichen Rektoratsübergabe zu Semesterbeginn sorgten – doch das hatte viel mit dem eindrücklichen, noch einmal auch die NS-Vergangenheit ansprechenden Slogan und dem bis heute immer wieder abgedruckten Foto vom Tathergang zu tun: »Unter den Talaren Muff von 1000 Jahren« stand in weißen Lettern auf dem schwarzen Tuch, mit dem die SHB-Mitglieder Detlev Albers und Gert Hinnerk Behlmer vor den Würdenträgern eine Treppe herabschritten.[96]

Wenn es im Wintersemester 1967/68 noch äußerer Impulse bedurft hätte, um das politische Erregungsniveau an den deutschen Universitäten – und in wachsendem Maße auch an den Oberschulen – zu halten oder gar zu steigern, so lieferte diese am 21. November die 14. Große Strafkammer des Landgerichts Moabit mit ihrem Freispruch für Karl-Heinz Kurras. »Anhaltspunkte für eine vorsätzliche Tötung oder eine beabsichtigte Körperverletzung durch einen gezielten Schuß« auf Benno Ohnesorg hätten sich nicht ergeben, hieß es in der Urteilsbegründung. Dass das Gericht laut seinem Vorsitzenden mit dem Ausgang des Verfahrens selbst unzufrieden war (»Kurras weiß mehr, als er sagt, und er macht den Eindruck, als wenn er in vielen Dingen die Unwahrheit sagt.«[97]), trug nicht zur Besänftigung der Gemüter bei.

Wer als Linker überzeugt war, dass die Justiz sich wieder einmal auf dem rechten Auge als blind erwiesen hatte, dessen Zorn linderte es wohl auch nicht, daß sich die liberalen Medien in Urteilsschelte übten und eine Autorität wie Theodor Adorno zu Beginn seiner nächsten Vorlesung ungewöhnlich deutlich wurde: »Wenn schon der Polizeiobermeister nicht verurteilt werden kann, weil ihm Schuld im Sinn des Gesetzes nicht nachzuweisen ist, so wird dadurch die Schuld seiner Auftraggeber um so größer.« Erstaunlich auch, mit welchen Worten der Philosoph den Polizisten bedachte; sie waren in der nächsten Ausgabe der Frankfurter Studentenzeitung nachzulesen: »Die Affektarmut des ›Es tut mir leid‹ verklagt ihn ebenso wie das [U]npersönliche, [daß] ein Student ums Leben gekommen ist. [...] Solche Sprache ist zum Erschrecken ähnlich der, die man in den Prozessen gegen die Quälgeister der Konzentrationslager vernimmt.« So wie Kurras den Ausdruck »ein Student« verwendet habe, werde dort das Wort »Jude« gebraucht: »Man setzt Opfer zu Exemplaren einer Gattung herab.«[98]

Um die Jahreswende 1967/68 trafen die rebellierenden Studenten nicht nur innerhalb der linken und liberalen Professorenschaft nach wie vor auf viel Gesprächsbereitschaft; auch die Mehrzahl der publizistischen Leitmedien, die sich in den sechziger Jahren ohnehin gerne als politisch-gesellschaftliche Avantgarde begriffen, begegnete ihnen weiterhin mit Offenheit und Wohlwollen – natürlich auch mit journalistischer Neugier und klarem Sinn für das kommerziell Interessante. So berichtete zum Beispiel der ›Spiegel‹ voller Sympathie über die »Schwierigkeiten beim Aufrechtgehen«, die Rudi Dutschke und Ernst Bloch in Bad Boll vor andächtigem evangelischen Akademiepublikum erörtert hatten, nur um das Protokoll der Tagung zwei Wochen später auf nicht weniger als 20 Seiten auch noch zu dokumentieren;[99] so erschienen im ›stern‹ regelmäßig schöne Bilder von Hippies und Gammlern und flotte Texte über die Aussichten der Revolution;[100] so umschwärmte Joachim Fest einigermaßen fasziniert Ulrike Meinhof,[101] und so zelebrierte Günter Gaus in der ARD erstmals eines seiner berühmten Interviews mit einem Gast unter dreißig: im Dezember 1967 mit Rudi Dutschke.[102]

Selbst die ›Frankfurter Allgemeine‹, das Hauptorgan der deutschen Wirtschaft, porträtierte den neuen SDS-Vorsitzenden Frank Wolff, der das Amt zusammen mit seinem Bruder Karl Dietrich ausübte, nicht ohne Respekt: als einen 22-jährigen Cellisten, der sein Musikstudium des Funktionärsamtes wegen abgebrochen hatte. Und in der Silvesterumfrage der ›Frankfurter Neuen Presse‹, dem Blatt für das städtische Kleinbürgertum, gestand Max Horkheimer ein wenig frivol seinen »größten Fehler« aus dem vergangenen Jahr, den seine radikalen Raubdrucker als Absolution verstehen durften: Nur aus »Eigensinn« und weil er ein »entsetzlicher Zögerer« sei, habe er einer ordentlichen Wiederveröffentlichung seiner Frühschriften bisher nicht zugestimmt. »Aber die Arbeiten hätten vielleicht in dieses Jahr besser gepaßt als in das kommende.«[103] Sie erschienen 1968.

Heinrich Lübke meinte in seiner Neujahrsansprache, »kleine Minderheiten außerhalb der demokratischen Parteien« hätten »Radau und Terror« in das Land getragen. Doch die Worte des Bundespräsidenten passten nicht so recht zu seiner altväterlichen, schon weithin belächelten Vortragsweise – ja im Grunde wirkten sie nicht so, als wollten sie recht ernst genommen werden.[104] Überhaupt erstaunt im Rückblick, wie viele in der Politik offenbar auch jetzt noch der Meinung waren, die Auseinandersetzung mit den Studenten sei Sache der Professoren beziehungsweise eine Angelegenheit des Polizei- und Ordnungsrechts. Jenseits der seit Georg Pichts Katastrophenalarm auf den Weg gebrachten bildungspolitischen Beratungs- und Investitionsprogramme maß man dem Protest der Studenten lange Zeit keine übermäßige Bedeutung bei. Und wer – wie nicht zuletzt Kiesinger und Brandt – der Meinung war, dass es in den Hochschulen durchaus inneren Reformbedarf gebe, der ließ auch schon einmal Verständnis für die jungen Leute durchblicken, zumal wenn ihm die Ordinarien allzu intransigent kamen.[105]

Deutlich interessierter als die Politik reagierten die Medien. Die enorme Beachtung, die sie der Protestbewegung und namentlich dem SDS seit dem Sommer 1967 entgegenbrachten, trug dort zu einer realistischen Selbsteinschätzung und zu einer klaren Sicht auf die eigenen faktischen Möglichkeiten sicherlich nicht bei. Als im Februar 1968 in West-Berlin, kurz nach Beginn der nordvietnamesischen Tet-Offensive, der lange vorbereitete Internationale Vietnam-Kongress zusammenkam, wähnte sich die Führung des SDS im Mittelpunkt des Weltgeschehens: »Genossen! Wir haben nicht mehr viel Zeit. In Vietnam werden auch wir tagtäglich zerschlagen«, rief Rudi Dutschke den aus der gesamten Bundesrepublik und Westeuropa angereisten Revolutionären zu. Zum Abschluss marschierten 12 000 Demonstranten durch die Innenstadt. Ihr offizielles Motto: »Der Kampf für die Vietnamesische Revolution ist Teil des Kampfes für die Befreiung aller Menschen von Unterdrückung und Ausbeutung.«[106]

Etwas weniger universalistisch und martialisch, doch allseits nicht weniger aufgeregt, ging es zwei Wochen später in Frankfurt zu, wo die Kampagne für Demokratie und Abrüstung zu einer Großkundgebung aufgerufen hatte. Während Dutschke am Flughafen vorbeugend festgenommen wurde, erklärte der Politologe Ekkehart Krippendorff, der Anfang der sechziger Jahre einige Semester in Harvard, Yale und an der Columbia University verbracht hatte, den 6 000 Demonstranten, man sei so wenig antiamerikanisch wie Martin Luther King und andere Gegner des Vietnamkriegs in den USA.[107] Aber Frankfurt, die Metropole des westdeutschen Kapitalismus, sollte es dann auch wieder sein, wo Anfang April zwei Warenhäuser brannten; unter den Brandstiftern waren mit Gudrun Ensslin und Andreas Baader zwei spätere Führungsfiguren der RAF.

Noch ehe die Empörung des »Establishments« über diesen Schritt der Revolte in die Gewalt sich richtig entfalten konnte,

kam am nächsten Tag die Nachricht vom tödlichen Attentat
auf Martin Luther King. Und eine Woche später dann, am
Gründonnerstag 1968, schoss Josef Bachmann, ein junger
NPD-Anhänger, am Kurfürstendamm auf Rudi Dutschke, der
schwerverletzt überlebte. Der Anschlag wurde zum Auslöser
der härtesten innenpolitischen Unruhen seit Bestehen der
Bundesrepublik. Überzeugt davon, daß »*Bild* mitgeschossen«
habe, beteiligten sich während des »Osteraufstands« (Theo
Sommer in der ›Zeit‹[108]) Zehntausende an Blockaden und Gewaltaktionen vor den Auslieferungstoren der Springer-Dru-
ckereien. In Berlin flogen die ersten Molotowcocktails – zur
Verfügung gestellt, soweit man heute weiß, von Peter Urbach,
einem Agenten des Verfassungsschutzes.[109] In München kamen ein Pressefotograf und ein Student durch Wurfgeschosse
von Demonstranten ums Leben. Nach all den vorangegangenen Debatten, in denen zunehmend sophistisch über »Gewalt
und Gegengewalt«, über »Gewalt gegen Sachen« und »Gewalt
gegen Personen« theoretisiert worden war, hatte die Revolte
ihre Unschuld nun auch praktisch verloren.

Neue Lebensgefühle
Vom weiteren Sinn der Bewegung

Blickt man lediglich auf die »Ereignisse«, so erscheinen die
Monate zwischen dem Tod von Benno Ohnesorg und dem
Mordanschlag auf Rudi Dutschke als eine schier atemlose Folge
von politischen Manifestationen und Kongressen, von Pro-
testveranstaltungen und Vollversammlungen, von Teach-ins,
Sit-ins und, in Gestalt gesprengter Seminare, schließlich auch
von Go-ins. Die ungeheure öffentliche Erregung, die daraus
erwuchs, und die stupende Resonanz, die das alles fand, erwiesen sich im Grunde schon während des Geschehens als konsti-
tutiv für die Formierung einer Erfahrungsgeneration der später

so genannten »68er«. Doch deren »Ort« blieb nicht auf Universitäten und Demonstrationsrouten beschränkt, so wenig wie ihre Mission allein in Flugblättern und Debatten, Sprechchören und Parolen Ausdruck fand. Daneben und dazwischen gab es noch anderes, und davon profitierten nicht nur die Rebellierenden, sondern all jene, die sich irgendwie »unter Dreißig« oder wenigstens dem protestkulturellen Milieu verbunden fühlten: nämlich von bis dahin ungenutzten, nun aber im politischen Widerspruch erprobten Formen der persönlichen Entfaltung, von scheinbar ganz plötzlich sich eröffnenden Möglichkeiten individueller Freiheit und Freizügigkeit – kurz, und wie man jetzt sagte, von Chancen der »Selbstverwirklichung«. Denn »68« veränderte auch, nein: eigentlich vor allem, das Lebensgefühl einer Generation.[110]

Natürlich hatten signifikante Wandlungsprozesse im sozialkulturellen »Überbau« der westdeutschen Gesellschaft nicht erst Mitte der sechziger Jahre eingesetzt. Was im Ergebnis wie eine »Lebensstilrevolution«[111] wirkte, war kein spezifisches oder gar alleiniges Ergebnis der Studentenbewegung, wenngleich die Veränderungen in den Weichzonen der Gesellschaft deutlich später und langsamer in Gang gekommen waren als die politische und auch später als die ökonomische »Verwestlichung« der Bundesrepublik.[112]

In gewisser Hinsicht lässt sich sogar sagen, dass die Protestgeneration durch Tore rannte, die andere längst vor ihr geöffnet hatten: Der Rock 'n' Roll war bekanntlich keine Erfindung der Sechziger, und das Oberhausener Manifest für den »neuen deutschen Film«, das den Heimatkitsch der Fünfziger für tot erklärte, datiert von Anfang 1962. Die Avantgardegruppe SPUR, zu der Dieter Kunzelmann später hinzustieß, hatte sich schon 1958 in München gegründet, und dort artikulierte sich im Sommer 1962 in den sogenannten Schwabinger Krawallen ein bis dahin unbekannter Typus des Protests, der den 19-jährigen Andreas Baader offenkundig beeindruckte, der aber auch ansonsten viel eher in die Zukunft verwies als zurück auf das »Halbstarkenproblem« der fünfziger Jahre.[113] Die dem Vorbild der holländischen Provos und der kalifornischen Beatniks nacheifernden Gammler trafen sich seit 1966 in München auf der Leopoldstraße oder am Monopteros im Englischem Garten; ihr bevorzugter Standort in Berlin war die Gedächtniskirche (Motto: »Jesus war der erste Gammler«).[114] Selbst im Katholizismus waren seit dem Zweiten Vatikanischen Konzil die Fenster zur Moderne aufgestoßen worden. Und schließlich war, um ein anderes Beispiel zu nennen, auch in Deutschland die Pop Art längst schon nicht mehr unbekannt, als die Vorsilbe Pop in den Medien noch den Reiz des Neuen und Provokanten signalisierte – um dann freilich im Handumdrehen von einer explodierenden Werbewirtschaft vereinnahmt zu werden. Charles Wilps laszive Limonadenreklame (»Super-sexy-mini-flower-pop-op-cola – alles ist in Afri-Cola«) ist dafür das vielleicht sprechendste, in jedem Fall aber das bis heute bekannteste Beispiel.

Als die »Kinder von Marx und Coca-Cola« hat man die »68er« schon oft beschrieben. Doch in der Anlehnung an das Denkmal, dass ihnen Jean-Luc Godards gleichnamiger Film 1965 gewissermaßen im Vorgriff setzte, wird leicht übersehen, dass die Generationenkohorte der jungen Erwachsenen damals gerade erst entdeckt worden war. Noch zehn Jahre zuvor war nur von »Halbstarken« die Rede gewesen, wo jetzt »Teens« und »Twens« ihren Auftritt hatten und Marketingexperten eine eigenständige Konsumentengruppe identifizierten. Auch darin lag einer der Gründe dafür, weshalb der fortgeschrittene Kapitalismus alle warenästhetisch relevanten Zeichen der westlichen Kulturrevolution problemlos zu konfektionieren vermochte, und einige der fernöstlichen flugs dazu.

Der Mao-Anzug war das wohl prominenteste Stück, das den großen Sprung in die Kaufhäuser schaffte, noch ehe er in den Boutiquen der »68er« so richtig angekommen war. Der

Popmusik erging es ähnlich: Einerseits wurde sie – und auch das nicht erst in den Sechzigern – zu einem wirklich akzeptierten Esperanto, das die Jugend in den Industrienationen binnen weniger Jahre nahezu durchgängig beherrschte und wofür sie beträchtliches Geld ausgab;[115] andererseits war und blieb der Pop in einer Gesellschaft, in der Heintjes ›Mama‹ den Massengeschmack abbildete, zu Teilen tatsächlich das Medium, in dem sich das Nichteinverständnis mit dem Zustand der Welt, gegebenenfalls auch die Kritik konkreter politischer Verhältnisse, vergleichsweise wirkungsvoll zu Gehör bringen ließ.

Diese Ambivalenz allen Konsums in einer immer schneller und immer perfekter sich adaptierenden kapitalistischen Warenwelt[116] war »um 68« nicht nur älteren Gymnasiasten und Studenten bewusst. Auch der weniger aufgeklärte Teil der Jugend spürte ihre Folgen im eigenen Portemonnaie, ohne das freilich so schön erklären zu können wie auf dem Gründungskongress der sozialistischen Schüler (AUSS) ein Göttinger Primaner, der den »Konsumzwang« als Trick entlarvte, den Jugendlichen ihre eben gewonnene Freiheit wieder zu nehmen: »Musterbeispiel ist dafür die Geschichte des Beat. Er war zu seinem Beginn in Liverpool so etwas wie ein revolutionärer Protest, Anklage gegen die Gesellschaft und Entrückung von der Gesellschaft zugleich. Unsere Industrie hat es verstanden, den Beat zu integrieren, zu entpolitisieren und zu einer Konsumsparte zu machen.«[117] Besonders für die Beatles hatte man als jugendlicher Linker aus solchen Gründen wenig, als ernsthafter Neuer Linker gar nichts übrig. Die Rolling Stones hingegen, das wusste 1968 jedes Erstsemester, »werden auch von vielen im SDS geschätzt, weil sie sich vom System nicht vereinnahmen lassen«.[118]

Mag dem Kern der Aktivisten in der Hochphase der Revolte auch wenig Zeit für Musik, Kunst und Kino geblieben sein, so sind doch weder die subkulturellen Zusammenhänge zu übersehen, aus denen manche von ihnen kamen und für die viele von ihnen schwärmten (wie Rudi Dutschke und Bernd Rabehl von den schönen Revolutionärinnen in Louis Malles ›Viva Maria!‹[119]), noch die populärkulturellen Emanationen, in die vieles mündete und mit denen vieles verschmolz, was den Stempel »68« trug. Sei es, in einem seltenen Moment der Selbstironie, dass zwei Mitglieder des SDS ein Werbeplakat der Deutschen Bahn mit dem Marx-Engels-Lenin-Signet verfremdeten (»Alle reden vom Wetter. Wir nicht.«), sei es, dass dem schon längst kreierten, nun aber endlich tragbar gewordenen Minirock von Mary Quant und der Figur von Twiggy die Vorstellung von weiblicher Emanzipiertheit zugeschrieben wurde, oder sei es, dass die kollektiv entspanntere Körpersprache der Jungen einen italienischen Möbeldesigner zum Entwurf des »Sitzsacks« animierte, welcher dem Sitzenden keine bestimmte Haltung mehr vorschrieb und also »Lässigkeit« ermöglichte:[120] Fortschritt lautete die Parole und Modernität war die Währung, an der sich die Dinge des Alltags alleine noch zu orientieren schienen und die das Lebensgefühl der jungen Generation, zunehmend aber auch breiterer Schichten der Gesellschaft, bestimmten.

Der Grundgedanke, der »um 68« hinter allem stand, und die Richtung, in die alles strebte, hieß Befreiung – von Autoritäten und aus Abhängigkeiten, aus Konventionen und von Traditionen, von lästigen Pflichten und überkommenen Moralvorstellungen. Der Keim des Ideologischen war darin unschwer zu erkennen, und doch gilt es festzuhalten, dass es in erster Linie ideale Ziele waren, hinter denen sich die kritische Jugend damals sammelte: mehr Demokratie, mehr Transparenz, mehr Partizipation. Dass nicht wenige zugleich von Sozialismus träumten, manche auch von revolutionärer Gewalt und (transitorischer) Diktatur, verweist nur einmal mehr auf das Erfordernis, zwischen den Kerngruppen der Neuen Linken und der in die Breite gewachsenen Protestbewegung der Jahre 1967/68 zu unterscheiden.

Waren die Geschwindigkeiten auch unterschiedlich, so reichte die Mobilisierung doch weit über die Grenzen des APO-Milieus hinaus. Auch katholische und evangelische Hochschüler orientierten sich neu, kirchlich gebundene Lehrlinge und Schüler sehnten sich nach toleranteren Pfarrern und probten Demokratie in ihren Gemeinden; an der Basis der Parteien, nicht nur in der SPD, begann der Nachwuchs den Altvorderen die Pöstchen streitig zu machen, und selbst auf dem platten Land gab es erste Anzeichen, dass »68« nicht folgenlos bleiben würde.

Gewiss waren die Grenzen zwischen den ideologischen Trägerschichten der Revolte und ihrem viel breiteren, oftmals kaum »anpolitisierten« Umfeld fließend; aber die sozialmoralische Attraktivität, die der Bewegung aus der Perspektive eines beträchtlichen Teils der Kriegs- und Nachkriegskinder eignete, speiste sich aus ihren Liberalisierungsansprüchen im Hier und Jetzt, weniger aus ihrem utopischen Überschuss.

Fast müßig hinzuzufügen, dass nicht selten dort, wo im Verlauf der Revolte neue Freiheiten tatsächlich gewonnen wurden, andere Zwänge alsbald erwuchsen. Am sinnfälligsten zeigte sich dies auf dem Gebiet der Sexualität. Die im Projekt der Berliner Kommune 1 mit hoher Sichtbarkeit gelebten, aber natürlich auch andernorts erhobenen Ansprüche an »freie Liebe« und entbürgerlichte Geschlechterbeziehungen waren bereits Ende der sechziger Jahre nur noch die radikale Spitze einer sich nahezu in der gesamten industrialisierten Welt (im Osten nicht anders als im Westen) rasant verändernden Sexualmoral. In diesem Sinne aufschlussreich war die detailverliebte Reportage, die ›Spiegel‹-Autor Peter Brügge nach einem Hausbesuch bei den Kommunarden im Sommer 1967 schrieb – im Zentrum standen, dem vermuteten Leserinteresse Rechnung tragend, die »erotischen Rückschläge« des Projekts: »Das herzhaft ausgemalte Experiment rundum uneingeschränkter körperlicher Konvertibilität, wie sie von sexuellen

Tauschzirkeln des amerikanischen Bürgertums bereits auf unpolitischem Wege geübt wird, ist der deutschen Kommune fürs erste danebengeraten.«[121]

Der Siegeszug der »Pille« ging in der zweiten Hälfte der sechziger Jahre einher mit einer ebenso massiven wie noch im Rückblick frappanten Ausweitung der öffentlichen Kommunikation über Sex. Teils mit dem Ziel gesundheitlicher Aufklärung, teils zur frivolen Unterhaltung, teils schlicht pornografisch, wurde das Thema Sexualität gesellschaftlich in einer bis dahin nicht gekannten Intensität aufgegriffen – und in manchen Medien zeitweise tatsächlich zum »Thema Nr. 1«. Zahllose Serien in der illustrierten Presse, die millionenfachen Kinoerfolge von Oswalt Kolle, aber auch die Initiativen von Bundesgesundheitsministerin Käte Strobel (1967 der Aufklärungsfilm ›Helga‹, 1969 der ›Sexualkundeatlas‹) zeugten davon, ebenso die Pornographisierung linker Postillen wie ›konkret‹ und die mehr oder weniger vulgären Darstellungen, die in kaum einer Schülerzeitung fehlen durften.

Welcher neuartige Leistungsdruck auf Pubertierende ausgeübt wurde, wenn jetzt auf den Plan tretende Sexualpädagogen wie Helmut Kentler den Kampf gegen sexuelle Repressionsverhältnisse mit Forderungen nach schulischen Rückzugsräumen für koitierungswillige Gymnasiasten verbanden, blieb einstweilen freilich genauso undiskutiert wie die Frage, wie viel Frauenverachtung eigentlich aus dem immer wieder gerne zitierten Slogan sprach, »Wer einmal mit derselben pennt, gehört schon zum Establishment«. Die selbstbewusste Antwort gab die aufkommende Frauenbewegung dann etwa zur gleichen Zeit, als die Herren vom SDS mit der Auflösung ihres Verbandes beschäftigt waren: »Eine Frau ohne Mann ist wie ein Fisch ohne Fahrrad.«

Was hinsichtlich des Gebrauchs von Drogen über die Protestbewegung in den USA gesagt wurde,[122] gilt mutatis mutandis auch für Bundesrepublik. Wichtigste Ausgangspunkte da-

für waren die Musik- und die Hippie-Szene. Auf der Welle
einer höchst effizient funktionierenden internationalen Schall-
plattenproduktion, getragen aber auch von einer den Rock
und Pop begleitenden globalisierten Bilderflut, schwappte die
Hippie-Mode seit dem Sommer 1967 auf Europa über. Für die
Bundesrepublik sah der ›Spiegel‹ damals noch Erläuterungs-
bedarf: »Es sind Teens und Twens mit langen, zottigen Haaren.
Wie Europas Gammler verabscheuen sie Wasser, Seife und
Bürgertum. Mit Vorliebe begeben sie sich auf eine Rausch-
Reise in ferne und irreal schöne Welten.«[123] Doch schon im
Herbst desselben Jahres belegte Scott McKenzies leitmotivi-
scher San-Francisco-Song, in der Nachfolge der ebenfalls
durchaus einschlägigen Beatles (›All You Need Is Love‹), fast
zwei Monate lang den ersten Platz in den bundesdeutschen
Charts. Und bis zum folgenden Sommer hatte die westdeutsche Presse, so sie die Differenz nicht mit Bedacht ignorierte,
zwischen Blumenkindern und Gammlern zu unterscheiden
gelernt.

Entgegen dem Bild, das die Medien zeitgenössisch vielfach
zeichneten, war der Zusammenhang zwischen dem antiautoritären politischen Protest und den subkulturellen Aufbrü-
chen auf manchen Gebieten kaum stärker als jener zwischen
der Protestbewegung und den im Verlauf der sechziger Jahre
sich weithin vollziehenden alltagskulturellen Veränderungen.
Gleichwohl wird man sagen können – zumal in Anbetracht
ihrer umfassenden Gestaltungsansprüche, die explizit auch das
Private für politisch erklärten und auf eine grundstürzende
Veränderung der Gesellschaft drängten –, dass die Protestbewegung »treibender und übertreibender Teil einer dynami-
schen Modernisierung der westdeutschen Gesellschaft und
ihrer politischen Kultur« gewesen ist.[124] In diesem Sinne machte sie Tempo: Der Protest der APO forcierte die Delegitimati-
on vordemokratischer Konzepte von Autorität und Hierarchie – und das nicht nur in Universitäten und Schulen,

sondern auch in Parteien und Pfarreien, Krankenhäusern und
Waisenheimen, ja selbst bei der Bundeswehr –, er beschleunigte den Abbau antiquierter Vorstellungen von Sitte und Moral,
kurz: Er verstärkte den im Gang befindlichen gesamtgesell-
schaftlichen Wertewandel. Im Zeichen der Revolution trug die
Revolte zum Fortschritt der Reformen bei.

Plausibel erscheint das gerade auch dem, der ein wenig den
Lebensstil und das Lebensgefühl derer studiert, die den Auguren der Neuen Linken als das künftige revolutionäre Subjekt
ins Auge stachen: Die Studenten in der Bundesrepublik der
mittleren sechziger Jahre waren strebsam, fleißig und bescheiden, in so ziemlich jeder Hinsicht guten Willens – und vor allen
Dingen moderat. Sie arbeiteten maßvoll für ihr Studium (laut
Auskunft gegenüber den Demoskopen: werktäglich knapp sieben, am Wochenende nicht ganz sechs Stunden), sie empfanden die Anforderungen nicht als zu hoch, sich selbst aber auch
nicht als Teil einer »wirklichen Begabtenauslese«; sie sorgten
sich vor Selbstzufriedenheit und hielten es nicht für gerechtfertigt, als Akademiker »mit mehr Achtung behandelt zu werden
und mehr Ansehen zu genießen als andere«[125]. Für reichlich
die Hälfte waren die Studienjahre eine »besonders glückliche
Zeit«. Dazu mochte beitragen, dass fast genauso viele glaubten, man solle sich während des Studiums »nicht so fest binden«, zugleich aber deutlich weniger (41 Prozent) noch keine
feste Bindung gehabt hatten. Für die meisten ergab sich aus so
viel Pragmatik, jedenfalls theoretisch, ein hohes Maß an Toleranz: Nur noch 16 Prozent hielten es »für unerläßlich, daß eine
Frau unberührt in die Ehe geht«.

Betrachtet man die Hierarchie der von den Studentinnen
und Studenten bewunderten Persönlichkeiten des öffentlichen
Lebens, so fällt auf, dass das Personal der späteren Großen Koalition im Juli 1966 ziemlich gute Noten (»schätze ich sehr«/
»schätze ich auch noch«) bekam: Mit Ausnahme von Franz
Josef Strauß erreichten die künftigen Minister Zustimmungs-

raten von deutlich mehr als 50 Prozent (darüber schwebten nur noch der greise Adenauer mit 88 und der todkranke Fritz Erler mit 81 Prozent). Noch interessanter allerdings war, wem die Hochschüler ihre Sympathie in besonderer Weise versagten: Ganz am Schluss der Tabelle standen Hans Globke und Theodor Oberländer, die nur zwei beziehungsweise ein Prozent »sehr« schätzten. Und auf Vorbilder angesprochen, plazierten die Studenten (nach Carl Friedrich von Weizsäcker, Konrad Adenauer, Berthold Beitz, Rudolf Mößbauer, Rudolf Augstein, Charles de Gaulle) zwischen Prinz Philip und Hermann Josef Abs den Kabarettisten Wolfgang Neuss. Die Botschaft war klar: Wer ob seiner braunen Vergangenheit in den letzten Jahren in der Kritik gestanden hatte, der konnte auf Sympathie nicht rechnen – im Gegensatz zu dem, der solche Kritik, und sei es auf der Bühne, formulierte.

Dazu schien zu passen, dass immerhin 58 Prozent der Studenten mehr oder weniger regelmäßig den ›Spiegel‹ und 42 Prozent die ›Zeit‹ zur Hand nahmen, und dazu paßte weiter, dass drei Viertel Wiedergutmachungszahlungen an Israel für richtig hielten. Mehr als die Hälfte der Befragen glaubte aber auch, es sei »vertretbar«, wenn jemand »etwas Gutes« über Hitler und das »Dritte Reich« sagt; selber meinten das, vor allem unter Hinweis auf die Bewältigung der Arbeitslosigkeit, 44 Prozent, während 38 Prozent in der NS-Zeit nichts Gutes zu erkennen vermochten.

Gemessen am Bevölkerungsdurchschnitt[126] deutete das zwar alles darauf hin, dass die Kritik der »unbewältigten Vergangenheit« in der jungen Generation zu fruchten begann; aber es zeigte sich auch, dass der Fortschritt eine Schnecke war. Immerhin in einem Punkt hätten die Aktivisten der Revolte, sollten sie die demoskopischen Ergebnisse je zu Gesicht bekommen haben (sie waren ausnahmslos nachzulesen im 1967er-›Jahrbuch der öffentlichen Meinung‹ des Allensbacher Instituts), etwas agitatorische Hoffnung schöpfen können:

Erstaunlich wenige Studenten hatten Vertrauen in die Bonner Demokratie. Nur knapp jeder Zweite bekannte sich im Sommer 1966 zu der Auffassung, »daß ganz generell gesehen das parlamentarische System bei uns gut funktioniert«; 41 Prozent dagegen meinten, es »funktioniert nicht gut«, 11 Prozent hatten kein Urteil. Ein Jahr später war die Skepsis weiter gewachsen; nun meinten nur noch 43 Prozent der Hochschüler, das System funktioniere gut – 48 Prozent aber das Gegenteil.[127]

Im Sinne einer potentiellen Empfänglichkeit für die Positionen der APO noch bedeutsamer war, wie die Studenten auf eine weitere Aussage reagierten: »Die Bürger sollten mehr Vertrauen zu ihrer Regierung haben, daß sie schon das Rechte tut und die Interessen aller wahrt.« Ein solcher Satz roch inzwischen doch allzu sehr nach Untertanenmentalität – und stieß bei 79 Prozent der Studenten auf Ablehnung.[128] Das war sicherlich auch ein Ausdruck des aktuellen Ansehensschwunds von Kanzler Erhard und Zeichen einer weithin geteilten Skepsis ob seines kriselnden Kabinetts; stärker aber noch zeigte sich darin wohl die Offenheit der Studenten für emanzipatorische Forderungen im Stil der Zeit: nach »mehr Demokratie« und zumal nach einer »von unten«, nach Partizipation und Transparenz. Doch es sollte noch dauern, ehe Signale dieser Art das »Raumschiff Bonn« erreichten, über das inzwischen die Karnevalisten spotteten und von dem in der Presse kritisch die Rede war. Im Grunde rüttelten erst die Unruhen zu Ostern 1968 die politische Klasse der Bundesrepublik wirklich auf. Zugleich verdeutlichten die Reaktionen auf den »Aufruhr« (›Der Spiegel‹[129]) dieser Tage die nach wie vor erheblichen geistig-kulturellen und mentalen Differenzen zwischen den politischen Lagern, die in der Großen Koalition vorübergehend zusammengezwungen worden waren. Aber nicht immer verliefen die Grenzen entlang der Parteilinien.

Ausgänge und Abgesänge
Das rasche Ende der Revolte

Noch am Abend des Attentats erhielt Gretchen Dutschke im Berliner Westend-Krankenhaus ein Telegramm:»Ich bin über das Attentat auf Ihren Mann auf das Tiefste empört. Was immer uns Deutsche an Verschiedenheit der politischen Meinungen trennen mag, es darf in unserem Lande nicht dazu kommen, daß Meinungsverschiedenheiten durch brutale und verbrecherische Gewalt ausgetragen werden. Ich hoffe von Herzen, daß Ihr Mann von seinen Verletzungen völlig genesen wird.«[130] Kurt Georg Kiesinger war auf einem vorösterlichen Waldspaziergang im Schwäbischen, als ihm die Nachricht vom Mordanschlag auf Rudi Dutschke überbracht wurde. Sein spontan geäußertes Mitgefühl – schon im Auto hatte er das Telegramm diktiert – trug dem Kanzler der Großen Koalition in den nächsten Tagen Geläster von allen Seiten ein. Dass sein Sprecher den Text noch am Gründonnerstag vor laufender Fernsehkamera verlesen hatte und der ›Spiegel‹ wenig später wusste, die Adressatin habe den Umschlag ungeöffnet einem Begleiter gereicht, der ihn sogleich zerrissen habe, zeigte aus der Sicht eines Franz Josef Strauß und anderer Vertreter einer harten Linie nur, wie ungeschickt »König Silberzunge« wieder einmal agiert hatte.

Kritik kam allerdings auch von sozialdemokratischer Seite. Pfarrer Albertz, inzwischen ein beredter Fürsprecher der Studenten, unterstellte dem Bundeskanzler in harten Worten Heuchelei (für manche sei »offenbar nur ein verletzter Dutschke ein guter Dutschke«), und Gustav Heinemann profilierte sich auf Kiesingers Kosten mit einem seither viel zitierten Satz:»Wer mit dem Zeigefinger allgemeiner Vorwürfe auf den oder die vermeintlichen Anstifter oder Drahtzieher zeigt, sollte daran denken, daß in der Hand mit dem ausgestreckten Zeigefinger zugleich drei andere Finger auf ihn selbst zurückweisen.« Alle müssten sich fragen, so der Bundesjustizminister in protestantischer Umsicht, was sie dazu beigetragen hätten, »daß Antikommunismus sich bis zum Mordanschlag steigerte und daß Demonstranten sich in Gewalttaten der Verwüstung bis zur Brandstiftung verloren haben«.[131]

Für solche Mahnungen bestand in diesem Moment eigentlich nicht allzu viel Anlass. Einmal abgesehen vom Parteiorgan der CSU, das über die gesamte Breite seiner Titelseite Vergeltung forderte (»Die Demokratie muß zurückschlagen«[132]), gab es in den Medien kaum Scharfmacherei, und auch in der Bevölkerung hielten sich die autoritären Rufe in Grenzen. Laut einer Blitzumfrage, die der ›Spiegel‹ gleich nach den Ostertagen bestellte, erklärten zwar 80 Prozent der West-Berliner, ihre »Sympathie für die studentischen Proteste« habe »in der letzten Woche abgenommen«; aber exakt 50 Prozent der 16- bis 30-Jährigen hielten die Proteste weiterhin für richtig – wobei auch in dieser Altersgruppe 86 Prozent »Gewaltanwendung durch protestierende Studenten« für falsch erachteten.[133]

Vermutlich suchte Rudolf Augstein Anschluss an den Mainstream, als er für den ›Spiegel‹, der bis dahin ziemlich gewackelt hatte, nun einen eindeutigen Kurs ausgab: »Brutal und skandalös« sei das Verhalten der Polizei gewesen, das er in Hamburg selbst beobachtet hatte. Aber dann, ohne ein Wort der Differenzierung: »Die zwei Toten der Ostertage gehen auf das Konto des SDS, daran gibt es keinen Zweifel.« Auch ende jetzt »das Verständnis für die Lernprozesse des SDS und seine ›Guerilla-Taktik‹«. Der »lange Marsch in den Bürgerkrieg, die Revolution in Scheibchen«, müsse aufgegeben werden, denn der »gewaltvolle Widerstand war eine Schimäre«. Zwischen der Forderung und ihrer Begründung fand sich eine interessante Formulierung, und wie es aussieht, sprach Augstein damit ein wenig auch in die eigene Redaktion hinein: »Erwachsene Studenten sollten es nicht für eine Schande nehmen, daß sie einer von vornherein falschen Einschätzung aufgesessen sind.« So generös die Absolution, so genussvoll schmeckte

Augstein dem ganzen sich ihm nun offenbarenden Irrsinn noch einmal nach: »Was die revolutionär Gesonnenen der Studenten angefangen haben, hätte nur Sinn, wenn sie sich eingestehen wollten, daß ein neuer ›Faschismus‹ erstens nicht zwangsläufig, zweitens aber noch am ehesten kommt, wenn zunehmende ›Unordnung‹ den Ruf nach dem starken Mann anschwellen läßt. Erst im Rückschlag gegen einen etablierten Faschismus könnte dann das Reich der Freiheit anbrechen – eine abenteuerliche Prozedur.«[134]

Das war im Grunde bereits die Entzauberung der Revolte. Für eine nach Millionen zählende Leserschaft[135] hatte Augsteins Leitartikel, der im übrigen hart mit dem »institutionalisierten Immobilismus« der Großen Koalition ins Gericht ging, den Flirt mit der Revolution für beendet erklärt, dem sich so viele im linksliberalen Lager, gerade in den Medien, seit Monaten hingegeben hatten. Vorerst freilich musste es so scheinen, als gewönne die Lust am Protest, die fast rund um den Globus zu spüren war, immer neue Freunde. Denn nicht nur feierte ein frühlingshaftes Prag den »neuen Kommunismus«; als die letzten in Westeuropa waren inzwischen auch die französischen Studenten aufgewacht – und in Bonn stand die dritte Lesung der Notstandsgesetze bevor.

Am Morgen des 11. Mai, einem Samstag, stand Paris staunend vor den Spuren der bisher schlimmsten Barrikadennacht. Zur selben Zeit waren rechts des Rheins etwa 70 000 Demonstranten auf dem Sternmarsch nach Bonn. Dazu aufgerufen hatte, mit Plakaten in Schwarz-Rot-Gold (»Treibt Bonn den Notstand aus!«), das Kuratorium »Notstand der Demokratie«. Doch schon vor der Großkundgebung in der Bundeshauptstadt war abzusehen, dass die Forderung nach einem Generalstreik, die in der überfüllten Beethovenhalle vor allem der SDS erhob, ins Leere gehen würde: Der Deutsche Gewerkschaftsbund hatte für den selben Tag zu einer Separatveranstaltung nach Dortmund geladen. Gleichwohl trommelten die APO und ihre Sympathisanten hektisch weiter, zweifellos auch animiert durch die Nachrichten aus Frankreich.

In München zum Beispiel, der Stadt, auf die man aus den Hochburgen der Revolte gerne ein bisschen herabschaute, waren die Studentinnen und Studenten der Akademie der Bildenden Künste in den Streik getreten. Unterstützt von ihrem Präsidenten, schlossen sie sich auf ihre Weise dem Protest gegen die Notstandsgesetze an. Statt Arbeitsmappen zu füllen, malten sie ebenso großflächige wie fantasievolle Transparente. Drei davon, diese allerdings von eher konventioneller Machart, fanden ihren Platz in unmittelbarer Nachbarschaft der Akademie, nämlich über dem Siegestor in der Ludwigstraße. Während die mittlere Leinwand lediglich den Sachverhalt verkündete – »Streik gegen Notstand« –, waren rechts ein Hakenkreuz und die Worte »Noch einmal« zu sehen, links die Parole »kein zweites 1933«.[136] Die Installation war mehr als eine sarkastische Spielerei. Sie verwandelte die Sichtachse, die das Siegestor mit der nur wenige hundert Meter südlich gelegenen Feldherrnhalle verbindet, in eine zeitgeschichtliche Deutungsachse: aus der Gegenwart der Bundesrepublik zurück bis in die Anfänge der Hitler-Bewegung.

Noch einmal wurde in diesen Tagen überall im Land die konkrete NS-Vergangenheit, weniger der abstrakte Faschismus-Vorwurf, zum Instrument der Agitation. So auch in Frankfurt am Main, wo Hans-Jürgen Krahl, nun ohne Dutschke an der Seite, namens des SDS kurz vor der entscheidenden Abstimmung im Bundestag erneut die Idee eines Generalstreiks beschwor.[137] Das Szenario, das er zu diesem Zweck vor 15000 Zuhörern einer DGB-Kundgebung entwarf, war von grotesker Düsternis (»dieser Staat ist bereit, sich selbst zum faschistischen Führer zu machen«), lag aber in der Logik jener Abkürzung, die inzwischen vielen über die Lippen ging: »NS-Gesetze«, NS wie Notstand und Nationalsozialismus. Von der intellektuellen Vorsicht des Adorno-Schülers war in Krahls

Versuch, die Gewerkschafter rhetorisch auszustechen, so gut wie nichts mehr zu spüren: »Die Demokratie in Deutschland ist am Ende [...] wir müssen durch gemeinsame Aktionen eine breite kämpferische Basis des Widerstands gegen die Entwicklung schaffen, an deren Ende sonst wieder Krieg und KZ stehen können. Unser Kampf gegen den autoritär bevormundenden Staat von heute verhindert den Faschismus von morgen.«[138]

Ende der Demokratie, Widerstand, Faschismus, Konzentrationslager, Krieg – auf dem Römerberg schien sich niemand zu fragen, wie solche Fantasien über die Konterrevolution etwa zu dem Faktum passten, dass es just in diesen Wochen Frankfurter Studenten möglich war, bewaffnet mit Leiter, Kleister und Plakatpapier am hellichten Tag die Johann-Wolfgang-Goethe- in Karl-Marx-Universität umzuetikettieren, ohne dass auch nur ein Pedell, geschweige denn die Polizei, dazwischentrat. Die Sicht auf die Gesellschaft, in der sie lebten, und auf die politische Wirklichkeit der Bundesrepublik hatte sich im Frühjahr 1968 doch manchen ziemlich verstellt.

Aber nicht nur in der rebellierenden Jugend waren die Maßstäbe durcheinandergeraten. Wie sehr auch die Medien fieberten, das zeigte – unter anderem – fast jeder Blick in den ›Spiegel‹. Dort spielte man, aller Desillusionierung des Herausgebers zum Trotz, das Spiel mit der Sehnsuchtsvokabel Ende Juni noch ein weiteres Mal: Nach dem Mai-Titel über die »Französische Revolution« zierte den Umschlag jetzt ein im Fotostudio gestelltes Happening des SDS, für das einige Freiwillige mit der Fahne des Vietcong und großformatigen Porträts ihrer Heiligen posierten. Ein kleines Fragezeichen in der Überschrift ließ allerdings ahnen, dass es sich, ungeachtet der epischen Schilderung, bereits um einen verkappten Abgesang handelte: »SDS – Revolution in Deutschland?«[139]

Tatsächlich waren die Würfel längst gefallen: in Bonn wie in Paris am späten Nachmittag des 30. Mai, als der Bundestag mit großer Mehrheit die Notstandsgesetze verabschiedete und de Gaulle sich mit einer in ganz Frankreich übertragenen Rundfunkansprache als Staatspräsident zurückmeldete. Der Pariser Mai kam damit fast kalendarisch exakt zu Ende, und im Rückblick ist deutlich, dass mit der Niederlage vor Bonn auch die APO ihren Höhepunkt überschritten hatte. Die eben noch so vehementen »Gegner des Notstands« verstummten fast augenblicklich. Und während die große Koalition der Protestierenden auseinanderstrebte, mehrten sich zugleich die Zeichen, dass die Bonner Elefantenkonstellation nach der nächsten Bundestagswahl ihr Ende finden würde.

Mit Semesterschluss verebbten fast überall in der Republik auch die studentischen Aktionen, wenngleich es international ein traurig-heißer Sommer wurde: mit dem tödlichen Attentat auf Robert Kennedy, den Hoffnungsträger der Demokraten schon am 5. Juni in Los Angeles; mit Gewaltexzessen in den Ghettos der nordamerikanischen Großstädte; mit Aufruhr in Mexico City, dem Austragungsort der Olympischen Spiele, bei denen dann im Oktober zwei schwarze US-Athleten ihre Medaillen mit gestreckter Faust entgegennahmen; mit Schülerkrawallen in Zürich; mit blutigen Studentenprotesten in Montevideo, ausgelöst durch kommunale Fahrpreiserhöhungen, gegen die zu demonstrieren bald auch in der Bundesrepublik Mode werden sollte. Am 21. August schließlich das weltweite Entsetzen über den Einmarsch der Truppen des Warschauer Pakts in die Tschechoslowakei, wogegen sich selbstredend in fast allen deutschen Großstädten spontaner Protest erhob, und zwar gerade auf Seiten der antiautoritären Linken, für die das brutale Ende des Prager Experiments im Grunde nur bewies, was sie ohnehin wussten: Die Feinde des wahren Sozialismus – Imperialismus und Stalinismus – standen hinter beiden Seiten des Eisernen Vorhangs.

Man soll die Selbstbezogenheit der deutschen »68er«, jenseits aller internationalistischen Emphase, gewiss nicht zu gering veranschlagen. Und trotzdem: Die zerstörten Hoffnun-

gen auf den Prager Reformkommunismus zählten zu den
Gründen dafür, dass noch im Sommer 1968 sich abzuzeichnen
begann, womit in der Bundesrepublik nur wenige Wochen
vorher kaum jemand gerechnet hätte: Die Bewegung war dabei sich zu verlaufen.

Nach einem Jahr fast ununterbrochener Mobilisierung
waren die Aktivisten erschöpft. »Die Rebellen sind müde«, bemerkte die ›Zeit‹.[140] Auch eine gewisse Streikroutine hatte sich
eingeschlichen, und manche Demonstrationen wirkten, von
den Rändern her betrachtet, doch ziemlich déjà-vu. Bei den
weniger ideologisch Getriebenen machte sich schlicht Lange-
weile breit, zumal in den Semesterferien an spektakuläre Veranstaltungen kaum zu denken war. Zugleich eröffneten sich
außerhalb der Universitäten neue Herausforderungen und At-
traktionen: Die Berliner Kommunen 1 und 2, so wenig sie
funktionierten, fanden Nachahmung und absorbierten Energien nun auch in der Provinz; an etlichen Theatern suchten
junge Ensembles Anschluss an den Zeitgeist und fanden ihn
in der Zusammenarbeit mit Studenten;[141] manche, die bisher
Flugblätter und Streikaufrufe verfassten, versuchten sich als
Kleinverleger; die ersten bibliophil und merkantil Begabten
eröffneten revolutionäre Antiquariate. Ein wenig zeichnete
sich schon ab, wohin die Reise, jedenfalls für einen beträchtlichen Teil der Protestbewegten, in den nächsten Jahren gehen
sollte: in ein sich breit entfaltendes Gelände alternativer, aber
auch akademischer und künstlerischer Subkulturen.

In diesem Sinne wurden die rauschhaften Tage der Internationalen Frankfurter Buchmesse 1968, auch wenn das damals
wohl kaum einer so sah, zu einem Abschiedsfest: Zwar besang,
wer sich als progressiv empfand (also fast ein jeder), mit großer Geste und im großen Chor den »Tod der Literatur«.[142] Tatsächlich aber häufte man vor allem Missverständnisse über-
einander, hinter denen sich bereits die künftigen Karrieren
abzuzeichnen begannen: auf der einen Seite jene, die den »re-

volutionären Kampf« nicht mehr nur auf dem Feld der Kultur fortsetzen würden, auf der anderen Seite jene, die aus den Erfahrungen der zurückliegenden Monate die Erkenntnis ziehen würden, einer »Scheinrevolution« beigewohnt zu haben. Während von den ersteren etliche im terroristischen Untergrund landen sollten, würden letztere sich bald in intellektuelle Existenzen als Literaten oder Wissenschaftler fügen.

Jürgen Habermas, wie stets etwas schneller als die meisten, hatte die Unumgänglichkeit dieser Reorientierung noch im Sommer formuliert, beim Schüler- und Studentenkongress des Verbands Deutscher Studentenschaften in der Frankfurter Mensa: Das »falsche Bewußtsein der Revolution«, so Habermas aus Anlass der Besetzung des Rektorats seiner Universität, die an die Vorgänge an der Sorbonne erinnerte, habe »von jenen Schwächen der Intellektuellen gelebt, die in ruhigeren Zeiten zu den *déformations professionelles* gehörten, die in lebhafteren Zeiten aber, wenn sie aus dem Schattenreich der persönlichen Psychologie heraustreten und zur politischen Gewalt werden, wahrlich ein Skandal sind«. Was folgte, war eine bis zur Kenntlichkeit verdichtete Typologie: des »Agitators«, der den Realitätskontakt verloren hat, nur noch die »Realität der Massenreaktion« kennt und von »kurzfristigen narzißtischen Befriedigungen lebt«; des gegen Erfahrungen immunisierten »Mentors«, der eine »Orthodoxie mit grauen Vokabeln allen Bewußtseinstrübungen aufprägt«, schließlich des »Harlekins am Hof der Scheinrevolutionäre, der, weil er so lange unglaubwürdige Metaphern aus dem Sprachgebrauch der zwanziger Jahre für seinerzeit folgenlose Poeme entlehnen mußte, nun flugs zum Dichter der Revolution sich aufschwingt«[143]. Krahl, Oskar Negt (sein eigener Assistent) und Enzensberger durften sich bezeichnet fühlen.

Rund 300 000 Studenten gab es 1968 in der Bundesrepublik, gut die Hälfte davon war bis in den Sommer hinein auf den Straßen dabei gewesen oder hatte sich doch von Zeit zu

Zeit an den Protesten beteiligt.[144] Mit Beginn des Wintersemesters 1968/69 wurde unübersehbar, dass der Herbst der
Revolte begonnen hatte. Ein Zeichen dafür waren die wachsenden Querelen innerhalb des SDS, dessen Selbstauflösung
im Frühjahr 1970 nur noch organisatorisch nachvollzog, was
im Ideologischen längst stattgefunden hatte: eine Zersplitte-
rung nämlich, die sehr viel weiter ging als der bekannte Grund-
konflikt zwischen Traditionalisten und Antiautoritären. Auf
der Suche nach politischen Bündnispartnern drehte sich letztlich alles um die Frage der Gewalt. Wo diese nicht prinzipiell
verworfen wurde, setzte sich die Eskalation – schon aufgrund
der immanenten Dynamik der Bewegung – fast unausweichlich fort. Daran mitzuwirken aber war am Ende nur ein kleinerer Teil von den Zehntausenden bereit, die den Protest bisher
getragen hatten. In diesem Sinne geriet den Gewaltbereiten
die »Schlacht am Tegeler Weg« am 4. November 1968 zu einem
klassischen Pyrrhussieg.

Wenige Tage nach dem Urteil im Frankfurter Kaufhaus-
brandprozess, zu dem Fritz Teufel sich unter dem Beifall von
Ulrike Meinhof in beachtlicher Weise geäußert hatte – es sei
»immer noch besser«, ein Warenhaus anzuzünden, als eines
zu betreiben[145] –, ging es vor dem Ehrengericht der Berliner
Rechtsanwaltskammer um ein Berufsverbot gegen Horst Mahler, der Teufel und etliche andere Aktivisten der APO (meist
ziemlich erfolgreich) verteidigt hatte. Hintergrund war eine
nach den Osterunruhen von Axel Springer gegen Mahler er-
hobene Schadensklage über eine halbe Million Mark. Während der Angeklagte das Ehrengerichtsverfahren mit Unterstützung des renommierten Anwalts Josef Augstein glatt
gewann, kämpften vor dem Gerichtsgebäude, angeführt von
Christian Semler und unterstützt von einer Rockerbande,
etwa 1 000 weitere Verteidiger aus dem Umkreis des SDS gegen
400 nur leicht ausgerüstete Polizisten. Exakt 2 371 Pflastersteine will ein › Zeit ‹-Reporter nach der blutigsten Straßenschlacht

in der West-Berliner Nachkriegsgeschichte gezählt haben; dass keiner der 130 verletzten Polizisten tödlich getroffen wurde, war wohl nur Glück.[146]

Mochte sich in der brutalen Auseinandersetzung auch ein besonderer Berliner Hass auf die Polizei entladen haben, der sich seit dem Tod von Benno Ohnesorg aufgestaut hatte[147] – der Theologieprofessor Helmut Gollwitzer, ein treuer Freund Dutschkes und der APO, traf den gewiß nicht theologisch, aber politisch entscheidenden Punkt, als er dem SDS tags darauf im Audimax der FU erklärte: »Wer will, daß die studentische Bewegung zerfallen wird [...], der soll weiter solche Aktionen machen.«[148] Die Warnung an die Genossen kam allerdings genauso zu spät wie, auf ihre Weise, die »Ohrfeige«, mit der Beate Klarsfeld, zwei Tage danach und ebenfalls in Berlin, auf dem CDU-Parteitag Kurt Georg Kiesinger bedachte.[149]

Zwar wurde ihre ein halbes Jahr im voraus angekündigte Attacke auf den Kanzler der Großen Koalition von buchstäblich allen Seiten, nicht zuletzt von der DDR, publizistisch weidlich ausgekostet. Aber dass sich mit dem Backenstreich noch eine moralisch aufrichtige Empörung über den Ex-Parteigenossen und Beamten im Reichspropagandaministerium Kiesinger verband, wird man nicht sagen können: Allzu kräftig waren die propagandistischen Spuren, die nach Ost-Berlin wiesen, allzu schwach die Argumente der Überzeugungstäterin, die wohl wirklich glaubte, Kiesinger sei der »repräsentativste und gefährlichste jener Nazis, die erneut das deutsche Volk verderben«, allzu schwach auch mittlerweile das Interesse in der Generation, der die mit einem französischen Juden verheiratete Deutsche selbst gerade noch angehörte. Denn ausgerechnet dort, wo sie vor allem wirken wollte, bei den jungen, rebellischen Deutschen, traf die 29-jährige Beate Klarsfeld schon seit dem Frühjahr 1968 auf Distanz. Diese nämlich machten ihre Kritik inzwischen kaum noch an den individuellen »braunen« Biografien fest, sondern an dem in seiner Struk-

tur vermeintlich gleichgebliebenen »System«. Moralisch-
ethische Beweggründe und die Empörung über die konkreten
Mängel und Versäumnisse in der Auseinandersetzung mit der
Vergangenheit, die bis zum Beginn und selbst noch in der ersten Phase der Revolte so bedeutsam gewesen waren, spielten
inzwischen keine große Rolle mehr. Auch in dieser Hinsicht
war »68« jetzt wirklich vorbei.

Die knappe Entscheidung für Gustav Heinemann als Bundespräsidenten am 5. März 1969 und nach der Bundestagswahl im Oktober die nicht minder knappe Möglichkeit zur
Bildung der sozialliberalen Koalition waren weder unmittelba-
re Folgen der studentischen Bewegung noch die Gründe ihres
Endes. Und doch gab es Zusammenhänge, war der Machtwechsel in Bonn nicht bloßes Ergebnis von Wahlarithmetik,
sondern auch Ausdruck eines tiefgreifenden politisch-kulturellen Wandels, zu dem der Protest der jungen Generation
ganz zweifellos gehörte.

»Adorno als Institution ist tot«,[150] hieß es im Frühjahr
1969, nur wenige Monate vor dem frühen Tod des Philosophen in den Schweizer Bergen. Tatsächlich war die Revolte er-
storben, und dies natürlich, ohne dass Springer mittellos oder
aus Deutschland eine Rätedemokratie geworden war. Gleichwohl war die Bundesrepublik im Begriff, eine andere zu werden: Gemeint ist damit gar nicht in erster Linie der sich ab-
zeichnende Terror, dessen Anfänge in der Protestbewegung
lagen. Gemeint ist vielmehr jene »Gesellschaftsveränderung«,
die nahezu alle Bereiche des Lebens erfasste und vor der das
konservative Lager nun für eineinhalb Dekaden ebenso uner-
müdlich wie erfolglos warnen sollte. Wie die meisten Kritiker
übersahen allerdings auch viele Promotoren dieses unaufhaltsamen Fortschritts, dass dieser kein deutscher Sonderweg mehr
war, sondern eine breite Bahn der Veränderung, auf der sich
die Industriegesellschaften inzwischen mehr oder weniger alle
bewegten – im Westen wie im Osten.

FORTY CENTS
APRIL 15, 1
LONDON: The Swinging City
TIME
THE WEEKLY NEWSMAG
BINGO
DISCOTHEQUE
JOIN THE TEA SET
Meter ZONE
Mon-Sat 8 am-6-30 pm
ONE WAY
BRITISH MADE
THE WHO
VOL. 87 NO. 15

Kapitel 3
Protest im Westen

>»Die jungen Leute haben die Welt zwischen Prag,
> Berlin und Berkeley, Stockholm, Paris und Tokio
> in den Zwiespalt gebracht, den sie seit eh und je
> fürchtete und den sie unter dem Deckmantel
> eines autoritären Sozialismus und einer
> gleichmacherischen Demokratie verbarg: daß
> die Träume des Menschen vom Menschen im
> politischen Alltag zu verkrüppeln drohen.«
> Peter Härtling, in: ›Der Monat‹, August 1968[1]

Ein Jahr ist keine Kompassnadel, aber wo der Westen ist, wurde »68« klar. Keine Aufzählung, und wäre sie noch so lang, könnte ihrer Vollständigkeit sicher sein: Amsterdam und Brüssel, Barcelona und Madrid, Mailand, Turin und Rom, Athen, Istanbul und Ankara, Belgrad und Tel Aviv, Wien und Zürich, London, Stockholm und Kopenhagen, aber auch Tokio, Mexiko-Stadt und Rio de Janeiro, zu schweigen von den vielen Schauplätzen in Frankreich, Deutschland und den USA. – Der Westen, verstanden als der Raum der legitimen Freiheit oder der mindestens geduldeten Möglichkeit des Menschen zum Protest, erschien in diesem Jahr unendlich weit, viel weiter jedenfalls als alle Konventionen seiner politischen und geografischen Bestimmung.[2] Einen historischen Moment lang hatte es sogar den Anschein, als sei der Westen auch im Osten möglich: hinter dem Eisernen Vorhang.

Was aber bedeutete dies alles? Definierte sich der Westen im Zuge der Revolte gleichsam neu? Was waren überhaupt, neben der Parallelität vieler Ereignisse, die Gemeinsamkeiten des Protests? Gab es gar das eine große Thema, den einen großen Grund?

Erschöpfend – denn das hieße: nach allen Seiten hin systematisch wägend und vergleichend – sind derlei Fragen hier nicht zu behandeln.[3] Vielleicht aber bietet der Blick auf einige der Länder und Konstellationen, in denen der Protest sich damals artikulierte, einen gewissen Aufschluss darüber, wo Antworten zu finden sind. Beginnen wir die Suche am östlichen Ende des Westens. Dort nämlich, in Japan, entstand in den sechziger Jahren eine Protestbewegung, die manche westlichen Züge trug – und die dennoch, vor allem in ihrem Verhältnis zur Gewalt, ganz eigenen Regeln folgte.

Japan
Vom Gewaltkern einer rätselhaften Revolte

An der Wiege jener ungewöhnlich breiten und ungewöhnlich gewaltsamen Studentenbewegung, die für Japan charakteristisch werden sollte, stand ein nicht minder ungewöhnlicher Pate: Es war die Alliierte Besatzungsmacht unter ihrem amerikanischen Oberbefehlshaber General Douglas MacArthur, die 1945 nicht nur das Verbot der Kommunistischen Partei Japans (KPJ) aufhob, sondern im September 1948 auch die Gründung einer Gesamtjapanischen Allianz studentischer Selbstverwaltungen (Zen Nihon Gakusei Jichikai Sorengo, kurz: Zengakuren) gestattete. Damit waren praktisch mit einem Schlag Zehntausende von Studenten an den wenigen öffentlichen und den zahlreichen privaten Universitäten des Landes in einem Großverband zusammengefasst. Zengakuren orientierte sich an der KPJ und sollte auf die politische Entwicklung an den Hochschulen beträchtlichen Einfluss gewinnen.[4]

Die grundsätzliche Sympathie, die Japans studentische Jugend und viele akademisch Gebildete der kommunistischen Bewegung entgegenbrachten, resultierte – wie bereits vor dem Zweiten Weltkrieg – vor allem aus deren Opposition gegen den Chauvinismus und Imperialismus des kaiserlichen Militärregimes, gegen das der Internationale Militärgerichtshof in Tokio ein paar Wochen später, Anfang November 1948, seine Urteile verkündete. Der Prozess hatte freilich nicht nur den Einfluss der vordemokratischen Eliten nicht völlig gebrochen; im Gegenteil dienten die damit einhergegangenen Struktureingriffe aus kommunistischer Perspektive vor allem der kapitalistischen Durchdringung des Landes. Auch deshalb hatte sich das anfangs als Liebesheirat dargestellte Verhältnis der KPJ zu den Amerikanern zum Zeitpunkt der Gründung der Zengakuren bereits deutlich abgekühlt, und seit Anfang der fünfziger Jahre standen die Kommunisten der »imperialistischen Besatzung« in offener Feindschaft gegenüber.

Unter dem Eindruck der Entstalinisierung in der Sowjetunion einerseits und dem gescheiterten Aufstand in Ungarn andererseits zerbrach aber auch die Einheit der kommunistischen Zengakuren. Noch vor Ende des Jahrzehnts hatte sich die linksradikale studentische Szene ausdifferenziert. Einem weiterhin KPJ-treuen Flügel standen aktionistische Gruppierungen gegenüber, die, weil die KPJ in dem Tokioter Stadtteil Yoyogi ihren Sitz hatte, als Anti-Yoyogi-Zengakuren firmierten: die Liga der Kommunisten (Kyosando) und die Sozialistische Studentenliga (Shagakudo), außerdem die Trotzkisten (Kakukyodo), die zwar zunächst nicht zur Zengakuren gehörten, aber Einfluss auf die Allianz gewannen. Im Vergleich mit Europa und den USA war die studentische Linke in Japan ausgesprochen früh am Start.

Seit 1959 zeichnete sich auch bereits ein identitätsstiftendes Thema ab: der Kampf gegen den amerikanisch-japanischen Sicherheitsvertrag, der den Vereinigten Staaten (im Gegenzug zur Fortführung der militärischen Beistandsgarantie für den Fall eines Angriffs auf Japan) das Recht einräumte, weiterhin Streitkräfte im Land zu halten und die strategisch wichtigen Luftstützpunkte (vor allem auf Okinawa) auszubauen. Der da-

gegen gerichteten Oppositionsbewegung, die von einer breiten Linkskoalition getragen wurde, schlossen sich auch große
Teile der Gewerkschaften an. Aber es war die Zengakuren, die
den Protest radikalisierte und schließlich über die Ratifizie-
rung des Abkommens im Januar 1960 hinaus vorantrieb. Verstärkt wurde die Empörung der Studenten durch die Tatsache,
dass in der Person von Nobusuke Kishi ein Premierminister
die Verhandlungen mit den USA geführt hatte, der als vorma-
liges Mitglied im Kriegskabinett von Hideki Tojo wegen Kriegs-
verbrechen (Class A) bis 1948 in Haft gehalten, wenngleich niemals angeklagt worden war.

Kurz bevor der Kaiser den Vertrag nach dem Willen des
Unterhauses am 22. Juni 1960 unterzeichnete (Kishi war inzwischen zurückgetreten), erreichten die Massendemonstra-
tionen ihren Höhepunkt. Beim Sturm auf das Parlamentsge-
bäude, das bereits im Herbst zuvor attackiert worden war, kam
eine Studentin ums Leben. Wie heikel die Lage war, erfuhr
auch der Pressesprecher des Weißen Hauses, als ihn Studenten
der Zengakuren am Tokioter Flughafen in massive Bedrängnis
brachten. Zwar verzichtete US-Präsident Eisenhower danach
auf seinen geplanten Staatsbesuch. Doch solche symbolischen
Erfolge der linksradikalen Opposition, die das Land auf Distanz zu Amerika bringen wollte, änderten natürlich nichts
mehr an den Fakten, die die regierenden Liberaldemokraten
im Parlament mit Hilfe einer Abspaltung der Sozialistischen
Partei geschaffen hatten. Vor allem aber bewahrten sie die Studentengruppen nicht davor, sich nun weiter zu zersplittern
und auf Dauer zu zerkriegen.

Im Grunde war es deshalb eine Art von Wiederaufersteh-
hung, die der studentischen Linken gelang, als sich seit dem
Frühjahr 1965 auch in Japan die Opposition gegen den amerikanischen Krieg vor der eigenen Haustür – in Vietnam – zu
formieren begann. Noch schneller allerdings als die Aktivisten
der Zengakuren, nämlich praktisch parallel zur Entstehung

der Kriegskritik in den USA, wurden Angehörige der traditionellen japanischen Linken aktiv, die als Gewerkschafter, Wissenschaftler und Schriftsteller Protestnoten verfassten und
erste Anti-Kriegs-Komitees gründeten. Doch dann traten rasch
zwei neue Organisationen hinzu, die lose mit der Anti-Yoyogi-
Zengakuren verbunden waren: das von der Sozialistischen
Partei initiierte Jugendkomitee gegen den Krieg (Hansen Seinen Iinkai, kurz: Hansen) und der Bürgerverband für den
Frieden in Vietnam (Betonamu ni Heiwa o Shimin Rengo, kurz:
Beheiren).

Beheiren war keine klassische Mitgliederorganisation, sondern eine aktionsorientierte Bewegung ohne verbindliche
Ideologie, ohne Hierarchien und ohne professionelle Führung.[5] Deshalb durfte auch jede lokale Gruppe den Namen
übernehmen, solange sie sich zu drei Punkten bekannte: Friede
in Vietnam, Selbstbestimmung für Vietnam und Beendigung
der (für Japan ökonomisch profitablen) indirekten Unterstützung der amerikanischen Kriegführung (besonders über die
Transitbasis Okinawa). Vom Typus her war Beheiren die erste
japanische Organisation der Neuen Linken; zumal in ihrer
Wertschätzung des individuellen Engagements glich sie den
entstehenden antiautoritären Bewegungen im Westen. So war
es kein Wunder, dass auf einem ersten Tokioter Teach-in am
symbolträchtigen 15. August 1965, dem 20. Jahrestag der japanischen Kapitulation, mit Carl Oglesby auch der neue Präsident der amerikanischen Students for a Democratic Society
eine Rede hielt.

In ihrem Umgang mit den Medien und in ihrem Verständnis von Öffentlichkeit zeigte sich, wie sehr sich der Stil von
Beheiren von den Gewaltaktionen der radikalen Zengakuren
absetzte und stattdessen eher dem Debattenstil der amerikanischen Friedensbewegung folgte – bis hin zu einem Inserat, das
die Japaner im November 1965 in der ›New York Times‹ aufgaben (ein zweiter Aufruf folgte Anfang April 1967 in der ›Wa-

shington Post‹). Entsprechend intensiv gestaltete sich der Austausch. Er fiel umso leichter, als die amerikanischen Aktivisten bei ihren Besuchen in Japan an Kontakte anknüpfen konnten, die etliche Anhänger von Beheiren während ihres Studiums in den USA geschlossen hatten. Auch in der Stoßrichtung war man sich nahe: Der japanischen Neuen Linken ging es darum, unter Berufung auf die Werte des amerikanischen Liberalismus gegen die Kriegspolitik der US-Regierung zu demonstrieren, nicht gegen den American Way of Life. »Mit Amerika gegen Amerika«, lautete die Devise.

Wie anders dagegen der Anti-Yoyogi-Flügel der Zengakuren, der sich, mit der Hansen-Jugend im Schlepptau, im Herbst 1967 eine regelrechte Schlacht mit der Polizei lieferte, bei der erstmals wieder seit 1960 auch ein Student getötet wurde. Mit dem »ersten Haneda-Vorfall« (benannt nach dem Flughafen, von dem Premierminister Eisaku Sato zu einer umstrittenen Südostasien-Reise aufbrach) war ein Wendepunkt erreicht, und zwar in einer bemerkenswerten zeitlichen Parallele zur Zuspitzung des Vietnam-Protests in der Bundesrepublik und in den USA, aber auch in Italien und England. Die gewaltbereite Zengakuren sorgte nun dafür, dass sich die Stimmung im Land binnen kürzester Zeit weiter radikalisierte. Am 11. November 1967 kam es vor der Residenz des Premierministers zur Selbstverbrennung eines 73-jährigen Kriegsgegners, am Tag darauf, vor einer Reise Satos in die USA, auf dem Flughafen erneut zu Krawallen (»zweiter Haneda-Vorfall«).

Die gewaltsamen Ausschreitungen setzten sich zwei Monate später in der südjapanischen Hafenstadt Sasebo fort, wo der aus dem Golf von Tonkin kommende, ausgerechnet auch noch atomgetriebene amerikanische Flugzeugträger »Enterprise« einlief. Die Fernsehnachrichten über den brutalen Kampf zwischen den mit Helmen ausgerüsteten, barrikadenbauenden Mitgliedern der Zengakuren und der Polizei lösten tagelange Unruhen in ganz Japan aus. Allein in Tokio demonstrierten

25 000 meist junge Menschen; eine Studentengruppe schaffte es für einen Sitzstreik sogar ins Außenministerium. Und von den aktuellen Bildern hieß es, sie hätten in der Bundesrepublik Protestbewegte »zu Tausenden« veranlaßt, Fachgeschäfte aufzusuchen und sich mit Bauarbeiterhelmen einzudecken.[6]

Mochte man im Westen ansonsten eher selten auf »68« in Japan blicken: Die Ereignisse im fernen Osten bezeugten, daß den Demonstrationen gegen den Vietnamkrieg, die inzwischen nahezu rund um den Globus stattfanden, ein gemeinsamer moralischer Antrieb zugrunde lag. Neben je spezifischen nationalen Gründen und mehr oder weniger deutlichen antiamerikanischen Motiven fand darin eine diffuse Wertegemeinschaft der Kriegs- und Nachkriegskinder ihren Ausdruck. Deren Generationenmaxime mochte naiv pazifistisch, egozentrisch und letztlich sogar unpolitisch sein, aber sie nahm die Postulate beim Wort, die ihre Väter nach 1945 verkündet hatten: nie wieder Krieg, nie wieder Faschismus.

Anders als in Europa steigerte sich in Japan die Gewaltsamkeit des Anti-Vietnam-Protests aufgrund der Einmischung der militanten Zengakuren seit dem Herbst 1968 noch weiter. Im Jahr darauf, als zugleich auch die Frage der Erneuerung des amerikanisch-japanischen Sicherheitsvertrags und Verhandlungen über die Rückgabe von Okinawa anstanden, gab es kaum eine Demonstration, die nicht von Ausschreitungen begleitet war. Fast eine halbe Million Menschen ging im Oktober 1969 auf die Straßen; am 23. Juni 1970, als sich der Protest gegen die Ausweitung der Bombardierungen auf Kambodscha richtete, waren es sogar nochmals mehr, nämlich landesweit etwa eine Dreiviertelmillion.

Zu diesem Zeitpunkt hatte die Revolte an den Hochschulen, die den Vietnam-Protest auch in Japan begleitete, ihren Höhepunkt bereits überschritten. Bis dahin jedoch hatte sie alles in den Schatten gestellt, was sich zur selben Zeit an europäischen und amerikanischen Universitäten abspielte: sowohl

im Ausmaß der Beteiligung wie in dem der Gewalt.[7] Ein we-
sentlicher Grund dafür war der hohe Organisationsgrad der
japanischen Studentenschaft. Ende der sechziger Jahre gehörte gut die Hälfte der etwa 1,5 Millionen Studenten der linksradikalen Zengakuren an,[8] und deren in etwa gleichgewichtige
Aufspaltung in zwei einander feindlich gesonnene Lager führte
zu oft verwirrenden, so sonst nirgendwo anzutreffenden Kon-
flikten: In Japan standen nicht nur Studenten gegen die Repräsentanten der staatlichen Ordnung, sondern auch linke Studenten (Yoyogi) gegen linke Studenten (Anti-Yoyogi) – und
mitunter kämpften rechte Studentengruppen auf Seiten der
Polizei.

Erste Anzeichen studentischen Aufbegehrens gegen das extrem leistungsorientierte, verschulte und autoritäre Erzie-
hungssystem gab es zu Jahresanfang 1965 an der ehrwürdigen
Keio-Universität, Japans ältester privater Hochschule. Der Ankündigung, die Studiengebühren zu erhöhen, folgte ein zwei-
wöchiger Vorlesungs- und Seminarstreik, der jedoch mit einem
Kompromiss beendet wurde. Anders die wenig später beginn-
nenden, bis in den Sommer 1966 sich hinziehenden Auseinandersetzungen an der Waseda-Universität, wo das gesamte
Spektrum der studentischen Neuen Linken, aber auch die orthodoxen Verbände der KPJ präsent waren: Von dort aus wurden die Auseinandersetzungen, die sich zumeist an vergleichsweise nichtigen Anlässen entzündeten, hinter denen aber eine
offenbar tiefreichende Unzufriedenheit stand, weitergetragen.
Eine entscheidende Rolle spielten dabei politisch nicht weiter
festgelegte linke Kampfkomitees (Zenkyoto).

Von hoher symbolischer Bedeutung war, dass die Proteste
im Februar 1968 auch die vormals Kaiserliche Universität Tokio
(Todai) erreichten, die angesehenste Hochschule des Landes,
an der bis heute Japans Beamtenelite ausgebildet wird. Anlass
war ein geringfügiger Zwischenfall an der medizinischen Fakultät,[9] auf den die Universitätsverwaltung allerdings völlig

überzogen reagierte und damit die Eskalationsspirale in Gang brachte: Auf die Besetzung des zentralen Yasuda-Hörsaals durch eine kleine Aktivistengruppe folgte ein Polizeieinsatz, der wiederum einen unbefristeten Streik von 10 000 Studenten (das waren mehr als zwei Drittel der Immatrikulierten) nach sich zog und in die Gründung eines Allgemeinen Kampfkomitees (Todai Zenkyoto) mündete.

Über die Tokioter Eliteuniversität hinaus sorgten die Zenkyoto fortan für eine weiter wachsende Politisierung der ohnehin hoch organisierten japanischen Studentenschaft, denn ihnen schlossen sich auch viele junge Leute an, die sich von der Zengakuren ferngehalten hatten. An der Todai führte das dazu, daß im Oktober 1968 die gesamte Universität bestreikt wurde und der Präsident schließlich zurücktrat. Doch wie so oft, stellten sich auch hier nach dem »Sieg« über den stilisierten Gegner neue Probleme ein – nun innerhalb der Streikbewegung, in der die ideologischen Differenzen zwischen Yoyogi- und Anti-Yoyogi-Gruppen zum Kampf um die Vorherrschaft auf dem Campus führten. Blutiger und brutaler als an der Todai entwickelten sich die studentischen Fraktionskämpfe nirgends, und nirgends dauerten sie länger.[10]

Der Journalist Klaus Mehnert, damals für ›Christ und Welt‹ in Japan unterwegs, fühlte sich an mittelalterliche Schlachtordnungen erinnert, als er im Dezember 1968 Todai besichtigte und auf dem Hongo-Campus Kampfformationen beobachtete, die ihn an eine »Rotte speerbewehrter Landsknechte« erinnerten: »In Kolonnen standen sie nebeneinander, auf die breiten Stufen der Bibliothek ausgerichtet. Von dort sprachen ihre Führer, jeder zu seiner Kolonne. Jeder mußte schreien, um sich verständlich zu machen, weil ja der Nachbar auch schrie. Dabei bedienten sie sich trompetenhafter Lautsprecher. Wie einst ein Ritter seinen Schildknappen, so hatte jeder seinen Megaphonträger neben sich […]. Es war ein Höllenlärm […]. Einige der jungen Führer hatten an ihren Helmen herunter-

klappbare Visiere aus Plexiglas anmontiert; die sahen erst
recht wie Ritter aus.«

Wesentlich schwieriger als die Beschreibung der ritualisier-
ten Aufmärsche mit Helmen, Knüppeln und Tüchern war es
für Außenstehende, die politische Lage an den japanischen
Hochschulen wirklich zu erfassen. Das Vokabular der Revolte
deutete auf globale Vernetzung – aus dem Deutschen hatte
man den »Sprehi-koru« übernommen, und auch für den damals gerne apostrophierten »Fachidioten« gab es, wie Mehnert
erfuhr, eine Entsprechung. Doch was ihren Kern ausmachte,
war nicht leicht zu sagen, offenbar nicht einmal von den Akteu-
ren selbst: »Was denn Student power in diesem Zusammenhang hieße, bat ich zu erklären. Es ginge darum, welche Studenten auf dem Campus der Tokio-Universität die Gewalt in
Händen haben, man selbst oder die Yoyogi. Nun wollte ich natürlich wissen, worin der Unterschied zwischen den vor uns
aufmarschierten Kolonnen und den Yoyogi bestehe. [...] Die
Yoyogi seien Kommunisten. ›Ich dachte, Ihr seid die Kommunisten!‹ rief ich. Ja gewiß, sie selbst seien Kommunisten, und
zwar die einzig richtigen, die Yoyogi seien die falschen. Damit
entschuldigten sie sich und rannten weg. Mit einigen anderen
erging es uns ähnlich.«[11]

Angesichts der anhaltenden Fraktionskämpfe an einer nun
seit fast einem Jahr praktisch lahmgelegten Universität griff
im Januar 1969 die Polizei mit einem massiven Aufgebot ein,
trennte die Studentengruppen und stürmte schließlich den
besetzten Yasuda-Hörsaal. Der letzte Akt der Revolte an der kaiserlichen Universität, bei dem sich die Studenten hinter Barrikaden verschanzten und Molotowcocktails warfen, vollzog
sich vor den Augen der gesamten Nation: Sechs von sieben
Fernsehstationen übertrugen den Endkampf live.[12]

Im Laufe des Jahres 1969 ebbten die Auseinandersetzungen, die sich auf mehr als 200 Universitäten und Gymnasien
ausgebreitet, über den Bereich des Erziehungswesens hinaus

aber kaum entfaltet hatten, größtenteils ab. Bis Mitte der siebziger Jahre, so hat man ausgerechnet, forderten die Fraktionskämpfe innerhalb der studentischen Linken insgesamt fast 5000 Verletzte und 44 Tote.[13]

Gemessen an diesen dramatischen Zahlen nimmt sich die Bilanz des japanischen Terrorismus, der aus den nachlassenden Campus- und Straßenkämpfen hervorging und im September 1969 in Gestalt einer Roten Armee Fraktion (Sekigunha) in Erscheinung trat, beinahe harmlos aus: Bereits nach wenigen Wochen wurde eine halbe Hundertschaft dieser Stadtguerilleros bei einer Schießübung verhaftet. Nach einer spektakulären Flugzeugentführung im März 1970 wanderten etliche der verbliebenen Mitglieder Richtung Libyen ab, andere wurden Opfer von Lynchaktionen konkurrierender Genossen. Zwei Jahre später, nach der Zerschlagung einer Teilfraktion, wurde es still.

Schon zeitgenössisch hat man darüber zu spekulieren begonnen, inwiefern der linke Terrorismus als ein spezifisches Problem der einstigen Achsenmächte des Zweiten Weltkriegs zu verstehen sei. Nur in diesen Gesellschaften, so der Gedanke, habe die Revolte der sechziger Jahre einen solchen Ausgang genommen. Auch wenn diese Überlegung den (freilich kurzlebigen) Terror der nordamerikanischen Weathermen ebenso außer Acht lässt wie die auf aktuellen Diktaturerfahrungen fußenden (und weitaus zäheren) Terrorismen Südamerikas, so ist doch nicht von der Hand zu weisen, dass die Protestbewegungen in Japan, Italien und der Bundesrepublik immer wieder an vergangenheitspolitische Lasten rührten, die andernorts in dieser Schärfe tatsächlich nicht gesehen wurden. Eine »unbewältigte Vergangenheit« – konkret etwa die Frage der Kollaboration mit dem nationalsozialistischen Deutschland und deren Konsequenzen für die einheimischen und immigrierten Juden – stand »um 68« zum Beispiel weder in Frankreich noch in Holland wirklich zur Debatte.[14] Ganz anders dagegen die Situation in Italien: Dort erschien der Faschismus in den Jahren der Revolte vielen nicht nur als eine drückende Last der Vergangenheit, sondern als ein dramatisches Problem der Gegenwart.

Italien
Radikalisierung und Terrorkonkurrenz

Paolo Rossi war der Name des Studenten, dessen Tod in Rom am 27. April 1966 das dunkle Vorspiel einer ebenso erstaunlichen wie vielschichtigen Protestbewegung markierte: einer linken Revolte, die sich langsam entfaltete, aber lange fortwirkte, die an den Universitäten ihren Ausgang nahm, die Gymnasien bald einschloss und in den Fabriken ihren Höhepunkt erreichte, die stets mit den Faschisten zu rechnen hatte und die in einem erbarmungslosen Terrorismus von links und rechts mündete, dessen Hintergründe und wohl auch Querverbindungen bis heute nicht völlig ausgeleuchtet sind.[15]

Der nie ganz aufgeklärte Tod des 19-jährigen Architekturstudenten, der in einer Auseinandersetzung mit neofaschistischen Kommilitonen ums Leben gekommen war – keine 48 Stunden nach dem als Nationalfeiertag begangenen 25. April, der an die großen Partisanenaufstände in Norditalien im Frühjahr 1945 erinnert –, wurde zum Anlass einer Kette eindrucksvoller Manifestationen für das Erbe des Widerstands.[16]

Hintergrund der Auseinandersetzungen war, dass an der Sapienza, Italiens größter Universität, Wahlen zum Studentenparlament anstanden und die Jungfaschisten um ihren Einfluss bangten. An einer Vollversammlung der Philosophischen Fakultät nahmen schon am Morgen nach der Todesnachricht mehr als 2000 Studenten, Professoren und Assistenten teil. Dass auch fast zwei Dutzend Parlamentsabgeordnete gekommen waren, unterstrich die Bedeutung des Geschehens, dem sofort ein spezifischer politischer Sinn unterlegt wurde: »Am Geburtstag der Resistenza ein neues Opfer des Faschismus«, lautete die Parole auf den Plakaten, die Studenten und Schüler auf Protestmärschen überall im Land vor sich hertrugen.

Eine diffuse Unzufriedenheit über die politischen und gesellschaftlichen Zustände plagte die Aufgeweckteren unter Italiens Studenten allerdings schon länger. Wer nur einmal mit offenen Augen durch das Land gefahren war oder gar ein wenig vom Europa der Römischen Verträge kannte, der wusste, wie sehr weite Teile Italiens ökonomisch und infrastrukturell, aber auch in ihrer Mentalität zurückgeblieben waren. Zumal der Süden hatte vom Boom der beiden Nachkriegsjahrzehnte kaum profitiert; die alten patriarchalischen Strukturen hemmten dort nach wie vor die Entwicklung. Doch auch im Norden gab es Probleme, nicht nur mit der immer wieder zutage tretenden rechtsradikalen Gewalt; Sensiblere in der jungen Generation (und manche gar nicht mehr so Jungen wie etwa Pier Paolo Pasolini[17]) kritisierten die Kosten des modernen Kapitalismus, der einerseits zu bewußtlosem »Konsumismus« verführe und dabei uralte kulturelle Überlieferungen ausradiere, andererseits soziale Ungerechtigkeiten und Privilegien konserviere.

Vor allem aber hatten viele das Gefühl, an den Schulen und Universitäten unentwegt auf autoritäre, vordemokratische Strukturen zu stoßen – und auf die chronischen Schwächen eines überlebten Bildungssystems. Denn diese hatten sich nach dem Eindruck der Betroffenen durch die Schulreform von 1962, die binnen eines halben Jahrzehnts zu einer Verdopplung der Studentenzahlen geführt hatte, nicht aufgelöst, sondern eher verschlimmert.[18] Schon bald zeichnete sich unter Akademikern eine empfindliche Arbeitslosigkeit ab. Gegen Ende des Jahrzehnts fand etwa ein Fünftel der Hochschulabsolventen keine angemessene Beschäftigung, wobei vielfach gerade diejenigen frustriert und enttäuscht wurden, die aus einfachen Verhältnissen stammten und sich ihren Lebensunterhalt während des Studiums selbst hatten verdienen müssen.

Ein weiterer, im Frühjahr 1965 auf den Weg gebrachter Reformplan (Gesetzentwurf 2314) der Mitte-Links-Regierung unter Aldo Moro, der die Universitätsausbildung verkürzen und stärker auf die Erfordernisse der Wirtschaft hinlenken sollte, schien die Studienbedingungen aus der Perspektive der Studenten nur zu verschlechtern – statt, wie erhofft, Möglichkeiten der demokratischen Mitwirkung zu eröffnen. Das Vorhaben wurde zum Auslöser anhaltender Proteste.[19] Aber es gab noch andere Quellen des Unmuts: An den meisten Universitäten bekamen die Studenten ihre Professoren kaum zu Gesicht, und der Lehrbetrieb gestaltete sich als verschulte, mangelhaft organisierte Routine – was angesichts der nach wie vor geringen Zahl von Professoren und ihrer kargen Vergütung kaum verwundern konnte. Noch 1967 kamen auf 500 000 Studenten gerade 3 000 Professoren, und in den medizinischen Fächern war die Ausbildung ein besonderer Skandal; statt in den Universitätskliniken mit antiquiertem Gerät zu unterrichten, liquidierten Chefärzte lieber in privaten Luxuskliniken.[20]

Doch die Probleme begannen nicht erst an den Hochschulen, wie der berühmte »Brief an eine Lehrerin« zeigte, den die Schüler einer toskanischen Dorfschule unter Anleitung ihres linkskatholischen Lehrers und Pfarrers Lorenzo Milani geschrieben hatten.[21] Das 1967 veröffentlichte Büchlein, eine einzige Anklage des Klassencharakters, der Bigotterie und der sozialen Ungerechtigkeit des italienischen Schulsystems, wurde zu einem heiligen Text der aufkommenden Studentenbewegung und zum Erkennungszeichen der Antiautoritären[22] – durchaus vergleichbar der zwei Jahre später in der Bundesrepublik erschienenen Schrift des schottischen Reformpädagogen Alexander Neill (›Summerhill‹).[23]

Eine Vorreiterrolle im Kampf für sozial durchlässigere Universitäten und gegen das Gesetzesvorhaben 2314 übernahmen die Studenten in Trient.[24] Mit dem dort erst 1962 nach amerikanischen Vorbildern gegründeten Istituto Superiore di Scienze Sociali, an dem auch Absolventen technischer Oberschulen zugelassen waren, versuchte man, einem typischen Missstand der italienischen Universitäten zu begegnen: der mangelnden Kommunikation zwischen Lehrenden und Lernenden. Gerade in Trient aber machten sich nun das wachsende Selbstbewusstsein und eine neulinke Politisierung der Studenten bemerkbar; schneller als andernorts war man hier zum Streik bereit, und bereits im Oktober 1966 rief eine neue, jenseits der traditionellen Studentenverbände angesiedelte Gruppe namens Movimento Studentesco Trentino zur Mitwirkung an der »Negativen Universität«. Deren wichtigste antiautoritäre Spielregel lautete: bewusste Grenzüberschreitungen.

Noch im selben Semester sollte deutlich werden, dass die aufkommende universitäre Protestwelle – anders als in der Bundesrepublik oder gar später in Frankreich – in Italien sich aus der Fläche entwickelte. Dabei wirkte die Opposition gegen die geplante Universitätsreform als Motor der Mobilisierung: An der von einem Comitato Universitario im Februar 1967 ausgerufenen Streikwoche beteiligten sich Hochschulen in Genua, Padua, Bologna, Perugia, Pavia, Florenz, Turin und Mailand, aber auch in Rom, Neapel, Palermo, Catania – und in Pisa, wo es im folgenden Frühjahr zu einer spektakulären Besetzung des Palazzo della Sapienza kam, die der Rektor schließlich durch die Polizei beenden ließ. Die während dieser Tage verfassten und bald breit zirkulierenden »Tesi della Sapienza« versammelten die Weisheiten einer studentischen Neuen Linken, die sich zum Teil an den Vorstellungen der seit Anfang der sechziger Jahre in scharfer Abgrenzung von der PCI entstandenen marxistisch-anarchistischen Bewegung des Operaismus orientierte.[25]

Ungeachtet solcher Sympathieerklärungen für eine vom orthodoxen Kommunismus abgefallene, auf ihre Weise antiautoritäre Arbeiterschaft ging es der italienischen Studentenbewegung lange tatsächlich vor allem um die im Argen liegenden Hochschulen. Daraus erklärt sich wohl auch ihre relativ spät erwachende Aufmerksamkeit für den Krieg in Vietnam. Während das linkskatholische Milieu und natürlich die PCI sich bereits über die amerikanische Kriegführung empörten, dauerte es bis ins Frühjahr 1967, ehe sich an einzelnen Hochschulen Protest regte – zunächst an der Katholischen Universität in Mailand, dann in Florenz, wo eine große Kundgebung am 23. April 1967 aus aktuellem Anlass jedoch umfunktioniert wurde: Die Nachricht vom Putsch der griechischen Obristen war schließlich erst zwei Tage alt.

Nach den Sommerferien weiteten sich die Proteste, in denen sich nun sämtliche Motive mischten, rasch aus.[26] Den Anfang machte wiederum Trient, wo am 1. November 1967 – im Parlament stand die abschließende Lesung des Universitätsgesetzes bevor – ein »aktiver Streik« bei den Soziologen begann. Kaum drei Wochen später streikten die Studenten der Katholischen Universität in Mailand gegen die Erhöhung ihrer Studiengebühren, gefolgt von neuen Aktionen in Turin. Dort vollzog sich die Besetzung des Palazzo Campana in Formen und mit Ideen, die zeitgenössische Beobachter an Berkeley denken ließen.[27]

Solche Bezugnahmen deuteten an, dass sich die italienischen Aktivisten inzwischen längst als Teil einer internationalen Bewegung sahen. Ihr Interesse galt, wie etwa die Zeitschrift ›Quaderni Piacentini‹ demonstrierte, den Theoretikern der amerikanischen, britischen und französischen Neuen Linken, und ihr Blick richtete sich auf die Ereignisse in Berlin wie in den USA, aber auch und gerade nach Lateinamerika: vermittelt namentlich durch den Verleger Giangiacomo Feltrinelli, in dessen Person der Sache der Revolution ein ebenso überzeugter wie kommerziell erfolgreicher Propagandist erwuchs (und der, mittlerweile selbst ein Guerillero, 1972 bei der Vorbereitung eines Sprengstoffanschlags zu Tode kam).[28] Neben Fidel Castro war es vor allem Che Guevara, dessen Schriften in der Libreria Feltrinelli seit 1967 hohe Auflagen erzielten und der als »gequälter Posterchristus«[29] in Italien vielleicht noch populärer wurde als irgendwo sonst im revolutionsbegeisterten Westen.

Der weltläufige Großbürgersohn Feltrinelli war auch in anderer Hinsicht eine Figur des internationalen Austauschs und der Vernetzung: Er unterhielt gute Kontakte zu Rudi Dutschke und unterstützte (wie Rudolf Augstein und Gerd Bucerius) den Berliner SDS bei der Vorbereitung des großen Vietnamkongresses finanziell; als er dort im Februar 1968 auftauchte, hatte er für seine Gastgeber außerdem ein paar Stangen Dynamit dabei.[30]

Wenige Wochen später eskalierte in Italien die Gewalt. Die antiautoritäre Aktionsstrategie der an Herbert Marcuse orientierten Potere Studentesco hatte inzwischen eine landesweite Mobilisierung bewirkt; vor allem in den Universitätsstädten waren auch Schüler in den Streik getreten, und Anfang März erlebte Rom – noch vor Berlin und deutlich früher als Paris – den Höhepunkt der »Studentenmacht«. Zugleich aber bedeutete die »Schlacht in der Valle Giulia« am 1. März 1968 auch eine Wende.[31]

Der Aufruhr an der Sapienza entzündete sich an einem erstaunlichen Auftritt ihres reaktionären Rektors: Mit Megafon in der Hand erklärte Pietro Agostino d'Avack eine von den Studenten geforderte und von der Philosophischen Fakultät bereits verabschiedete Regelung, die mehr Transparenz in die Examina brachte, kurzerhand für ungültig. Nicht genug damit, drohte er allen, die den Campus nicht augenblicklich verließen, mit der Polizei, die sogleich mit 1 500 Mann anrückte. Tatsächlich wichen die Streikenden und verabredeten sich für den nächsten Morgen an der Spanischen Treppe. Von dort aus zogen Tausende in Richtung Fakultät für Architektur, um sich im Park der Villa Borghese zu versammeln. Unterwegs erwehrte man sich zweier Faschistengruppen, schließlich standen die Studenten vor einer hochgerüsteten Spezialeinheit der Polizei – und griffen diese mit Steinen an. Zwei Stunden dauerte die Auseinandersetzung; angesichts der Heftigkeit war es fast ein Wunder, dass lediglich einer der Polizisten einen Schuss in die Luft abgab. Am Ende des Tages zählte man 160 verletzte Ordnungskräfte und mehrere Hundert malträtierte Studenten. Was freilich noch schwerer wog: Seit Valle Giulia schreckten die Aktivisten der Bewegung kaum noch vor dem Einsatz von Gewalt zurück. Von Che Guevaras berüchtigter Vietnam-Parole existierte fortan auch eine italienische Variante: »Due, tre, molti Valle Giulias«.[32]

Worin aber bestand die Wende? Zum einen verlor die Potere Studentesco ihr zentrales Zornobjekt, als das Gesetz 2314 im Parlament überraschend scheiterte; zum anderen kostete sie der Gewaltausbruch an der Sapienza, der kurz darauf in Mailand seine Wiederholung fand, viele Sympathien. Die pragmatische Mehrheit der Protestierenden, denen es tatsächlich vor allem um die Verbesserung ihrer Studienbedingungen ging, zog sich seitdem tendenziell bereits zurück. Neue Agitationsformate, die man sich bei den deutschen Kommilitonen abgeschaut hatte – etwa eine Kampagne à la Springer gegen ›La Stampa‹ in Turin[33] oder die Idee der Kritischen Universität –, vermochten den Abschwung der Studentenbewegung nicht zu verhindern. Angesichts dieses nachlassenden Interesses hielten radikale Aktivisten in unterschiedlichen Formationen Ausschau nach Betätigungsfeldern außerhalb der Universitäten. Ihre Suche führte sie in die Fabriken.[34]

Dort, in Italiens Industriearbeiterschaft, hatten sich, in etwa parallel zur Studentenrevolte, beträchtliche soziale Spannungen aufgebaut, die die parteikontrollierten Gewerkschaf-

ten immer weniger zu beherrschen verstanden. Durch den Zustrom von Arbeitskräften aus dem agrarischen Süden in die
großen Städte Norditaliens war seit den fünfziger Jahren ein
neues, auch sozialkulturell noch wenig angepasstes Industrie-
proletariat entstanden, das vor allem in der Fließbandproduk-
tion eingesetzt war, harten Disziplinierungstechniken unter-
worfen wurde und unter oft prekären Bedingungen lebte. In
dieser untersten Schicht der Werktätigen sahen die Theoretiker von Potere Operaio ein Protestpotential, das in Opposition
zur Partito Comunista Italiano (PCI) und den anderen aus ihrer Sicht erstarrten Organisationen der Arbeiterklasse agitiert
werden sollte. Mit Hilfe kleiner Gruppen »arbeitender Studenten« gedachte man diese Mobilisierung voranzutreiben.[35]

Eine Zusammenarbeit zwischen Arbeitern und Studenten
erschien insofern nicht aussichtslos, als in den Industrieregio-
nen Unzufriedenheit und Ungeduld angesichts oft menschen-
unwürdiger Arbeitsbedingungen durchaus schon manifest
geworden waren; ein von der kommunistisch-sozialistischen
Gewerkschaft CGIL (Confederazione Generale Italiana del
Lavoro) ausgerufener Generalstreik am 7. März 1968, der
sich gegen die von der Regierung geplante Reform des Renten-
systems richtete, deutete auf eine beträchtliche Mobilisie-
rungsbereitschaft »von unten« hin.

So hatte bei Fiat in Turin eine studentische Initiative bereits während des Generalstreiks reges Interesse gefunden,
und im Frühsommer formierte sich dort eine Lega Studenti e
Operai.[36] Auch im wüsten petrochemischen Komplex von
Porto Marghera bei Venedig ließen es sich die meist ungelern-
ten, gewerkschaftlich nicht organisierten Arbeiter gerne gefallen, als im Juni Studenten auftauchten, um sie in ihrem wilden
Kampf um bessere Löhne und Arbeitsbedingungen zu unterstützen. Und bei Pirelli in Mailand entwickelten die infor-
mellen Kader eines Comitato Unitario di Base jetzt eine Form
der Arbeitsobstruktion (Autoriduzione), die gegen den Wi-

derstand der Gewerkschaften praktiziert und bald in einer ganzen Reihe norditalienischer Fabriken angewandt werden sollte.

Im Turiner Fiat-Werk Mirafiori kehrte seit dem Frühjahr 1969 keine Ruhe mehr ein, und an anderen Standorten war es nicht viel besser. Das bürgerliche Italien war entsetzt: »Kein Tag, an dem die Presse nicht Nachricht gibt über einen neuen Skandal, Streik oder eine Besetzung«, hieß es am 22. Juni auf der Titelseite des Magazins ›Epoca‹;[37] zwei Wochen später erlebte Turin die »Schlacht am Corso Traiano«, wo die Polizei nach einer tagelangen Serie kurzer, aber effektiver Streiks eine Versammlung von Arbeitern und Studenten auflöste. Nicht zuletzt vor dem Hintergrund eines »nationalen Treffens der autonomen Avantgarden«, die Fiat landesweit durch Streiks und Sabotagen lahmzulegen suchten, schaltete sich Anfang September die Regierung ein. Italiens »Heißer Herbst« hatte begonnen.

Die extreme Militanz der Auseinandersetzungen zeigte sich vielleicht am deutlichsten bei Pirelli in Mailand, wo Arbeiter Vorarbeiter verprügelten und hemmungslose Einpeitscher wahnhafte Analogien in Umlauf brachten: »The factory is our Vietnam.«[38] In der solchermaßen aufgeheizten Atmosphäre kam es wiederholt zu regelrechten Straßenschlachten mit der Polizei: sei es beim Aufmarsch gegen die als tendenziös verdammte Berichterstattung der RAI (»die Stimme der Bosse«), sei es bei einer Demonstration für besseren sozialen Wohnungsbau, zu der in die Defensive geratene Gewerkschaften aufgerufen hatten und bei der am 18. November 1969 ein Polizist ums Leben kam. Dass an der Trauerfeier für den Repräsentanten der Staatsgewalt Zehntausende normaler Bürger teilnahmen, mag man im Rückblick als ein Zeichen lesen.

Denn nicht einmal einen Monat später starben, ebenfalls in Mailand, 16 Menschen bei einem Bombenanschlag auf die Nationale Landwirtschaftsbank an der Piazza Fontana.[39] Schnell gefasst wurde ein stadtbekannter Anarchist,[40] der während seines Verhörs unter nie geklärten Umständen aus dem vierten Stock des Polizeigebäudes stürzte. Mehr als 30 Jahre später standen die mutmaßlichen Urheber des Attentats vom 12. Dezember 1969, drei Faschisten, vor Gericht; ein vierter, angeblich ein ehemaliger CIA-Informant, kam in den Genuss der Kronzeugenregelung, und inzwischen ist klar, dass der italienische Militärgeheimdienst seine Finger im Spiel hatte.[41]

Zum Gedenken an die Bombenopfer versammelten sich in der Innenstadt von Mailand 300 000 Menschen. In Anbetracht der damals offiziell postulierten linksradikalen Täterschaft musste dies als massive Manifestation gegen die Revolte verstanden werden. Kurz vor Weihnachten entzog ein Tarifabschluss für die Metallarbeiter dem Treiben der militanten Linken zusätzliche Legitimation. Der »Heiße Herbst« war zu Ende, aber die »bleiernen Jahre« des Terrorismus standen Italien erst bevor.

Weit mehr noch und auch länger als in der Bundesrepublik konnte der Linksterrorismus in Italien, der sich aus Kadern der Potere Operaio und in den Untergrund abtauchenden vormaligen studentischen Aktivisten entwickelte, in einer politisch ausgesprochen polarisierten Gesellschaft auf Verständnis rechnen. Wer sich in Italien als Antifaschist begriff – und dazu musste man kein Intellektueller sein, nicht einmal Mitglied der PCI –, den sorgten gerade anfangs weniger die Radikalen von links als vielmehr die besonders opferreichen Anschläge der Neofaschisten, die eine kalte »strategia della tensione« verfolgten und dafür auf allen Ebenen des Staates ihre Unterstützer fanden.[42]

Vermutlich hing es auch mit der frühen und weitgehenden Verlagerung der Revolte aus den Universitäten in die Fabriken zusammen, danach dann mit dem die siebziger Jahre prägenden Terror der Brigate Rosse, dass »68« in Italien bis heute hauptsächlich als ein politischer Ereigniskomplex verstanden und als Auftakt eines gewaltgeladenen Jahrzehnts gedeutet wird. Demgegenüber tritt, ähnlich wie in Frankreich, die Wahrnehmung des damals sich verdichtenden kulturellen Umbruchs zurück. Allerdings haben sich die gegenkulturellen Entwicklungen und zivilgesellschaftlichen Veränderungen, die schließlich auch in Italien nicht ausgeblieben sind, im Vergleich mit anderen Gesellschaften des Westens tatsächlich insgesamt später entwickelt. Gemessen etwa an den Niederlanden handelt es sich sogar um eine Verzögerung von annähernd einer Dekade.

Niederlande
Provos und Kabouters

Am Beispiel der Niederlande wird besonders augenfällig, wie verfehlt es wäre, die Bedeutung und den Geist von »68« ausschließlich in diesem Kalenderjahr suchen zu wollen: Nichts von dem, was das kleine Land zur Protestbewegung beigetragen hat – und das war nicht wenig –, datiert exakt in jenes Jahr, das vermeintlich alles verändert hat.

Eine sich »Provos« nennende Gruppe war bereits zwei Monate aktiv, als im Juli 1965 die Erstausgabe ihrer gleichnamigen Zeitschrift erschien; hingegen begann eine ernstzunehmende Hochschulbewegung eigentlich erst 1969, als auch die merkwürdigen Kabouter (Heinzelmännchen) ihre ersten Auftritte hatten. Ausbrüche von Gewalt, die auch nur entfernt an das erinnerten, was Italien, die Bundesrepublik oder Frankreich während dieser Zeit erlebten, blieben dem Königreich erspart, und insgesamt ist es sicherlich nicht übertrieben zu sagen: Die Niederlande waren die »soft power« der Revolte.[43] Keine andere europäische Stadt verkörperte so sehr den gegenkulturellen Esprit der sechziger Jahre wie die Metropole Amsterdam – auf die sich allerdings auch fast alles konzentrierte. (Die alternative Szene Kopenhagens, an die man in diesem Zusammenhang allenfalls noch denken mag, fand erst 1971 im »Freistaat Christiania« ihr langlebiges Symbol.[44])

Freilich wäre es ein Missverständnis, die gesellschaftsverändernden Ansprüche der Provos als naive Weltverbesserungsideale einer in Wohlfahrt und Wohlstand aufgewachsenen Studentengeneration, mithin als unpolitisches Geplänkel, abtun zu wollen. Ganz abgesehen davon, dass etliche ihrer Aktivisten bereits in den dreißiger Jahren, also noch vor Beginn der deutschen Besatzungsherrschaft geboren und Mitte der Sechziger keine Studenten mehr waren, hatte eine Reihe von ihnen auch beträchtliche politische Erfahrung: Eine der Wurzeln der Amsterdamer Provos nämlich war die auch in Holland aktive Ostermarschbewegung der späten fünfziger und frühen sechziger Jahre, die dort unter der Parole »Ban de Bom« eine respektable Stärke erreicht hatte. Ein anderer Teil der Provos stammte aus einer anarchistischen Gruppe um den Happening-Künstler Robert Jasper Grootveld, der die Versklavung des Menschen durch den Konsum anprangerte und zum Beispiel im Sommer 1964 als »Anti-Rauch-Magier« im Zentrum von Amsterdam allsamstägliche Mitternachtsrituale um das Standbild eines Gassenjungen (Het Lieverdje) veranstaltete, das von einem Zigarettenhersteller gestiftet worden war.

Zwar verstanden sich die locker organisierten Provos, wie der Name schon sagt, weit mehr als Provokateure denn als Analytiker der Gesellschaft, aber das Ziel ihrer Aktionen war klar: Es ging um die Autonomie des Individuums, weniger um den Protest gegen die Vereinnahmungsstrategien des modernen Kapitalismus als um dessen ironisches Unterlaufen. Befreiung der Gesellschaft durch Selbstbefreiung – so etwa könnte man ihr Anliegen zusammenfassen. Nicht Revolution war die Auf-

gabe, sondern ein bei aller in Kauf genommenen Vergeblich-
keit durchaus ernstgemeinter Widerstand, stets getrieben von
einem surreal-anarchischen Impuls.

Ihre explizit bekundete Illusionslosigkeit[45] hinderte die
Provos nicht daran, im Hier und Jetzt mit sehr konkreten Vor-
schlägen zur Verbesserung der Gesellschaft an die Öffentlichkeit zu treten: mit den sogenannten weißen Plänen.[46] Am
bekanntesten (und als Konzept bis heute vielfach wieder aufgegriffen) wurde der »Weiße Fahrradplan«, der im Zentrum
von Amsterdam von jedermann frei benutzbare, weiß lackier-
te Fahrräder vorsah, mit denen alle Verkehrsprobleme gelöst
werden sollten.

Weitere friedlich-weiße Pläne galten der Nutzung leer-
stehender oder von der Umwandlung in Büroflächen bedrohter
Häuser und Wohnräume, der Verringerung der Luftverschmut-
zung durch ineffektive private Kamine und dem Verkauf von
Verschmutzungsrechten, der Aufklärung und Sexualberatung
(»Weißer Frauenplan«) – und dem Umgang mit Unfallopfern:
Nachdem der Amsterdamer Stadtrat den Fahrradplan der Provos abgelehnt hatte, sollten die automobilisierten »Mörder«
die Umrisse eines jeden von ihnen getöteten Fahrradfahrers
aus dem Asphalt stemmen und als Mahnung zum Langsam-
fahren mit weißem Mörtel ausgießen müssen.

Schließlich verlangte ein »Weißer Hennenplan« die Neu-
einkleidung und vor allem eine gründliche Umerziehung der
Amsterdamer Polizei. Die im Holländischen salopp als kip
(Huhn, Henne) bezeichneten Ordnungshüter sollten im Umgang mit dem gewaltfreien Protest des »Provotariats« geschult
werden.

Hintergrund des Vorschlags waren Erfahrungen anlässlich
der Hochzeit von Prinzessin Beatrix mit dem als ehemaliger
Hitler-Junge apostrophierten Deutschen Claus von Amsberg
am 10. März 1966. Gegen die fernsehgerechte Inszenierung der
Prozession durch das einstmals jüdische Amsterdam hatten

die Provos »Sabotageakte« angekündigt und beim Gebrauch von Rauchbomben einen Polizeieinsatz erlebt, den sie als »Massaker« empfanden. Solch unschönen Erlebnissen wollten die Künstler fortan mit Gesprächstherapie vorbeugen – unter einem eindeutigen Symbol: »Die weiße Henne ist die Friedenstaube des Provotariats.«

Die fantasiereichen Aktionen im Laufe des Jahres 1966 bildeten den kurzen Höhepunkt der Provo-Bewegung, die im Ganzen weitgehend friedlich verlief, zumal nachdem die Polizei die Spielregeln der Happenings begriffen hatte und konsequent auf Deeskalation setzte. Nach einer Reihe spektakulärer Auftritte und einer entsprechend breiten, auch internationalen Berichterstattung über die (idealtypisch) »Langhaarigen in weißer Kluft« ebbte das Interesse der Medien ab. Als ein für November einberufenes »Provo-Konzil« deprimierend geringen Zuspruch fand, scheint den Aktionskünstlern die Sache selbst langweilig geworden zu sein; jedenfalls erklärten sie ihre Bewegung am 13. Mai 1967 in einer pathetisch-selbstironischen Geste für beendet: »The Death of Provo«.

Gut zwei Jahre später traten allerdings die Kabouter ins Leben, die im Februar 1970 ihren »Oranje Vrijstaat« proklamierten. Als eine etwas biedere Nachfolgegruppe der Provos setzten auch die Heinzelmännchen auf antiautoritäre Methoden und dezentrale Organisation. In der Wahl ihrer Mittel jedoch erwiesen sie sich als weitaus harmloser als die Provos, aber auch näher an realen Problemen der Bürger, die sie mit unkonventionellen Methoden zu lösen trachteten: zum Beispiel dadurch, dass man fehlende Kinderspielplätze kurzerhand auf brachliegenden Grundstücken einrichtete, die Stadtviertel mit Blumenkästen verschönerte und leerstehende Häuser in Beschlag nahm. Vor allem Letzteres machte die Kabouter rasch so populär, dass sie bei den Wahlen zum Amsterdamer Gemeinderat im Juni 1970 elf Prozent der Stimmen und fünf Sitze errangen; Roel van

Duyn, einer ihrer Protagonisten, wurde sogar zum Senator gewählt.[47]

Wenn im Grunde nichts von dem, was Holland »um 68« bewegte, im Fanatismus oder gar im Terrorismus endete, so hing dies zweifellos mit der ausgeprägten Toleranz dieser Gesellschaft zusammen, die wiederum in einer erstaunlichen Gelassenheit der staatlichen Ordnungsmächte sich niederschlug. Aber es war auch Ausdruck eines subtil ironischen und zugleich praktischen Sinns, der selbst in den halbverrückten Aktionen der Provos immer wieder zum Vorschein kam und der die Kabouter, jedenfalls für einige Zeit, sogar landesweit zu einer kommunalpolitischen Größe werden ließ. Im Zweifelsfall, so könnte man sagen, war den Bewegten ein guter Joint allemal wichtiger als die unbedingte Durchsetzung ihrer Ziele und Ideen. Die verschiedenen Gruppen und Initiativen definierten sich in erster Linie über ihre gegenkulturelle Milieuverankerung, weniger über die Mechanismen der politischen Konfrontation, wenngleich diese im Spiel um Akzeptanz und gesellschaftliche Anerkennung bisweilen durchaus bedient wurden. Mutatis mutandis galt das auch für die Situation an den Universitäten.

Ein erstes Zeichen für wachsenden Veränderungsdruck an den Hochschulen der Niederlande war 1963 die Gründung der Studentenvakbeweging (SVB). Das Selbstverständnis als studentische Gewerkschaft war Programm: Man fühlte sich zuständig für Probleme, wie sie aufgrund der steigenden Studentenzahlen vielerorts in der westlichen Welt entstanden, wie sie aber keineswegs überall derart pragmatisch angegangen wurden. Zunächst und vor allem kümmerte sich die SVB um fehlende Stipendien, überfüllte Hörsäle und um den Wohnungsmangel. Zwar weitete sich ihr Aktionsradius nach und nach aus, aber offenkundig politische Initiativen wie die bei den West-Berliner Kommilitonen abgeschaute Idee der Kritischen Universität stießen zunächst auf wenig Resonanz. Immerhin gelang es den Aktivisten, auf diesem Wege Forderungen wie die nach einem Mehr an inhaltlicher Mitbestimmung im Studium, ja sogar das Schlagwort »Räteuniversität« zu plazieren. Sie legten damit die Basis für eine Demokratisierungsbewegung, die 1969, beginnend mit einer Universitätsbesetzung in Tilburg, in rascher Folge fast alle Hochschulen des Königreichs erfasste.

Den Höhepunkt der insgesamt geradezu selbstgenügsam erscheinenden holländischen Studentenbewegung, für die auch der ansonsten fast überall im Westen katalytisch wirkende Vietnam-Krieg keine wesentliche Rolle spielte, markierte die Besetzung des Maagdenhuis der Universität Amsterdam im Mai 1969. Nach der Räumung des historischen Gebäudes ebbte der Protest jedoch schnell ab, zumal die christlich-liberale Koalitionsregierung unter Piet de Jong mit der Ankündigung einer grundlegenden Universitätsreform rasch reagierte. Tatsächlich brachte das 1970 verabschiedete Gesetz eine Demokratisierung und Enthierarchisierung der Hochschulen, wie sie weitgehender nirgendwo im Kontext der Studentenbewegung zustande kam. Manche Kritiker der Reform sprachen noch zwei Jahrzehnte später von einer »Kollektivierung der holländischen Universitäten«.[48]

Davon konnte an den altehrwürdigen akademischen Einrichtungen jenseits des Kanals, trotz einer insgesamt etwas größeren Protestgeneigtheit der britischen Studenten, nun wirklich keine Rede sein.

Großbritannien
Sex and Drugs and Rock 'n' Roll

Aus der intellektuellen Vorgeschichte der globalen Studentenbewegung ist Englands Neue Linke nicht wegzudenken. Die
theoretische Inspiration, die von der ›New Left Review‹ aus-
ging, einer im Frühjahr 1960 von abtrünnigen Parteikommunisten und jungen nichtorthodoxen Seminarmarxisten gegründeten Zeitschrift, wurde nur noch übertroffen von dem
praktischen Beispiel, das bereits seit 1958 die Ostermarschierer der Campaign for Nuclear Disarmament (CND) gaben
und das in Holland und in der Bundesrepublik ebenso seine
Nachahmer fand wie etwa in den geborenen Mitgliedsländern
des britischen Commonwealth (Kanada, Australien, Neusee-
land).[49]

Trotz dieser weltweiten Erfolgsgeschichte verzeichneten
Neue Linke und CND in England spätestens seit 1962/63 einen
geradezu dramatischen Bedeutungsverlust: Der eine Grund
dafür war die Kuba-Krise: »It didn't matter if you had a mass
movement or the votes – the whole thing could be decided in
five minutes by whoever picked up the red phone and said,
›We're going to bomb you out of the skies.‹ We felt neutra-
lized, impotent«, erinnerte sich der Redakteur der ›New Left
Review‹ ein Vierteljahrhundert später.[50] Der andere Grund
waren die sich abzeichnenden oder doch erhofften Veränderungen in der britischen Politik: Viele Linke dachten nun
eher wahlstrategisch und engagierten sich statt in der Friedensbewegung für Harold Wilson und die Labour-Partei,
die sich auf die Rückkehr an die Macht vorbereitete. Wenn
auch nur knapp, ging dieses Kalkül bei den Unterhauswahlen
1964 auf.

Doch wie so oft, begannen die Enttäuschungen, nachdem
man bekommen hatte, was man wollte: Anders als Großbritanniens Durchschnittsbürger, die Wilson bei den für Ende

März 1966 angesetzten Neuwahlen einen klaren Sieg über die Konservativen bescherten, empfand die Neue Linke den Kurs des Premierministers in Vielem als zu wenig links.

Auf ihr Missfallen stieß vor allem Wilsons windelweiche Politik gegenüber dem rhodesischen Rassisten Ian Smith. Dessen einseitig verkündeter Unabhängigkeit von der Krone, die allein das Ziel verfolgte, sein weißes Apartheidregime zu retten, begegnete London lediglich mit ein paar untauglichen Wirtschaftssanktionen. Roch dies schon nach herzenskalter Interessenpolitik, so entstand darüber hinaus der Eindruck, Wilson finde nichts dabei, seine Popularität auf Kosten ethnischer Minderheiten zu sichern: vor allem als das Kabinett – bei eher rückläufigen Arbeitslosenzahlen, wenn auch bei schwacher Konjunktur – drastische Einwanderungsbeschränkungen für (farbige) Immigranten aus dem Commonwealth verhängte und die Semestergebühren für Studenten aus Übersee heraufsetzte. Aus der Sicht kritischer junger Leute sprach aus alledem mangelnder Sinn für die Not der Menschen in der »Dritten Welt«, wenn nicht rassische Diskriminierung. An einer Einrichtung, die so sehr vom internationalen Austausch lebte und die so viele ausländische, vor allem auch afrikanische Studenten hatte wie die berühmte London School of Economics (LSE), kam das nicht gut an, zumal sich dort, wie sonst nur in Oxford, seit dem Sommer 1965 über der Kritik am Vietnamkrieg eine gewisse Gereiztheit bereits eingestellt hatte.

Und doch bedurfte es einer weiteren Zutat, ehe sich an dem wirtschaftswissenschaftlichen Kolleg der University of London im Herbst 1966 Großbritanniens erste massive Studentenproteste entwickelten:[51] Als neuen Direktor hatten die Gremien der traditionell eher linksorientierten LSE ausgerechnet Walter Adams ausgesucht, bis dahin Principal am University College in Südrhodesien. Zwar waren die Vorhaltungen gegen Adams, mit denen David Adelstein, der aus Südafrika stammende jüdische Studentensprecher der LSE, aufwarten konnte, nicht sonderlich überzeugend. Aber allein die Tatsache, dass der künftige Direktor zur weißen Elite der Kronkolonie gehört hatte, sorgte für Unruhe, der Adelstein in einem Leserbrief in der ›Times‹ Ausdruck verlieh. Als gegen ihn daraufhin Disziplinarmaßnahmen eingeleitet wurden (basierend auf einer alten Regel, wonach Studenten nicht öffentlich als Angehörige der LSE sprechen durften), setzten sich seine Kommilitonen in andernorts erprobter Weise solidarisch zur Wehr: »Berkeley 1964: LSE 1966: We'll bring *this* school to a halt too«, lautete die Parole.

Neun Tage lang war die School of Economics im März 1967 schließlich besetzt, und weil sich sogleich danach die empirische Sozialwissenschaft über das Ereignis beugte, wissen wir es ganz genau: Gut die Hälfte der 2800 Studenten war auf die eine oder andere Weise beteiligt, deutlich mehr als ein Drittel machte einen Tag oder länger mit, nur etwa 200 freilich blieben über Nacht. Und als Direktor Adams im Herbst 1967 sein Amt antrat, regte sich darüber fast niemand mehr auf. Auch in England stand inzwischen die Kritik an der amerikanischen Kriegführung in Vietnam ganz im Mittelpunkt des Protests.[52]

Indikator für eine erneuerte Bereitschaft zum Engagement auf Seiten einer Linken, die Wilsons Regierung nun auch der Unterstützung der USA bezichtigte, war der immerhin zweiwöchige »Congress on the Dialectics of Liberation« im Juli 1967, zu dem mit Stokely Carmichael, Paul Sweezy und Herbert Marcuse, der gerade noch in Berlin vor den FU-Studenten gesprochen hatte, internationale Größen des Vietnamprotests gekommen waren.[53] Hier zeichnete sich schon ab, worauf sich die Aufmerksamkeit der kritischen Studenten in einer kosmopolitischen Stadt wie London künftig vor allem richten würde: auf die revolutionären Befreiungsbewegungen in der »Dritten Welt«.

Eine Folge des Kongresses war die Gründung der Vietnam Solidarity Campaign (VSC), die im Oktober 1967 Englands erste große Demonstration gegen den Vietnamkrieg auf die Beine stellte. Gemessen an den 10 000 Teilnehmern dieser gesitteten Londoner Debütveranstaltung verzeichneten die Organisatoren im März 1968 am Trafalgar Square schon doppelt so viele Demonstranten, darunter Filmstar Vanessa Redgrave, die unter frenetischem Beifall den Sieg des Vietcong als einzigen Weg zum Frieden erklärte.[54]

Ein Jahr nach ihrer Gründung, Ende Oktober 1968, mobilisierte die Kampagne schließlich sogar 100 000 Menschen – allerdings um den Preis, dass es beim Marsch eines Maoistenblocks in Richtung amerikanische Botschaft nicht ganz ohne Krawall abging. Doch blieben die Ausschreitungen harmlos im Vergleich zu den Gewaltausbrüchen, die entsprechende Demonstrationen zur selben Zeit in Frankreich, Italien oder in der Bundesrepublik begleiteten. Offensichtlich waren in England die Kräfte des Establishments, einschließlich der Polizei, flexibler und die Studenten weniger militant.[55] Denn auch die diversen Hochschulstreiks der Jahre 1967/68 verliefen weniger dramatisch und litten nicht unter jener hohen Aggressivität, wie sie auf dem Kontinent immer mehr zur Regel geworden war.

Die Vorgänge an der LSE waren auch dafür ein Beispiel: Über die Frage, ob man die Gebäude vor der Vietnam-Demonstration am letzten Oktoberwochenende 1968 besetzen sollte, um den Teilnehmern Schutz vor der Polizei und gegebenenfalls medizinische Versorgung bieten zu können, wurde in zwei Studentenversammlungen kontrovers diskutiert. Am Ende mehrerer Abstimmungen zogen die Kommilitonen der Conservative Society den Kürzeren. Weil aber weder die Hochschulleitung noch die Polizei intervenierte, gestaltete sich das Ganze schließlich weniger als eine Besetzung denn als ein Universitätsfest am Rande der Großdemonstration.[56]

Doch nicht immer und nicht überall ging es derart friedlich ab. Ausgelöst durch einen härteren Kurs des neuen Vorsitzenden ihres Verwaltungsrats, kam es im Januar 1969 zu einer weiteren Besetzung der LSE, diesmal mit Handgreiflichkeiten, Vandalismus und am Ende mit einer Reihe von Exmatrikulationen sowie dem Rauswurf zweier Lehrkräfte. Aber das wirkte, zumal vor dem Hintergrund der an den meisten Colleges und Universitäten bereits wieder eingekehrten Ruhe, fast schon wie ein Nachhutgefecht, und ein wenig konnte man den Eindruck haben, als sei es manchem dabei auch um den nachholenden Beweis seiner Radikalität gegangen.

Denn insgesamt war doch längst offensichtlich: Eine britische Studentenbewegung hatte es zwar gegeben, und in Tariq Ali, einem in Pakistan geborenen Oxford-Absolventen und brillanten Trotzkisten, hatte sie sogar eine eigene Größe hervorgebracht.[57] Aber trotz mancher Nachhilfe, die vor der Vietnam-Demonstration im Frühjahr 1968 etwa von Mitgliedern des deutschen SDS und bei der Gründung der Revolutionary Socialist Student Federation (RSSF) im Juni 1968 von den französischen Stars Daniel Cohn-Bendit und Alain Geismar gekommen war, hatte sich die Revolte doch in recht bescheidenem Rahmen gehalten – jedenfalls aus dem Blickwinkel derer, für die allein das unmittelbar Politische zählte.

Wer die Dinge aus einer etwas weiteren Perspektive betrachtete, der wusste freilich schon damals, dass England »um 68« den Vergleich mit Frankreich und Italien keineswegs zu scheuen brauchte, wenn es um die Dynamik der Veränderung jugendlicher Lebensstile ging. Aufs Ganze gesehen waren der Kulturprotest und die Protestkulturen der späten Sechziger in London wahrscheinlich etwas weniger esoterisch als in San Francisco oder Amsterdam, aber richtig ist doch auch: In keiner anderen Stadt fanden sich schon das ganze Jahrzehnt hindurch – mit Vorläufern seit den Fünfzigern – in der Kunst und in der Mode, in der Literatur und vor allem in der Musik die

Ingredienzien eines neuen Jugendstils so sehr zusammen wie
hier, und zwar mit unerhörter internationaler Ausstrahlung.
Deshalb war es auch kein Zufall, dass von der Kapitale des Vereinigten Königreichs in aller Welt nur noch in Verbindung mit
einem flirrenden Adjektiv die Rede war: »Swinging London«
wurde zur Metapher für das Lebensgefühl einer Generation –
und zum Mekka des Pop.[58]

Man muss nur daran erinnern, dass Mitte der sechziger
Jahre nicht mehr Paris, sondern London die Maßstäbe in der
Mode setzte – jedenfalls für die jungen Frauen, die Miniröcke
tragen konnten –, und dass die Popmusik in London ihr kom-
merzielles Zentrum hatte, auch wenn die Beatles bekanntlich
aus Liverpool stammten und die englischen Bands die gesamte
westliche Welt zu ihrer Bühne machten (dies übrigens wohl
erstmals, vielleicht auch letztmals, weitgehend über alle Klas-
sen und Schichten hinweg).

Counterculture wurde jetzt zum Schlüsselbegriff. Das Beat-
Poetry-Festival in der Royal Albert Hall im Juni 1965 mag dafür, wie schon zeitgenössische Beobachter meinten, als eine Art
Auftaktveranstaltung stehen.[59] Aus Amerika kam Allen Gins-
berg, neben Jack Kerouac der wichtigste Repräsentant der
älteren Beat Generation, und das etwas brave Motto des Dich-
tertreffens brachte immerhin zum Ausdruck, worum es ging:
»Poets of the World – Poets of Our Time«. Als Elemente der
Gegenkultur verstanden sich auch und nicht zuletzt eine Reihe
neuer Zeitschriften wie die bereits im Herbst 1966 gegründete
›International Times‹ (die sich wegen einer Klage der ›Times‹
bald nur noch IT nannte), die schrille ›London OZ‹ als grell
bunte Künderin der »Fun Revolution«, das Hippie- und Hob-
bit-Blatt ›Gandalf's Garden‹ oder Tariq Alis ernste politische
Revolutionsgazette ›Black Dwarf‹. Dazu gehörten aber natürlich ebenso die zahllosen Treffpunkte einer höchst lebendigen
Kleinkunst-Szene wie zum Beispiel »UFO«, ein Klub des frühen Underground.

»Sex and Drugs and Rock 'n' Roll« – unter dieses Etikett hat
man »68« in England häufig gestellt, und ungeachtet aller Unterschiede, die zwischen jugendlichen Arbeitern und studierenden Bürgerkindern auch damals fortbestanden, scheint
diese Charakterisierung namentlich vielen Angehörigen der
Generation bis heute zu behagen.[60] Offenkundig besaßen die
damit verbundenen persönlichen Erfahrungen besondere
Prägekraft, aber auch in Großbritannien ging die Bedeutung
von »68« darin nicht auf. Überall im Westen veränderte sich
in diesen Jahren das Lebensgefühl der jungen Generation,
und überall resultierte dies nicht allein aus neuen Möglichkeiten des kulturellen und materiellen Konsums, sondern
auch aus der Wahrnehmung gesellschaftlicher Partizipations-
chancen und der Formulierung politischer Veränderungsan-
sprüche.

Fragt man, was »68« im Westen konstituierte und was die
Revolte ausmachte, so stechen vor allem zwei Themen ins Auge, die neben dem verbreiteten Bedürfnis nach neuen Lebens-
formen nirgendwo fehlten: die Situation an den Hochschulen
und der Krieg in Vietnam. Während allerdings die Konflikte
an den Universitäten von unterschiedlicher Tiefe und Schärfe
waren und zum Teil auch zeitlich ziemlich auseinanderlagen,
darf die Kritik an der amerikanischen Kriegführung in Südostasien mit Fug und Recht als globaler Katalysator der Protestbewegungen gelten. Deren verblüffend ähnliche Erschei-
nungsformen – von den Methoden bis hin zur Terminologie –
waren sowohl Ausdruck der Vernetzung von Personen und
Ideen als auch einer weltumspannenden Bildkommunikation,
die sich durch die Live-Berichterstattung des Fernsehens noch
einmal beschleunigt und verdichtet hatte.

Dennoch waren auch die Unterschiede nicht zu übersehen:
Tatsächlich hoben sich die Protestbewegungen in den Gesell-
schaften der einstigen Achsenmächte Japan, Italien und der
Bundesrepublik (nicht aber in Österreich![61]) hinsichtlich der

langen Dauer und des Ausmaßes der Gewalt deutlich ab von jenen in England und den Niederlanden, und für die skandinavischen Länder[62] ließe sich Ähnliches zeigen. Davon noch einmal deutlich zu unterscheiden sind Staaten wie Spanien, Portugal oder auch Griechenland, wo Protest grundlegend anderes bedeutete als die Kritik »autoritärer Strukturen« und politisch-moralischer Mängel in der parlamentarischen Demokratie. Dort ging es bekanntlich erst einmal darum, fundamentale Freiheitsrechte zu erkämpfen, und in diesem Sinne war die politische Wirklichkeit in Teilen des »freien Westens«, wie gerade die antiautoritäre Bewegung nicht müde wurde zu betonen, »um 68« den kommunistischen Systemen in Osteuropa gar nicht so fern.

Kapitel 4
Bewegung im Osten

>*Unser Programm gründet auf der Überzeu-
gung, daß der Mensch und die Menschheit
nicht nur dazu imstande sind, die Welt zu
erforschen, sondern auch, sie zu verändern.*«
Alexander Dubček, 16. Mai 1968[1]

Das brutale Ende des »Prager Frühlings« im August 1968 gilt
gemeinhin als Symbol der gescheiterten Versöhnung von Demokratie und Sozialismus. Einmal mehr – und nicht weniger
dramatisch als 1953 in Ost-Berlin und 1956 in Budapest – hatte es sich als unmöglich erwiesen, hinter dem Eisernen Vorhang elementare Menschenrechte wie das der Meinungs- und
Versammlungsfreiheit nachhaltig geltend zu machen. Tatsächlich demonstrierte das Aufgebot der sowjetischen Panzer im
Zentrum der tschechoslowakischen Hauptstadt nicht nur den
Tschechen und Slowaken, wie erdrückend eng die Grenzen
persönlicher politischer Entfaltung unter den Bedingungen
des Realsozialismus nach wie vor waren und wohl auf lange
Zeit gezogen bleiben würden.

Und dennoch wäre es verfehlt, als voraussetzungs- und folgenlos abzutun, was sich »um 68« an nicht wenigen Orten im
Osten tat. »Nach Prag«, so lässt sich argumentieren, kam der
kommunistische Machtblock nicht mehr zur Ruhe. Einiges
spricht deshalb dafür, auch nach Zusammenhängen und Verbindungen zwischen dem dort sich artikulierenden Verlangen
nach Veränderung und den antiautoritären Bewegungen im
Westen zu fragen: Was hatte es zu bedeuten, dass sich im
Herbst 1965 in Leipzig Protest gegen das Verbot der Beat-Mu-
sik erhob, das die DDR-Oberen im Sinne hatten? Weshalb

glaubte die polnische Führung, im März 1968 eine »antizionistische« Kampagne vom Zaun brechen zu müssen? Woher kamen die Ideen, die in den Straßen der Prager Altstadt einen kurzen Sommer lang Furore machten?

Im Rückblick ist einerseits ziemlich deutlich, dass der studentischen Generation »um 68« auch im Osten eine eigene, wenngleich kleinere Rolle zufiel. Aber klar ist andererseits auch, dass die damals dort herrschende Aufbruchstimmung und das kurzzeitige politische Aufbegehren, weitaus stärker als im Westen, der Mitte der Gesellschaft entsprangen. Im Falle der Tschechoslowakei kamen die frühesten Reformimpulse gar, um es in der Terminologie der westlichen Protestbewegungen zu sagen, aus dem Establishment – will heißen: aus der Partei.

Tschechoslowakei
Ein Sommer der zerschlagenen Hoffnung

Sehr im Unterschied zur studentischen Revolte im restlichen Europa hatten die sich mehrenden Zeichen gesellschaftlicher Unzufriedenheit, die in der zweiten Hälfte der sechziger Jahre im Osten zu beobachten waren, auch einen handfesten ökonomisch-materiellen Grund. Das galt namentlich für die ČSSR. Seit Jahren schon befand sich die Wirtschaft der einstmals blühenden Industrienation in grauer Stagnation. Nicht nur im Vergleich mit dem »kapitalistischen Ausland« war die Versorgung mit Gütern des täglichen Bedarfs zwischen Prag und Bratislava besonders trostlos; selbst in den Nachbarstaaten des Warschauer Pakts erschien die Situation nicht derart deplorabel. Die Ideen zur Reform der ruinösen Planwirtschaft, wie sie der Parteiökonom Ota Šik an der Akademie der Wissenschaften formulierte, stießen deshalb auf ungewöhnlich breite Resonanz.[2] Sie beförderten ein Klima der kritischen Reflexion, das sich zunehmend auch auf andere Themen erstreckte – und eine erstaunliche geistige und kulturelle Öffnung mit sich brachte. Die Intensität, mit der man in Prag bereits seit Mitte der sechziger Jahre debattierte, suchte in den sozialistischen Bruderländern ihresgleichen. Unverhohlene Kritik an den herrschenden Verhältnissen kam beispielsweise auf dem vierten Kongress des tschechoslowakischen Schriftstellerverbandes im Juni 1967 zur Sprache, als Ludvík Vaculík, die Moskauer Aufpasser fest im Blick, das Problem der von außen gestützten Parteimacht adressierte: »Obwohl wir den Stier bei den Hörnern gepackt haben«, so der gelernte Schuster aus dem berühmten Bata-Konzern, »tritt uns doch ständig jemand in den Hintern.«[3]

Ein Charakteristikum der Reformdiskussionen im Realsozialismus war, dass ihre Promotoren nicht nur aus ganz verschiedenen Bereichen der Gesellschaft kamen – aus Kultur und Wissenschaft mindestens so sehr wie aus der Politik –, sondern auch aus unterschiedlichen Generationen. Die im Westen zu beobachtende Generationenkonkurrenz spielte im Osten politisch kaum eine Rolle; jedenfalls bestanden zwischen den veränderungsbereiten Angehörigen der »sozialistischen Aufbaugeneration« und den rund zwei Jahrzehnte Jüngeren, die nun an den Hochschulen studierten, augenscheinlich keine prinzipiellen Interessenunterschiede.[4] Deshalb ist im Falle der Tschechoslowakei der Beginn von »68« auch nur locker mit einer studentischen Protestaktion verknüpft.

Aus den Tiefen einer Untergrundkunst, die sich in Prager Kulturkellern seit Jahren eindrucksvoll entfaltet hatte, kamen im Herbst 1967 einige Hundert Hochschüler hervor, denen es nicht länger nur um anspruchsvolle, von ihrem Publikum zumeist aber unverstandene Happenings ging, sondern um bessere Studienbedingungen. Auslöser ihres Protests wurden die Zustände in einem studentischen Wohnheim, in dem es – während die Zeitungen fast täglich über die Fortschritte der industriellen Produktion berichteten und den hohen Lebensstan-

dard priesen – notorisch an ausreichender Beheizung und Be-
leuchtung fehlte. Am Abend des 31. Oktober 1967, nach vergeb-
lichen Eingaben bei den Behörden, nahmen etwa 1 500 Studenten mit Kerzen in der Hand Kurs auf den Hradschin. Ihre
doppeldeutige Forderung: »Mehr Licht.« Doch noch ehe die
Prozession nur in die Nähe des Präsidentenpalastes kam,
stoppte die Polizei den Lichterzug und knüppelte die Demonstranten unter Einsatz von Tränengas auseinander. Etwa 50
junge Leute wurden dabei verletzt.[5]

Auf einer anschließenden Protestversammlung in der
Karls-Universität, zu der neben der Universitätsleitung auch
Vertreter des Zentralkomitees der Kommunistischen Partei
(KSČ) und ihres Jugendverbandes eingeladen waren, forderten die Studenten die Bestrafung der uniformierten Schläger –
und eine wahrheitsgetreue Berichterstattung in der Presse.
Andernfalls drohten sie mit einer weiteren Kundgebung. Die
offizielle Reaktion war ambivalent: Während die Parteileitung
an der Universität das Begehren für gerechtfertigt hielt, ließ
sich die Regierung auf keinerlei Verhandlungen ein.

Als die Studenten daraufhin, wie angekündigt, am 20. November erneut beraten wollten, war der vorgesehene Hörsaal
der Universität bereits von der Polizei besetzt. Die jungen Leute wichen in einen anderen Raum aus, in dem sich dann etwa
tausend Menschen drängten; dort ging nach kurzer und hit-
ziger Diskussion das Licht aus. Trotz dieser Provokationen
blieben die Hochschüler besonnen, und am Ende kam es weder zu ihrer zunächst geforderten Beteiligung an der Kommis-
sion, die das Geschehen vom 31. Oktober untersuchen sollte,
noch verfolgten sie die Pläne weiter, in die Fabriken zu gehen,
um die Arbeiterschaft über die Gründe ihrer Protestaktion
aufzuklären: Dem Prorektor der Universität war es gelungen,
die Studenten mit dem Argument zu beschwichtigen, Demonstrationen würden den ohnehin unaufhaltsamen Demokra-
tisierungsprozess nur behindern. Man vertagte sich auf den

15. Dezember – um dann zu erkennen, dass die Dinge tatsächlich, und zwar von oben, in Bewegung geraten waren.

Der Mann, auf dem bald große Hoffnung lag, hieß Alexander Dubček.[6] Die Ernennung des erst 46-jährigen slowakischen Parteichefs zum Nachfolger von Antonín Novotný als Erster Sekretär des Zentralkomitees der KSČ am 5. Januar 1968 markierte den Auftakt einer Phase beispielloser Reformpolitik, die das politische Erscheinungsbild der ČSSR binnen weniger Wochen veränderte. Gegen den Widerstand der alten Apparatschiks (und des als Staatspräsident noch bis zum 22. März amtierenden Novotný) lockerte das ZK unter Dubček die Pressezensur und setzte Untersuchungen der furchtbaren stalinistischen Säuberungen der fünfziger Jahre in Gang. Die unterschwellig längst laufende Debatte um den richtigen Weg zu einem »Sozialismus mit menschlichem Antlitz« brach sich nun breite Bahn. Literaten und Publizisten, Künstler und Intellektuelle, Reformkommunisten und konservative Kräfte – kaum jemand, der dazu keine Meinung hatte; unzählige Grüppchen und Fraktionen meldeten sich zu Wort. Die Tschechoslowakei des Frühjahrs 1968 war ein Land im Gespräch mit sich selbst – unter scharfer Beobachtung seiner sozialistischen Nachbarn.[7]

Kein Wunder, dass auch die Studenten sich herausgefordert fühlten. Am 10. März, dem 20. Todestag von Jan Masaryk, der als Außenminister 1948 unter mysteriösen Umständen ums Leben gekommen war, versammelten sie sich zu Tausenden an dessen Grab, um ihren Forderungen nach mehr Demokratie Nachdruck zu verleihen.[8] Zehn Tage später diskutierten Politiker, Journalisten und Schriftsteller im Prager Kongress-Palast vor 15 000 meist jungen Leuten über den einzuschlagenden Weg. Bis in die frühen Morgenstunden hinein übertrug der Rundfunk die Debatte im ganzen Land. Vermittels eines Grußworts war auch die West-Berliner Linke präsent: »Uns eint mehr«, hieß es in der Solidaritätsadresse, »als der Reaktion lieb ist. Allerdings unterscheidet sich unser Kampf an einem wesentlichen Punkt: während Ihr die sozialistische Basis zu einem freiheitlich-kommunistischen System zu erweitern sucht, arbeiten wir in den kapitalistischen Ländern auf dem Vorfeld dieser Möglichkeiten.«[9]

Wie viel von dieser Logik bei den tschechoslowakischen Studenten auf Verständnis traf, ist noch im Nachhinein nicht leicht zu sagen; immerhin konnte man die Worte nicht nur als Verbrüderungsbedürfnis, sondern auch als die selbstgefällige Unterstellung eines gleichen Risikos interpretieren. Rudi Dutschke, der zwei Wochen später an der Karls-Universität vor mehr als tausend Kommilitonen sprach, argumentierte ein wenig vorsichtiger: Noch sei keineswegs ausgemacht, dass die Reformbewegung wirklich den »Weg sozialistischer Demokratisierung« beschreite. Ausdrücklich bekundete er sein Misstrauen gegenüber den kommunistischen Parteien sowjetischen Typs – hätten diese doch die Marxsche Forderung, wonach der »Erzieher selbst erzogen werden muß«, missbraucht. Aber auch Dutschke glaubte zu wissen, was in der ČSSR vonnöten sei: Das Ziel könne nicht der westliche Parlamentarismus, sondern müsse eine »Produzentendemokratie« sein, die den »autoritären Sozialismus« der »monopolistischen Bürokratie« überwinde.[10]

Dass die studentischen Rebellen aus dem Westen, von denen in den nächsten Monaten immer wieder welche in die politisch vibrierende Metropole an der Moldau kommen sollten, auf den Lauf der dortigen Dinge nennenswerten Einfluss nahmen, wird man nicht behaupten können. Doch das war umso weniger überraschend, als auch die einheimischen Studenten nicht gerade die Speerspitze der Reformer bildeten. Die Bewegung voran – und Dubček in Bedrängnis – brachten vielmehr immer noch junge, aber um zehn bis fünfzehn Jahre ältere Intellektuelle wie Václav Havel oder Ivan Svitak, die jetzt explizit ein Ende der Einparteienherrschaft verlangten. Ihr

Sprachrohr wurde die vom Schriftstellerverband herausgege-
bene ›Literární Listy‹, die mittlerweile Rekordauflagen von
hunderttausend und mehr Exemplaren druckte. Am 27. Juni
1968 veröffentlichte die Wochenzeitung das sogleich berühmte
Manifest der »2 000 Worte, gerichtet an die Arbeiter, Landwir-
te, Wissenschaftler, Künstler und alle anderen«.[11] Darin verteidigte der Dichter Ludvík Vaculík, unterstützt von 69 prominenten Mitunterzeichnern, den Reformprozess gegen reaktionäre
Kritik und verlangte seine konsequente Fortführung. Sie hätte
nichts weniger als das Ende des kommunistischen Machtmo-
nopols bedeutet.

Entsprechend gereizt waren die Reaktionen. Nicht nur die
Parteiführung um Dubček und der neue Ministerpräsident
Oldřich Černík lehnten das Manifest sofort nach Bekanntwer-
den ab; sichtlich nervös wurde jetzt vor allem Moskau. Dort
und in den sozialistischen Bruderländern wuchsen die Be-
fürchtungen, den Prager Genossen könnte die Kontrolle über
die politische Entwicklung in der ČSSR entgleiten.

Alles weitere kam acht Wochen später dann in etwa so, wie
es die Unterzeichner der »2 000 Worte« schon befürchtet hatten: »Ausländische Kräfte« griffen ein, am frühen Morgen des
21. August 1968 rollten die ersten sowjetischen Panzer in die
Prager Innenstadt. In Windeseile stand eine halbe Million
fremder Soldaten im Land. Ein langer Frühling der Reformen
und ein kurzer Sommer der Utopie waren zu Ende.

Es waren vor allem junge Leute, die sich den Besatzern in
den ersten Stunden und Tagen mit unerhörtem Mut entgegen-
stellten; die Bilder vom Wenzelsplatz, die fast augenblicklich
um die Welt gingen, ließen daran keinen Zweifel. Insgesamt 94
Bürger der Tschechoslowakischen Sozialistischen Republik
bezahlten die Intervention der Warschauer Pakttruppen mit
ihrem Leben.[12] Aber was die sowjetische Militärmacht und
ihre Verbündeten im Sommer 1968 unter sich begruben, das
waren nicht allein die Träume der Prager Studenten, ja nicht

einmal nur die Hoffnungen der weitaus meisten Tschechen und Slowaken auf eine demokratischere Gesellschaft; mit den Reformkräften in der ČSSR fühlte die freiheitsliebende Menschheit in Ost und West, von links bis rechts. Ungeachtet der »antikommunistischen Welle«, die einige Linke nun befürchteten, bekundeten die Antiautoritären in Frankfurt am Main und West-Berlin, nicht anders als in Paris und Rom oder in Chicago, ihre Solidarität. Mit der politischen Entmutigung leben mussten fortan freilich in erster Linie jene, die hinter dem Eisernen Vorhang an die Möglichkeit der Veränderung geglaubt und sich dafür engagiert hatten – und denen die Flucht in den Westen nicht rechtzeitig gelang oder die sich dazu nicht entschließen mochten.

Gerade unter den jungen Leuten meinten einige stattdessen gar, in ihrem Widerstand gegen die Okkupanten und gegen die von diesen angeordnete Rücknahme der schon erreichten Freiheiten bis zur Selbstaufopferung gehen zu müssen: Am 16. Januar 1969 lief der 21-jährige Geschichtsstudent Jan Palach als menschliche »Fackel Nr. 1« über den Wenzelsplatz, fünf Wochen später zündete sich dort der noch zwei Jahre jüngere Jan Zajíc an, der an einem studentischen Hungerstreik nach Palachs Tod teilgenommen hatte. Ebenso wie die großen antisowjetischen Demonstrationen (etwa am 28. Oktober 1968 zum 50. Jahrestag der Gründung der Tschechoslowakischen Republik oder eineinhalb Wochen später aus Anlass des 51. Jahrestags der Oktoberrevolution) endete die Serie der Selbstverbrennungen und Suizide erst im Frühjahr 1969, als sich mit Dubčeks von Moskau schließlich erzwungenem Rücktritt jene »totale Hoffnungslosigkeit« über das Land legte, von der Jan Palach bereits in seinem Abschiedsbrief gesprochen hatte.[13]

Mochte Palachs Fanal im kollektiven Gedächtnis der Tschechen das Ende des Reformers Jan Hus auf einem Konstanzer Scheiterhaufen im Jahre 1415 aufrufen, so lagen andere Bezüge doch näher. Sie verknüpften die Ereignisse in der

Tschechoslowakei einmal mehr mit den globalen Aktionsformen der linken Bewegung »um 68«: Dazu gehörten vor allem die Bilder von den Selbstverbrennungen, die der Protest gegen den Vietnamkrieg in Saigon, Washington und New York in den vergangenen Jahren hervorgebracht hatte. Vermutlich waren aber auch (spärliche) Informationen über Ryszard Siwiec nach Prag gedrungen, der sich am 8. September 1968 in Warschau auf einem großen Erntedankfest angezündet hatte. Der Protest des einstigen Partisanen galt der Teilnahme Polens an der Besetzung der ČSSR. Unklar ist, ob sich der einzelgängerische Mann mit seiner Tat zugleich auch von der antisemitischen Kampagne distanzieren wollte, die seit einem halben Jahr durch sein Heimatland ging.

Polen
Die antisemitische Volte

Auch wenn die Kunde von dem frischen Geist, mit dem in Prag seit Herbst 1967 Studenten auf ihre Rechte pochten, sich wohl nicht mit derselben Geschwindigkeit verbreitete wie die Bilder von der Revolte im Westen: Ganz unbeeinflusst von der politischen Aufbruchstimmung bei den Nachbarn im Süden wird das aufgeweckte Häuflein in Warschau nicht gewesen sein, das sich Ende Januar 1968 vor dem Denkmal des polnischen Dichterfürsten Adam Mickiewicz (1798–1855) versammelte.[14] Dessen freiheitsbewegtes Rebellendrama ›Dziady‹ (Toten- oder Ahnenfeier) hatte an diesem Abend im Nationaltheater seine letzte Aufführung erlebt. Grund für die Absetzung des Stückes war mitnichten mangelndes Zuschauerinteresse; vielmehr munkelte man, den Parteioberen sei aufgefallen, dass das Publikum an russlandkritischen Stellen ostentativ Beifall klatschte. Gegen diese Zensur demonstrierte nun, angestoßen von Adam Michnik und Hendryk Szlajfer, eine kleine Gruppe von Studenten. Ihre Resolution an den Sejm unterschrieben immerhin 3 000 Menschen, und Ende Februar nahm der Schriftstellerverband die Sache zum Anlass einer kritischen Diskussion über die Kulturpolitik des Gomułka-Regimes. Der Komponist und Autor Stefan Kisielewski sparte dabei nicht mit klaren Worten: »Es herrscht die Diktatur der Dummen. Die Zensur ist ein Staat im Staate, sie ist eine geheime, illegale Institution. Die Verplanung der Kultur ist Vandalismus.«[15]

Nicht zuletzt der Umstand, dass Figuren aus dem Innenministerium Kisielewski ein paar Tage später zusammenschlugen, trug dazu bei, dass der Protest über die Hauptstadt hinaus Kreise zu ziehen begann: Hochschüler aus Krakau und Breslau wandten sich nun ebenfalls mit Petitionen an die Regierung. Als schließlich durchsickerte, dass Michnik und Szlajfer der Universität verwiesen werden sollten, planten Warschauer Studenten für den 8. März eine Protestkundgebung.[16] Trotz des vom Rektor erlassenen Versammlungsverbots erschienen rund 4 000 Entschlossene – auf Lastwagen, aber auch etwa 500 zur Abwehr einer »Konterrevolution« rekrutierte Arbeitermilizionäre. Unter den Augen von etwa 200 Polizisten prügelten sie die Demonstranten über das Universitätsgelände. Wer fliehen wollte, wurde verhaftet.

Die Studenten waren von der Brutalität dieser Übergriffe schockiert, aber nicht paralysiert. Bereits am nächsten Tag marschierten etwa 20 000 junge Leute, »Nieder mit der Zensur!« und »Hoch lebe die Tschechoslowakei!« skandierend, durch die Warschauer Innenstadt. Erneut griffen die Ordnungskräfte zu Schlagstöcken und Handschellen. Unter den Verhafteten befanden sich auch Jacek Kuroń und Karol Modzelewski, die bereits 1964 als Regimekritiker aufgetreten waren; in einem Offenen Brief an die Polnische Vereinigte Arbeiterpartei (PVAP), der im Westen rasch bekannt geworden war (und ihnen zuerst die Bewunderung der französischen Trotzkisten, dann auch der Antiautoritären um Daniel Cohn-Bendit eintrug), hatten sie die »Herrschaft der kommunistischen Nomenklatura über die Arbeiterklasse« angeprangert.[17] Als die beiden Doktoranden damals zu drei beziehungsweise dreieinhalb Jahren Haft verurteilt worden waren, hatte eine Reihe von Intellektuellen protestiert. Jetzt kam eine regelrechte Massenbewegung in Gang.

Schon am 11. März 1968 zogen wieder Tausende von Studenten los, diesmal zur Zentrale der Partei.[18] Dort hieb die Polizei im Beisein der Genossen auf die Demonstranten ein, woraufhin diese Steine warfen. Fast acht Stunden dauerte die Straßenschlacht, in deren Verlauf aus den Fabriken herbeibeorderte Arbeiter die Studenten als »Fünfte Kolonne« verschrien – ganz im Sinne der antisemitischen, als Antizionismus deklarierten Parolen, die Parteichef Władysław Gomułka bereits nach dem israelisch-arabischen Sechs-Tage-Krieg im Sommer 1967 ausgegeben hatte.[19]

Zwar schwiegen sich die Zeitungen zunächst darüber aus, aber schnell wurde deutlich, dass die Studentenproteste nicht auf Warschau beschränkt geblieben waren; in Danzig, Krakau, Posen, Wrocław und Łódź hatte es ebenfalls Demonstrationen gegeben. Nicht nur ob der polizeilichen Schlagstöcke, der Wasserwerfer und mancherorts des Tränengases, sondern auch aufgrund der studentischen Techniken ähnelten die polnischen Szenen in diesen Tagen den bekannten Bildern aus dem Westen: mit Sit-ins, Transparenten und Parolen, und mit sarkastischen Worten über die mundtot gemachte Presse.

Wie berechtigt der studentische Zorn auf die Medien war, bewies ›Trybuna Ludu‹ nach reiflicher Bedenkzeit mit der Feststellung, die »Ereignisse des 11. März« seien »von langer Hand geplant« gewesen.[20] Als »Rädelsführer« stigmatisierte das Parteiorgan Adam Michnik und Karol Modzelewski, die sich zu diesem Zeitpunkt schon in Haft befanden.

Tatsächlich hatten sich die landesweiten Demonstrationen mehr oder weniger unkoordiniert entwickelt. Zur Verblüffung gerade auch der Aktivisten[21] stellte sich nach jahrelangen Diskussionen in Gruppen und Grüppchen plötzlich heraus, dass viele ganz ähnlich dachten wie man selbst. Vor allem aber brachte das Spontane der Bewegung die Partei in die Bredouille, konnte ihre Führung doch nicht zugeben, dass ihr die Kontrolle der Hochschulen – und darüber hinaus der intellektuellen Öffentlichkeit – entglitten war.

Die Kampagne gegen »aufwieglerische Zionisten« (manche der Studentenführer entstammten jüdischen Elternhäusern), die Innenminister Mieczysław Moczar nun forcierte, war zum einen wohl der Versuch, die aktuelle Krise vermittels einer klassischen Sündenbocktaktik in den Griff zu bekommen. Zum andern aber bot sich dem erbitterten Konkurrenten von Parteichef Gomułka damit die willkommene Gelegenheit, die seit Jahren betriebene Entfernung unliebsamer – jüdischer – Genossen aus dem Staatsapparat endlich zum Abschluss zu bringen. Unter dem Vorwand, »Zionisten« missbrauchten die politisch naiven Studenten, forderte ›Trybuna Ludu‹ eine »vollständige Säuberung« des öffentlichen Lebens von den »Feinden unserer sozialistischen Realität«. »Nihilismus« und »Kosmopolitismus« sollten »Geist und Herz der Jugend« nicht länger »vergiften«.[22]

Das ganze Frühjahr hindurch deckten die gelenkten Medien eine wahre Flut »zionistischer Verschwörungen« auf, die in Polen angeblich am Werke waren. Während der Staatsratsvorsitzende Edward Ochab unter dem Vorwand gesundheitlicher Probleme, tatsächlich aber unter dem Eindruck des brutalen Antisemitismus, sein Amt angewidert zur Verfügung stellte, konnte Moczar zufrieden feststellen, wie emsig große Teile des Partei- und Staatsapparates seinen Intentionen entgegenarbeiteten. »Studenten in die Hörsäle, Literaten an die Feder, Zionisten nach Zion« lautete eine der Parolen, die vielen Parteigenossen behagte. Noch während die Studenten demonstrierten, legte Ministerpräsident Józef Cyrankiewicz den polnischen Juden in einer Rede vor dem Sejm nahe, das Land zu verlassen. Tatsächlich emigrierten unter dem Druck der Kampagne bis zum Sommer des folgenden Jahres über 11 000 Menschen, darunter Hunderte Künstler, Wissenschaftler, Universitätslehrer und Intellektuelle. Bis Mitte der siebziger Jahre hatten die meisten Juden, die aus Polen nicht schon in den frühen Nachkriegsjahren geflohen waren, das Land verlassen. Ihre Positionen (und ihre Wohnungen) übernahmen willfährige Nutznießer; an den Hochschulen sprach man von den »68er-Dozenten«.

Am 24. März – die Protestwelle hatte inzwischen sämtliche Universitäten erfasst, zugleich waren bereits etliche »zionistische Verschwörer« ihrer Ämter enthoben – verurteilten die katholischen Bischöfe den Einsatz von Gewalt und die Verletzungen der Menschenwürde; die Bewegung der Studenten erstrebe das natürliche Recht auf Wahrheit und Freiheit.[23] Die Stellungnahme bildete den Beginn einer Annäherung: Noch nie hatte es ein Bündnis zwischen der Kirche und der traditionell antiklerikalen linken Intelligenz gegeben. Zu der antisemitischen Kampagne schwiegen die Bischöfe sich allerdings aus.

Anders als zwölf Jahre später waren die Kirchenführer nicht entschieden genug, um den Kräften der Opposition wirksam zu helfen. Am 28. März 1968 kam es in Warschau zur einstweilen letzten Demonstration. Erneut forderten 3 000 junge Menschen ein Ende der Zensur, freie Gewerkschaften und eine von der PVAP unabhängige Jugendbewegung. Das Regime reagierte mit der Schließung ganzer Abteilungen der Universität; etwa ein Siebtel aller Studenten musste sich der Kontrolle einer Neueinschreibung unterziehen, 34 wurden zwangsexmatrikuliert. Am 10. April zog Cyrankiewicz offiziell Bilanz: 2 739 Personen seien während der sogenannten Märzunruhen in ganz Polen verhaftet worden, davon habe man 1850 aus Mangel an Beweisen innerhalb von 48 Stunden wieder auf freien Fuß gesetzt.[24] Über die fast tausend anderen sagte der ewige Premier nichts.

Die Erstickung der kurzen, aber heftigen Revolte der Studenten war bekanntlich nicht das Ende aller Oppositionsbewegungen in Polen. Indem er im Dezember 1970 die demonstrierenden Arbeiter in der Danziger Werft zusammenschießen ließ, besiegelte Gomułka sein politisches Schicksal – doch nicht Moczar, sondern Edward Gierek wurde mit Moskaus Billigung sein Nachfolger; auch Cyrankiewicz musste nun gehen. Von manchen studentischen Aktivisten und kritischen Intellektuellen des Jahres 1968 hingegen, soweit sie in Polen geblieben waren, sollte die Welt bald wieder hören: 1976 kam es zur Gründung des Komitees zur Verteidigung der Arbeiter (KOR), und als die Gewerkschaft Solidarność ab 1980 ihren Kampf aufnahm, waren Adam Michnik, Jacek Kuroń und Karol Modzelewski wiederum zur Stelle.

Lässt man den sozialmoralischen Wertewandel einmal beiseite, der im Laufe der sechziger Jahre natürlich auch die Industriegesellschaften des Realsozialismus erfasste,[25] so blieben die Veränderungen im Lebensstil der polnischen Jugend jenseits des studentisch-städtischen Milieus »um 68« doch recht bescheiden.[26] Gewiss gab es auch in Polen ein paar Hippies, aber die erschienen noch wie Exoten, gemessen jedenfalls an dem beträchtlichen jugendlichen Eskapismus, der in der DDR längst angekommen war. Mochte der Eiserne Vorhang dort auch am schärfsten gesichert sein: In den Köpfen vieler junger Ostdeutscher hatten die westlichen Bilderwelten und Idole bereits Mitte der Sechziger ihren festen Platz.

DDR
Vom Beat betroffener Beobachter

Einen Reformationstag wie diesen hatte Leipzig noch nicht erlebt: Aus Liebe zum Beat riskierten dort am 31. Oktober 1965 Hunderte junger Leute die Schläge der Polizei. Anlass war eine Entscheidung des Rats des Bezirks, der fast 50 Amateurbands die Auftrittsgenehmigung entzogen und sie damit faktisch verboten hatte.[27] Westliche Musik auf sächsischen Bühnen sollte es künftig nicht mehr geben. Dagegen riefen, mit handgestempelten Zetteln, zwei Schüler zum Protestmarsch auf; wirklich publik wurde ihr Plan jedoch erst, als die Staatssicherheit davon Wind bekam und Lehrer in den Oberschulen vor dem Treffen warnten. So erschienen zum Termin am Sonntagvormittag zwar mehr als 800 »echte Beatfans«, mindestens in gleicher Stärke aber auch Funktionäre der Freien Deutschen Jugend (FDJ) in Zivil, Stasi-Leute, Schaulustige – und jede Menge Bereitschaftspolizei mit Wasserwerfern und Hunden.

Die Freunde der »Butlers« und anderer Leipziger Gruppen hatten nicht einmal Transparente dabei, gleichwohl erwiesen sich die Einsatzkräfte als äußerst brutal. Aus dem Stand heraus setzte es Prügel, 267 Jugendliche wurden verhaftet. Im Polizeigewahrsam schnitt man etlichen der Festgenommenen die Haare ab, rund hundert verschwanden, zum Teil für mehrere Wochen, zum Arbeitseinsatz im Leipziger Braunkohlerevier.[28]

Auf Anhieb nachzuvollziehen war dieses drakonische Vorgehen kaum. Immerhin hatten beim Ost-Berliner »Deutschlandtreffen der Jugend« zu Pfingsten 1964 eine halbe Million Besucher die Beatmusik der eigens eingerichteten (und seitdem sehr populär gewordenen) Radiowelle DT 64 gehört, und es war noch keine sechs Monate her, da hatte VEB Amiga eine erste Beatles-LP herausgebracht. Dass in der Parteiführung inzwischen Skepsis gegen derlei Zugeständnisse herrschte, ließ sich allenfalls der Polemik gegen »Gammler und ähnliche Ele-

mente« entnehmen, gegen die gerade eine DDR-weite Presse-
kampagne gelaufen war.

Zwei Tage nach dem Leipziger »Beat-Aufstand« aber war
für Walter Ulbricht klar: Der Zentralrat der FDJ hatte falsch
gelegen mit seiner Auffassung, »daß im Unterschied zu Westdeutschland Westschlager und Beatmusik bei uns keine schäd-
liche Wirkung hervorrufen können«. Die massiven Krawalle
beim Konzert der Rolling Stones in der West-Berliner Wald-
bühne hatten zu dieser Erkenntnis des Parteichefs womöglich
beigetragen. Jedenfalls dekretierte das 11. Plenum des ZK der
SED im Dezember 1965 eine radikale Wende in der Kultur-
und Jugendpolitik. Nach diesem sogenannten Kahlschlag-Plenum sollte laut Ulbricht Schluss sein »mit der Monotonie des
Yeah, Yeah, Yeah«. Statt dass man »jeden Dreck, der vom Westen
kommt«, kopiere, verlangte der Staatsratsvorsitzende so etwas
wie eine neue Leitkultur für das »Zeitalter des Sozialismus«.
Die Fans des Beat waren dafür natürlich kaum zu begeistern.
Sie wichen, wo möglich, den FDJ-Programmen aus: in halb-
geheime, westlich-dekadent ausstaffierte Treffpunkte – oder
gleich nach Prag.

Mitte der sechziger Jahre nämlich begann sich die ČSSR zu
einem beliebten Reiseziel der Ostdeutschen zu entwickeln.[29]
Vor allem die Hauptstadt galt Schülern und Studenten, Künst-
lern und Intellektuellen als eine Art West-Ersatz. Hier stieß
man auf ein internationales Publikum, hier traf man sich mit
Freunden und Verwandten aus der Bundesrepublik, hier konnte man im Kino amerikanische Filme in Originalfassung sehen, hier ließen sich westliche Zeitungen und Bücher beschaf-
fen. Und als es 1968 Frühling wurde in Prag, da war die Stadt
plötzlich Inbegriff jener Idee, die auch in der DDR nach wie vor
viele faszinierte: dass ein humaner Sozialismus möglich wäre.

Aus der Perspektive der SED-Führung bedeutete das Infek-
tionsgefahr, zumal für Studenten und Angehörige der »sozialistischen Intelligenz«, die inzwischen sogar zu Hause began-

nen, über das tschechoslowakische Experiment emphatisch zu diskutieren. Auch tauchten erste Übersetzungen reformkommunistischer Texte auf – und Wolf Biermann dichtete:»In Prag ist Pariser Kommune.«

Zu diesem Zeitpunkt hatte das Staatliche Reisebüro der DDR Kurzurlaube bei den Nachbarn bereits aus dem Programm genommen; Reisen in die Tschechoslowakei waren fortan nur noch privat und mit Visum möglich. Seit Anfang Mai schließlich machten die Zeitungen gegen die Dubček-Riege Front. Das hinderte die Ostdeutschen jedoch nicht daran, in den Sommerferien 1968 massenhaft gen Süden zu fahren; vor allem die Jungen – nicht nur Studenten, auch Lehrlinge und Arbeiter – hatten sich Visa besorgt. Sie waren es dann auch, die auf die Nachricht vom Einmarsch der Warschauer Pakttruppen am heftigsten reagierten.

Während die Presse verbreitete, durch die DDR sei ein Aufatmen gegangen, dass »die dem Sozialismus feindlichen Kräfte in der ČSSR zurückgedrängt werden und ihnen die gebührende Niederlage bereitet wird«, tauchten an etlichen Orten Zeichen des Widerspruchs auf:[30] An der Autobahn bei Henningsdorf spannten Unbekannte ein Bettlaken mit der Aufschrift »Freiheit für Dubček«; in Erfurt machten etwa 200 Jugendliche ihrem Zorn mit Sprechchören Luft; ein Hallenser Bürger forderte vor dem Theater der Freundschaft mit Lenin-Zitaten zum Nachdenken auf; in Dresden stempelten drei junge Männer tausend Flugblätter mit Sprüchen wie:»Habt Mut zur Wahrheit!« In Ost-Berlin, wo die Stasi-Statistiker schließlich »an 212 Stellen 272 Losungen« zählten, sorgte vor allem eine Gruppe junger Leute für Aufregung: meist Kinder hoher SED-Funktionäre wie Thomas Brasch, Rosita Hunzinger, Erika Berthold und die beiden Havemann-Söhne Frank und Florian, die als die Autoren handgeschriebener Flugblätter festgenommen und zu Haftstrafen zwischen ein und zwei Jahren verurteilt wurden.

Zu einer ähnlich dramatischen Aktion wie der – natürlich sofort brutal unterbundenen – Demonstration einiger Couragierter auf dem Roten Platz in Moskau kam es in der DDR nicht. Doch bei politischen »Aussprachen« in den Betrieben gab es nicht wenig Gegrummel, wenngleich nachdrücklicher Widerspruch gegen die offizielle Lesart der Ereignisse selten blieb. Vor allem die Älteren behielten ihre Meinung wohl eher für sich – wie im Oktober 1968 schließlich auch die Statistik der Generalstaatsanwaltschaft der DDR ergab: Danach waren drei Viertel der 1 189 wegen erwiesener Sympathie für die ČSSR strafrechtlich Belangten unter 30 Jahre alt. Die überwältigende Mehrheit dieser »Täter« waren jüngere Arbeiter; der Anteil der »Intelligenz« lag bei lediglich 1,7 Prozent, jener der Schüler und Studenten bei 8,5 Prozent.[31] Wie es scheint, war politische Vorsicht in der DDR ein Bildungsprodukt.

Doch ein wenig von der Prager Aufbruchstimmung war im Mai 1968 auch an ostdeutschen Hochschulen zu verspüren, jedenfalls für trainierte Beobachter. So registrierte die Staatssicherheit an der Humboldt-Universität just unter den Jurastudenten eine »Demokratisierungswelle«. Ermutigt durch die »Studenten-Demonstrationen in der ČSSR, Westdeutschland, Polen und Frankreich« erwogen einige der Kommilitonen, ihre Meinung »mit Schildern und Plakaten usw. zum Ausdruck« zu bringen. Strategischer diskutierte man nach dem Eindruck der Stasi im Juli in der Ost-Berliner Evangelischen Studentengemeinde; dort allerdings traten auch tschechoslowakische Gastredner auf: »Krawalle, wie sie von den Studenten in der VR Polen organisiert wurden, seien an der Humboldt-Universität nicht möglich, da einerseits hierfür nicht die geeignete Situation vorhanden sei und andererseits ein derartiges Vorgehen sofort eine Konfrontation mit der Staatsmacht zur Folge hätte. Man müsse deshalb den Weg gehen, wie er in der ČSSR beschritten wurde. Dabei dürfe man nicht sofort voll gegen die SED auftreten, sondern muß mit der Partei gehen und ihr eine Fehlerdiskussion aufzwingen, die zu Auseinandersetzungen in der Parteiführung führen würde.«[32]

Das Ende des Prager Frühlings bedeutete einen tiefen Einschnitt nicht nur für die Generation der um das Kriegsende Geborenen, und natürlich auch nicht nur in der DDR. Um es aber am Beispiel der Ostdeutschen zu sagen: Die Hoffnungen, die in diesem historischen Augenblick zerstört oder zumindest eingefroren wurden,[33] variierten nicht nur nach dem Grad der Begeisterung, mit dem man das tschechoslowakische Experiment begleitet hatte, sondern auch nach Lebensalter und sozialer Position. Im Unterschied selbst zu den Angehörigen der Aufbaugeneration war der politische Rücksturz für die damalige Studentengeneration – und zumal für die noch etwas Jüngeren – nicht gleichbedeutend mit soziokulturellem Stillstand. Auch hinter dem Eisernen Vorhang gingen die Lebensstilveränderungen weiter, wenngleich die Älteren davon mental wohl in geringerem Maße erreicht wurden als im Westen.

Wie es scheint, hat der politische Emanzipationsstopp im Osten die Ausbildung von Subkulturen, ja einer vielfältigen »Nischengesellschaft«, stärker befördert, als dies im Westen nach dem Ende der Protestbewegung der Fall war. Ganz sicher gilt das mit Blick auf die Alltags- und Konsumkultur. So wenig wie die Liebe zum Beat durch das Kahlschlag-Plenum abzuschaffen war – am 1. Mai 1966 gastierte Joan Baez in Ost-Berlin[34] –, so wenig kam der am Westen orientierte Musikgeschmack und Lebensstil vieler junger Leute massenkulturell in der DDR jemals wirklich an. Stets nur geduldet, nie akzeptiert, blieben der Beat und seine Fortentwicklungen bis in das letzte Jahrzehnt der DDR hinein Projektionsflächen kleinbürgerlicher Abwehrreaktionen.[35] Das Desinteresse, mit dem die antiautoritäre Bewegung im Westen auf die Entwicklung im Osten schaute, seitdem Prag gescheitert und Polen verloren war, hing wohl auch damit zusammen.

Kapitel 5
Was war, was blieb?

*»Mir scheint, die Kinder des nächsten
Jahrhunderts werden das Jahr 1968 mal
so lernen wie wir das Jahr 1848.«*
Hannah Arendt an Karl und Gertrud
Jaspers, 26. Juni 1968[1]

*»Die Meriten der Studentenbewegung
bin ich der letzte zu unterschätzen. Aber
es ist ihr ein Quentchen Wahn beigemischt,
dem das Totalitäre teleologisch innewohnt,
gar nicht erst – obwohl dies auch – als
Reperkussion.«*
Theodor W. Adorno an seinem Todestag
an Herbert Marcuse, 6. August 1969[2]

*»In den letzten Jahren haben manche
in diesem Lande befürchtet, die zweite
deutsche Demokratie werde den Weg der
ersten gehen. Ich habe dies nie geglaubt.
Ich glaube dies heute weniger denn je.
Nein: Wir stehen nicht am Ende unserer
Demokratie, wir fangen erst richtig an.«*
Willy Brandt, Regierungserklärung vom
28. Oktober 1969[3]

Was »68« war, ist seit jeher umstritten. Was davon blieb, ist
Gegenstand nicht endender Debatten. Zu beidem trägt allein
schon die Vielzahl der in Umlauf befindlichen Bezeichnungen
bei. Sie ist, noch ehe explizite Werturteile ins Spiel geraten, ein
Indiz dafür, dass sich die Dinge schwerlich auf einen einzigen
Nenner bringen lassen: Studentenbewegung, Jugendrebellion,
Generationenrevolte, Sozialprotest, Lebensstilreform, Kultur-

revolution – jede dieser Fügungen, betrachtet man sie näher, hat ihre Tücken, jedes der Worte ergibt auch in anderen Kombinationen Sinn. Das aber zeigt: Auch nach vier Jahrzehnten ist »68« nicht ausgedeutet, sondern weiter in Bewegung, noch immer eher Gegenwart als Geschichte.

Die Gründe dafür liegen auf der Hand. Die Generation der »68er«, obgleich inzwischen auf dem Weg in die Rente oder bereits in deren Genuss, ist weiterhin gesellschaftlich aktiv, politisch präsent – und, jedenfalls im Westen und zumal in der Bundesrepublik, wie keine andere nach dem Zweiten Weltkrieg mit ihrer Selbstdeutung befasst. Sie führt damit freilich nur fort, was schon im Moment der Revolte zu beobachten war. Denn längst bevor »68« als Signum und Begriff existierte, hatte die Weltgemeinde der Protestbewegten bereits eine stolze Idee von sich selbst. Dieser Stolz ist ihr bis heute eigen, und sei es als Sündenstolz.

Der damals aus fast allem sprechende Gedanke, Teil einer besonderen Generation zu sein,[4] war historisch gesehen zwar nicht unbekannt; gerade Deutschland und Europa hatten in der ersten Hälfte des 20. Jahrhunderts für solche Vorstellungen bitter bezahlt. Neu aber war doch die Globalität der »um 68« formulierten Gestaltungsansprüche und der Selbstzuschreibungen, und neu war die in alles gelegte Intensität: das grenzenlose Vertrauen auf die Kraft der eigenen Generation, die grandiosen Erwartungen in die Veränderbarkeit der Welt, der Glaube an die Utopie und an den Neuen Menschen.

Soviel Fantasie und Energie zwangen schon zeitgenössisch unentwegt zur Selbstauslegung, und daraus ist ein Habitus geworden. Als ihre eigenen Interpreten sind die »68er« noch immer am ehesten bei sich. »68er« sein, hieß schon damals und heißt bis heute, über »68« zu reden: untereinander wie mit den Nachgeborenen. Es heißt, die Ergebnisse allen Redens und Streitens immer wieder neu zu »hinterfragen« – und sich gerade so die Deutungshoheit über das Gewesene zu sichern. Das ist kein Frondienst im Steinbruch der Geschichte, sondern Narzissmus als selbstbestimmte Arbeit am Mythos, das hält offensichtlich jung und die Erinnerung vermeintlich frisch. Der Historisierung aber entkommt man auch auf diese Weise nicht.

Die Ideen von »68«

»68« ist eine Erfindung. Gewiss war das 69. Jahr des 20. Jahrhunderts nicht arm an historisch bedeutsamen Ereignissen, aber ebenso gewiss steht die im Nachhinein montierte »Chiffre 68« (Detlev Claussen) für weniger und mehr zugleich: Sie steht nicht für ein einzelnes »kritisches Ereignis«[5] im Laufe dieses Jahres, sie steht auch nicht für eine definierte internationale Summe solcher Momente, und sie steht schon gar nicht nur für eine Vielzahl einschlägiger Geschehnisse in unterschiedlich langen, von Fall zu Fall erst näher zu bestimmenden Zeitabschnitten. »68« ist mehr als der Inbegriff eines realen Geschehens. »68« ist ein Assoziationsraum gesellschaftlicher Zuschreibungen und auktorialer Selbstdeutungen, eine beispiellos florierende Begegnungsstätte, in der die Aussagen der Akteure und die Entgegnungen ihrer Kritiker, die Wahrnehmungen der Zeitgenossen und die Beobachtungen der Nachgeborenen aufeinandertreffen. »68« ist das Ergebnis von Interpretation und Imagination im weltweiten »Schein der Gleichzeitigkeit«.[6] Genau darin liegt die historiografische Tücke des Objekts.

Was unter dem Gesichtspunkt der Trägergruppen und der Themen des Protests mit »68« in Verbindung stand, erstreckte sich, wie wir gesehen haben, in manchen Ländern über ein Jahrzehnt und länger. In den USA sind die Anfänge bereits in dem um 1960 sich deutlich verjüngenden und dann auch ethnisch sich erweiternden zivilgesellschaftlichen Protest gegen die Rassendiskriminierung zu erkennen – und ein rascher Abschwung seit 1970, obwohl der Krieg in Vietnam weiterging. In der Bundesrepublik, genauer gesagt in West-Berlin, begannen die Studenten sich um die Mitte des Jahrzehnts zu regen, der Höhepunkt ihrer Mobilisierung lag 1967/68; die organisatorischen Ausläufer in Gestalt der K-Gruppen hielten sich ein weiteres Jahrzehnt, der Terrorismus der RAF noch wesentlich länger. In Japan begann die Unruhe an den Universitäten ebenfalls um 1965, erreichte 1968/69 ihre Spitze und brach dann schnell ab; auch der 1970 einsetzende Terrorismus war dort zwei Jahre später schon fast wieder verschwunden. In Italien waren bereits die Jahre 1966/67 von studentischem Protest geprägt, der sich bis 1968 verbreitete und 1969 von den Universitäten auf die Fabriken im Norden überging; in den siebziger Jahren litt das Land unter der terroristischen Herausforderung von links und rechts. In Holland, in England und überall, wo der Protest sich stärker kulturell artikulierte, begann dies noch vor der Mitte des Jahrzehnts; die (hochschul-) politischen Akzente lagen aber auch in diesen Ländern 1968/ 69. In Frankreich beschränkte sich alles, eindeutiger als irgendwo sonst im Westen, tatsächlich auf das Frühjahr 1968. Der Protest in Prag und andernorts hinter dem Eisernen Vorhang schließlich stand in der antistalinistischen Tradition des freiheitlichen Aufbegehrens gegen die Sowjetunion – und überlebte anno 1968 kaum länger als 1953 in Ost-Berlin und 1956 in Ungarn.

Wer angesichts solch zumeist doch nicht ganz kurzer Verlaufsphasen »68« eher als eine Epoche begreift denn als ein »Jahr, das alles verändert hat«,[7] der wird auch den Umstand leichter akzeptieren, dass die Motive des Protests – ungeachtet vieler Kongruenzen und Parallelen zumal in den Formen – keineswegs alle über einen Kamm zu scheren sind.[8] Nicht nur, dass sich die Ideen verändern und die Anlässe verlagern konnten, dass der Protest sich gleichsam neue Gründe suchte; gar nicht so selten entstand das eine Thema überhaupt erst aus dem anderen. So zum Beispiel, wo es um Rassismus ging: Aus dem Kampf gegen die Diskriminierung der Schwarzen in den USA entwickelte sich in Berkeley 1964 mit der Free Speech Movement die »Mutter aller Studentenrevolten«,[9] und die März-Unruhen 1968 in Polen standen in einem engen Zusammenhang mit der brutalen antisemitischen Kampagne der kommunistischen Parteiführung.

Generell bildete bei den Bewegungen hinter dem Eisernen Vorhang das Verlangen nach politischer Freiheit den Kern der Sache, ebenso, wenngleich »um 68« meist noch ziemlich schwach, in den Diktaturen des Westens (Portugal, Spanien, Griechenland, die Militärregime Lateinamerikas). Soziale und ökonomische Benachteiligungen hingegen spielten die Hauptrolle beim Protest in der »Dritten Welt«, der sich im Westen als Kapitalismus- und Imperialismuskritik spiegelte. Die verbale Solidarität mit den Befreiungsbewegungen Mittel- und Südamerikas, Afrikas und Asiens, später auch der Einsatz von Sammelbüchsen und bisweilen sogar ein Dasein als Kämpfer in den »revolutionären Zonen«, gehörten zum festen ideologischen Repertoire der Revolte. Auf den Boulevards und in den Universitätsstädten Westeuropas (weniger der USA) zeugten davon ikonografisch Che Guevara und akustisch »Ho-Ho-Ho-Chi-Minh«, in den liberalen Feuilletons und Intellektuellenclubs die enthusiasmierten Kuba-Erzählungen weißer Dichter und Denker.

Mindestens genauso viel, vermutlich aber mehr Revolutionstourismus herrschte innerhalb der Hochschullandschaften diesseits und jenseits des Atlantiks, und damit ist sowohl die Frage nach der wichtigsten sozialen Trägerschicht der Revolte als auch nach deren spezifischen Gründen und ihrer transnationalen Vernetzung berührt: Warum gerade die Studenten, warum zu diesem Zeitpunkt, und warum praktisch überall im Westen?

Die Fragen lenken zurück auf die soziale, auf die demografische und auf die intellektuelle Situation Mitte der sechziger Jahre. Mochten sich am Horizont auch bereits vereinzelt erste Wölkchen zeigen, die ein Ende der stürmischen Rekonstruktionsperiode nach dem Zweiten Weltkrieg ankündigten, so waren die Jahrgänge der späteren »68er«-Generation doch in einer Zeit erwachsen geworden, in der es ebenso rasant wie scheinbar unaufhörlich aufwärts ging.

Anders als in den USA hatte der Baby-Boom in Europa, das damals noch hungerte, zwar nicht gleich nach 1945, sondern um fast eine Dekade verzögert eingesetzt. Aber hier wie dort wirkten die Gesellschaften plötzlich sehr jung. Die Sechziger waren, mit den Worten Eric Hobsbawms, die »Goldenen Jahre« in einem »Goldenen Zeitalter«.[10] Fortschritts- und Technikglaube waren ungebrochen, die Welt erschien in jeder Hinsicht machbar. Umso erstaunlicher: In der Erziehung und Ausbildung ihrer vielen jungen Menschen taten sich die meisten Staaten schwer. Einerseits war klar, daß Wirtschaft und Gesellschaft nach besser qualifizierten Kräften verlangten, andererseits waren Europas Gymnasien, Grammar Schools und Lycées ebenso wenig wie die Universitäten auf die nun verkündete Öffnung und die raschen Zuwächse wirklich vorbereitet.[11] Auch wenn sich die Malaise mit dem Ansturm der geburtenstarken Jahrgänge in den siebziger Jahren noch weiter verschärfen sollte: Es waren die vielen neuen Studenten in der zweiten Hälfte der Sechziger, die sich den Mängeln eines überforderten und antiquierten Hochschulsystems als Erste ausgesetzt sahen – und die dafür in Zeiten vielfach sprudelnder Steuereinnahmen und allgemein wachsender Ansprüche an den Staat wenig Verständnis aufbrachten.

Dennoch war die Vorstellung absurd, mit der Unzufriedenheit über diese Situation ließe sich massenhaft revolutionäres Bewusstsein schüren. Immerhin galt ein Studium in den sechziger Jahren noch überall als ein gesellschaftliches Privileg, und gemessen an der Tatsache, dass diese Chance, grob gerechnet und aller Bildungsexpansion zum Trotz, an etwa 90 Prozent der jungen Menschen aus den in Frage kommenden Jahrgängen nach wie vor vorbeiging, war diese Auffassung nicht falsch. Wenn gleichwohl Teile jener zarten Neuen Linken, die sich ungefähr seit Anfang des Jahrzehnts besonders im angelsächsischen, im französischen und im bundesdeutschen Universitätsmilieu entwickelt hatte, ihre Hoffnungen in die Studenten setzten, dann letztlich weniger aufgrund einer optimistischen Einschätzung des an den Universitäten schon vorhandenen kritischen Potentials als vielmehr aufgrund einer noch viel pessimistischeren Sicht auf die im goldenen Konsumkäfig des Kapitalismus augenscheinlich zufriedene »Arbeiterklasse«.

Spätestens an diesem Punkt ist der Hinweis auf geistige Netzwerke und intellektuelle Austauschbeziehungen vonnöten, ohne die das Globalphänomen »68« so wenig zu verstehen ist wie ohne die signifikanten Veränderungen in der Sozialstruktur. Zwar sind Letztere weitaus leichter zu messen als die Einflussströme von Ideen, aber zum Beispiel die Präsenz des deutschen SDS 1962 in Port Huron oder 1968 im Pariser Mai – und die vielen internationalen Treffen in den Jahren dazwischen – verweisen auf das starke Moment der Transnationalität in der aufkommenden Bewegung. Generell wird man sagen können: Der runderneuerte nichtdogmatische Marxismus, den Hitler einmal um die Welt getrieben und der inzwischen, angereichert mit Elementen der Psychoanalyse, der Kulturkritik und der Existenzphilosophie, nach Europa zurückgefunden hatte, übte auf die Neue Linke – die zugleich und vor allem eine junge Linke war – große Faszinationskraft aus. Der alte Herbert Marcuse war die Personifikation dieser Attraktivität.

Im Unterschied zu den Deutungsangeboten der Frankfurter Schule, die außerhalb des deutschen Sprachraums nur von Theoriebegeisterten gelesen wurden, hatten Marcuses Schriften und mehr noch die daraus abgeleiteten Formeln in der globalen Kommunikation der Revolte einen hohen Verständigungswert. Wenn sich, bezogen auf die USA, mit dem gebürtigen Berliner und seiner Lieblingsschülerin Angela Davis etwa argumentieren ließ, dass in Gestalt der aufständischen schwarzen Ghettobevölkerung und der rebellischen Studenten ein neues, den Unterdrückten der »Dritten Welt« vergleichbares revolutionäres Subjekt im Entstehen begriffen sei – warum sollte es dann zum Beispiel nicht möglich sein, die lateinamerikanischen Befreiungsbewegungen, mit denen inzwischen selbst Teile der katholischen Kirche sympathisierten, auch von Europa aus zu unterstützen? Wieso sollte es nicht gelingen können, den »antiimperialistischen Kampf« in die »Metropolen« zu tragen? Und was sollte die Revolutionäre am Ende daran hindern, die Weltrevolution zu machen?

In der Bandbreite der »Ideen von 1968« waren dies gewiss die utopischsten Gedanken. Aber sie befeuerten die Revolte und motivierten mindestens den harten Kern ihrer Aktivisten. Auf die Mehrheit derer, die sich im Westen bewegen ließen – und dazu zählten wenigstens in Frankreich und Italien zeitweise doch auch Arbeiter, Lehrlinge und Schüler –, wirkte anderes zweifellos überzeugender. Was mitriss, war vor allem das einzigartige Artikulations- und Identitätsangebot: die ehrlich empfundenen großen Worte, die tiefen Gefühle und die aufrichtige Empörung, die nirgendwo reiner zum Ausdruck kam als im Protest gegen den Krieg in Vietnam. Was mitriss, waren die plötzlich schier unbegrenzt erscheinenden Möglichkeiten, als eine neue Generation im Eintreten für eine bessere Welt sich selbst zu beweisen.

Und das bleibt ja festzuhalten: Es ging um nichts Geringeres als um eine bessere Welt.[12] Es ging um die Freiheit der Unterdrückten, um die gesellschaftliche Teilhabe aller, um ein Mehr an Demokratie. Es ging, um es in den eindrücklichen Begriffen der Antiautoritären zu sagen, um Emanzipation, um Partizipation und um Transparenz. Die Parallele zu 1848, über die

Hannah Arendt bereits im Moment der Revolte reflektierte und die seither gelegentlich wieder bemüht worden ist,[13] sie findet darin ihren Grund, freilich auch ihre Begrenzung. Denn was man den »68ern« im Westen beim besten Willen nicht vorwerfen konnte und was selbst Teile der Opposition im Osten vermissen ließen, das war die Liebe zum Liberalismus.

Aber heißt das, wie später vor allem in der Bundesrepublik, gröber als seinerzeit noch von Adorno, immer wieder argumentiert worden ist, die »68er«-Bewegung sei eine totalitäre gewesen? Bei dieser Frage kommt, deutlicher als irgendwo sonst, die Diskrepanz zwischen den radikalsten der in der Revolte vertretenen ideologischen Positionen – und dazu gehörte namentlich die sträfliche Ignoranz gegenüber den monströsen Verbrechen der chinesischen Kulturrevolution – und dem konkreten eigenen Lebensstil in den Blick. Denn selbst für die bedürfnislosesten der studentischen Revolutionäre galt natürlich, dass sie die grundlegenden Vorzüge und Freiheiten des westlichen Lebens, wenn auch vielleicht nicht alle seine materiellen Annehmlichkeiten, jederzeit beanspruchten. In diesem Gegensatz lag ein Moment des Unglaubwürdigen und Doppelzüngigen – aber eben auch eine Portion Trost: So ernst, wie viele Parolen klangen, nahmen es (und sich) doch wohl nur wenige. Das Hermetische und das Fanatische, das Irrationale und das Unbedingte – und in diesem Sinne auch das Totalitäre –, das aus den Chefideologen der Revolte zweifellos sprach: Es war nicht das, was die Bewegung im Ganzen motivierte und vorantrieb.

Deshalb saß letztlich einer historischen Fehlwahrnehmung auf, wer über die rebellierenden Studenten in Kategorien von (Rädels-)Führern und Gefolgschaft reflektierte und sich, zumal in Deutschland, mit scheinbar besonders naheliegenden Analogien begnügte. Gewiss musste man den Antiautoritarismus der Antiautoritären nicht zum Nennwert nehmen – der Neue Mensch war ja noch in der Mache –, aber der vom allgemeinen Wertewandel beförderte Selbstentwurf einer neuen Generation war doch nicht zu verkennen: die Lust am Legeren und an der Libertinage, der Anspruch auf Selbstbestimmung und Selbstverwirklichung, nicht zuletzt und in vielerlei Ausprägungen auch das Moment des Spielerischen und Fantastischen. Obzwar es immer wieder versucht worden ist: Man kann den »68ern« schlecht ihren Hedonismus zum Vorwurf machen, wenn man sie des Totalitarismus überführen will – und umgekehrt.

Eher schon trifft es die Vorstellung von »68« als einer romantischen Bewegung oder, in der weniger freundlichen Formulierung Hermann Lübbes, als eines »politromantischen Rückfalls«.[14] Denn tatsächlich lagen dem Entwurf der Zukunft, an die man glaubte, und des Reichs der Freiheit, für das man kämpfte, vielfach ausgesprochen unterkomplexe Vorstellungen von der Funktionsweise moderner Gesellschaften und Volkswirtschaften zugrunde: Rätedemokratie auf allen Ebenen und in allen Bereichen, nichtentfremdete Arbeit, selbstbestimmtes Leben und Lernen, antiautoritäre Erziehung, eine Welt ohne Gewalt und gleichwohl ohne Triebverzicht.

Aber der Spott über so viel naiven Idealismus in Reden und Schriften erfasst und überpointiert doch nur einen Aspekt. Neben einer Gesellschaftskritik, die nicht verstand, dass »die« Gesellschaft, um mit Luhmann zu sprechen, »keine Adresse« hat und alle Forderungen sich deshalb an Organisationen richten müssen,[15] gab es doch überall auch eine ernstzunehmende Wissenschaft, die Argumente der Bewegung aufgriff und eine akademische Gesellschaftstheorie produzierte, die über das bis dahin Geläufige substantiell hinauswies. Wenn die westliche Welt in den sechziger Jahren selbstreflexiver und zugleich alltagskulturell offener, ihren eigenen Ansprüchen mithin ähnlicher wurde, verdankte sich das auch den Anstößen der »68er«. Das galt zumal für die Bundesrepublik.

Eine bundesdeutsche Bilanz

Die Neigung, der bundesrepublikanischen Studentenbewegung eine besondere Radikalität und Weltfremdheit nachzusagen, war unter ihren Kritikern schon zeitgenössisch Usus und hat sich erstaunlich lange gehalten. Man wird darin nicht zuletzt eine Folge jener aufklärerisch gemeinten und anfangs zweifellos erzieherisch wirkenden deutschen Sonderwegsthese sehen müssen, die in der »skeptischen Generation« ihre wortmächtigsten Interpreten besaß.[16] Die Generationenkonkurrenz zwischen »45ern« und »68ern«, die seit 1967 gerade auf dem Feld der Vergangenheitskritik aufbrach, dürfte diese Neigung, die im übrigen auch etliche ältere, aus der Emigration zurückgekehrte Hochschullehrer teilten, noch bestärkt haben. Schon der flüchtigste Vergleich jedoch relativiert die Vorstellung eines durch die Studentenbewegung erneut beschrittenen oder gar einfach fortgesetzten deutschen Sonderwegs. So war zum Beispiel die französische Revolte zwar kürzer, aber mit Sicherheit nicht weniger gewalt- und utopiebereit, so standen Italiens linke Studenten dem Staat in schwer zu überbietender Feindseligkeit gegenüber, so waren die amerikanischen SDS Ende 1969 ideologisch nicht weniger giftig zerstritten als ihre deutschen Namensvettern.

Gleichwohl gab es natürlich bundesrepublikanische Besonderheiten, und diese hingen vielfach mit der besonderen deutschen Vergangenheit zusammen. Auch wenn sich der Protest hier wie dort erhob: Allein schon die mentale Disposition der Gesellschaft unterschied die Situation im westdeutschen Nachfolgestaat des »Dritten Reiches« (wie auch, in je spezifischer Weise, in Österreich und der DDR) von der Lage in den durch das nationalsozialistische Deutschland seinerzeit überfallenen Ländern. Der Wiederaufbau war in der Bundesrepublik hinter einem anderen sozialpsychischen Gerüst erfolgt als in jenen europäischen Gesellschaften, die sich, und sei es nachträglich, dem Kreis der Siegermächte des Zweiten Weltkriegs zugehörig fühlen konnten. Nirgendwo sonst war die Vätergeneration der »68er« politisch so kompromittiert und moralisch so schwach wie in der zweiten deutschen Demokratie, über deren Anfänge bekanntlich die Alliierten gewacht und deren Geschicke zunächst die Großvätergeneration der Adenauer und Schumacher in die Hand genommen hatten.

Alexander Mitscherlichs emblematisches Wort von der »vaterlosen Gesellschaft« schien entsprechende selbstdiagnostische Ahnungen der Westdeutschen Anfang der sechziger Jahre auf den Begriff zu bringen. Tatsächlich schwieg sich der Psychoanalytiker in seinem berühmten Buch über den Zusammenhang von Nationalsozialismus, Krieg und vielfach nicht nur psychisch abwesenden oder schwachen, sondern faktisch fehlenden Vätern zwar völlig aus. Aber mit seinem Plädoyer für eine »Fundamentaldemokratisierung«, für individuelle Emanzipation und verbesserte »Ich-Stärke« lieferte Mitscherlich zukunftsweisende Stichworte, ebenso wie mit seiner Kritik eines gegen falsche Herrschaftsansprüche und Gehorsamsforderungen nicht hinreichend gewappneten »deutschen Nationalcharakters«.[17]

Auch dieses Beispiel zeigt, was in der bald anhebenden Kontroverse um die Notstandsgesetzgebung seinen klarsten Ausdruck fand: Mitte des Jahrzehnts war begrifflich und politisch vieles bereits im Schwange, was dann von den Jungen aufgegriffen und radikalisiert wurde. Dabei bewirkte, wo immer es um reale oder auch nur imaginierte »typisch deutsche« Defizite und Defekte ging, die stets mögliche Bezugnahme auf die NS-Vergangenheit eine Verstärkung und Dramatisierung des Problem- und Krisenbewusstseins.

Was die deutsche Studentenbewegung auch anfasste – es gab kein Thema, das nicht in die Vergangenheit und auf die Frage nach deren Fortleben in der Gegenwart zurückverwies oder doch zumindest so verstanden werden konnte. Mit jeder Vergegenwärtigung der Gesellschafts- und mehr noch der Elitenkontinuität war der Verdacht des Weiterwirkens der NS-Moral gleichsam unauflöslich verbunden, und vor dem Hintergrund des Menschheitsverbrechens an den Juden war dies ein in der Tat kaum zu ertragender Gedanke. Deshalb auch prägten sich die Erfahrungen »der Straße« in einer Weise ein, die ein Frankfurter Demonstrant, im vollen Bewusstsein aller seither stattgehabten Überschreibungen, noch nach vier Jahrzehnten höchst gegenwärtig zu formulieren vermochte: »der geduckte und schmallippige Haß, der uns von den Bürgersteigen der Mainmetropole entgegenschlug und sich in der gezischten Empfehlung äußerte, in den Osten oder besser gleich ins Gas zu gehen, begünstigte im Sog der vorwärtsdrängenden körperlichen und gedanklichen Bewegung die entsetzliche, weil gegenläufige Empfindung, zum lebenden Beweis einer stillstehenden, schlimmer noch, zurückfließenden Zeit zu werden, die uns augenblicklich zu verschlingen drohte: Die entgleisten, wutverzerrten Gesichtszüge der Passanten erinnerten nicht nur entfernt an die Fratzen der Nazischergen, sie schienen mit ihnen zu verschmelzen.«[18]

Es war diese Präsenz des Vergangenheitsbezugs, die die deutschen »68er« nicht nur von ihren angelsächsischen, sondern auch von ihren Kommilitonen in Ländern mit einer politisch-moralisch ambivalenten Weltkriegsbilanz unterschied. In Frankreich oder in Holland etwa schob sich vor die Wahrnehmung der Kollaboration beim Judenmord doch immer noch der Widerstand gegen die Besatzer, und in Italien überlagerte die Erinnerung an die letzte Etappe des Krieges jene der vorangegangenen faschistischen Waffenbrüderschaft mit den Deutschen. In der vergangenheitspolitischen Landschaft der Bundesrepublik hingegen stand, ausgesprochen oder nicht, der Mord an den europäischen Juden wie ein Gebirge der Schuld. Dessen Unermesslichkeit empfanden vor allem die

Jungen. Auch wenn es noch ein Jahrzehnt und länger dauern sollte, ehe der Begriff Holocaust und die Vorstellung eines »Zivilisationsbruchs« Eingang in die deutsche Sprache finden sollten: Im kollektiven Bewußtsein der »68er«, vielleicht mehr noch in ihren Ahnungen, war die Untat der Väter präsent. Wenn sich manche der damals Rebellierenden Dekaden später einer »identitären Besitznahme des Verbrechens« bezichtigen[19], so mag dies Affekte erklären, die in Teilen der Generation chronisch geworden sind; als Selbstkritik auf die sechziger Jahre gewendet, verfehlt eine solche Diagnose jedoch die damalige gesellschaftliche Situation.

Letzteres gilt im Kern auch für die entgegengesetzte Behauptung, wonach die deutsche »68er«-Bewegung als antisemitisch verstanden werden müsse.[20] Soweit damit die Protestgeneration im Ganzen angesprochen ist, wird man noch einmal auf die dezidiert vergangenheitskritischen Motive der Bewegung verweisen müssen. Diese können nicht schon deshalb als unglaubwürdig gelten, weil der historische Nationalsozialismus – im Unterschied zu der ihm zugeschriebenen Mentalität – im Verlauf der Revolte tatsächlich immer mehr aus dem Blickfeld geriet.

Ohne Zweifel war die Universalisierung des Faschismusvorwurfs, wie sie die radikale Linke zum Zwecke der Kapitalismuskritik stattdessen favorisierte, nicht nur maßlos überzogen, sondern tendenziell auch eine Verharmlosung des »Dritten Reiches«. Aber sie war weder per se antisemitisch noch in jenem kulturellen Sinne antiamerikanisch, wie das für die deutsche Rechte zum Teil auch über 1945 hinaus gesagt werden kann. Das galt selbst noch auf dem Höhepunkt der internationalen Anti-Vietnamkrieg-Bewegung, als in der berüchtigten Gleichung »USA = SA = SS« alle Übel der sogenannten Faschismuskritik zum Vorschein kamen. Dass den Kindern der Kriegs- und Nachkriegszeit das Mitgefühl für die Opfer des amerikanischen Bombenkriegs in Vietnam nicht fern lag, ist leicht zu verstehen; ihre diesbezügliche Kritik an den USA pauschal und ausschließlich als eine verdeckte deutsche Schuldabwehr zu lesen,[21] greift aber wohl zu weit.

Die Schwierigkeit, mit solchen Spekulationen angemessen umzugehen, liegt auf der Hand. Immer wieder stellt sich die klassische Frage nach der Repräsentativität einzelner Aktionen und Akteure: Was sagt es über die Studentenbewegung der Jahre 1967 und 1968, wenn 36 Jahre später ersichtlich wird, wer hinter dem gescheiterten Anschlag auf das Haus der West-Berliner Jüdischen Gemeinde am 9. November 1969 steckte? In wessen Namen agierte Dieter Kunzelmann, der inzwischen als Anstifter des Verbrechens gilt, das dort am Jahrestag der »Reichskristallnacht« zahlreiche Opfer hätte fordern können?[22] Stand der Kommunarde mit seinen kurz zuvor in einem jordanischen Palästinenserlager geschulten »Tupamaros Westberlin« je für den Hauptstrom der Revolte? Und soll man seine perverse Idee, die Neue Linke auf diesem Wege von ihrem unterstellten philosemitischen »Judenknax« (Kunzelmann) zu heilen, wirklich als ein Indiz für deren latent ungebrochenen Antisemitismus verstehen?[23] Oder ist es nicht sehr viel plausibler, in Kunzelmanns kurzlebiger Guerilla-Truppe und ihren Terroraktionen in erster Linie die Vorläufer der RAF zu sehen,[24] des fürchterlichsten, aber eben nicht des einzigen Zerfallsprodukts der »68er«-Bewegung?

Wer den aggressiven Antizionismus studiert, dem sich ein Teil der Linken nach dem Ende der APO verschrieb, der wird geneigt sein, dem Auschwitz-Überlebenden Jean Améry beizupflichten, der, selbst ein Linker, im Sommer 1969 meinte, der Antisemitismus sei nicht mehr wie früher ein »Sozialismus der dummen Kerls«, sondern im Begriff, »ein integrierender Bestandteil des Sozialismus schlechthin« zu werden.[25] Noch um die Zeit des Sechs-Tage-Krieges, der mit dem Tod von Benno Ohnesorg zusammenfiel und besonders Springers ›Bild‹ zu Bravorufen im Namen aller militärisch bewanderten Deutschen veranlasste, war Israel ob seiner Kibbuz-Bewegung ein bewundertes Beispiel für gelebten Sozialismus. Gerade linke Studenten hatten sich dort seit Anfang der sechziger Jahre im Rahmen der Aktion Sühnezeichen engagiert, und selbstredend gehörte die Deutsch-Israelische Studiengruppe an der FU Berlin zu den Organisationen, die nach dem 2. Juni 1967 protestierten[26]. Seit sich 1969/70 der Blick für die Lage der Palästinenser in den besetzten Gebieten schärfte, änderte sich diese Konstellation.[27]

Nun gewann für etliche Linke eine Deutung Plausibilität, die in ihrer Faschismustheorie freilich immer schon angelegt war und die darauf hinauslief, den Judenmord bestenfalls als akzidentielle, schlimmstenfalls als logische Konsequenz der mörderischen Verwertungsinteressen des aus dem Kapitalismus gezeugten Faschismus zu begreifen. Wer dies glaubte, der hatte keine Schwierigkeiten, die Ausrottungspolitik des Nationalsozialismus mit der Frage nach dahinterliegenden »ökonomischen Kalkülen« zu verbinden und alle rassenideologischen Motive beiseitezuschieben. Wer dies glaubte, dem kam kaum in den Sinn, wie nahe Antizionismus und Antisemitismus beieinander liegen; ja dem gelang es sogar, im Zionismus nichts anderes zu sehen als einen gegen die Palästinenser gerichteten Rassismus. Die Tatsache, daß es damals – in Frankfurt am Main nicht anders als in Paris – auch linksradikale jüdische Studenten gab, die solche Überzeugungen vertraten,[28] machte diese nicht weniger fragwürdig. Das Ergebnis war eine verbreitete Identifikation mit der palästinensischen Sache, die sich seit Anfang der siebziger Jahre noch vor die Solidarität mit dem Vietcong schob (und die fortan vor allem beim revolutionären Nachwuchs in einer um das Palästinensertuch ergänzten Garderobe ihren Ausdruck fand).

Die weitere ideologische Zuspitzung blieb dann einer Minderheit der nichtjüdischen Linken vorbehalten. Sie führte manche geradewegs in den Terrorismus. Gleichwohl steht die politisch-moralische Selbstpreisgabe, als die der Terror der RAF allein verstanden werden kann,[29] nicht für das Ganze der Revolte. »68« war mehr als die unter purer Gewalt begrabene utopische Aspiration. Und es war mehr als eine Geschichte vom Aufstieg und Fall studentischer Macht. Schon ein kurzer Blick auf die Jahre danach lässt daran keinen Zweifel.

Mag der historische Ort von »68« in der Gesellschaftsgeschichte der Bundesrepublik auch noch eine Weile in der Schwebe bleiben, so ist einiges doch inzwischen ziemlich klar: Bei weitem erfolgreicher als alle Maoisten, Trotzkisten und sonstigen sektiererischen K-Gruppen, die sich seit 1969/70 formierten und das linke Universitätsmilieu im folgenden Jahrzehnt in Konkurrenz und anhaltendem Streit mit der neu gegründeten DKP und deren Marxistischem Studentenbund Spartakus dominieren sollten, entwickelte sich aus der Konkursmasse des SDS die neue Frauenbewegung.[30]

Bereits seit dem Frankfurter Delegiertentreffen im September 1968 als »Weiberrat« ante portas, fanden die Emanzipationsforderungen der jungen linken Frauen im Grunde erstaunlich rasch Resonanz. Von den antiautoritären Kinderläden über die weiblichen Ausbildungs- und Berufsansprüche bis hin zur Frage der sexuellen Selbstbestimmung und des Rechts auf Schwangerschaftsabbruch (»Mein Bauch gehört mir«) – viele der Ideen trafen jetzt auf neugierige Medien und eine sich öffnende Gesellschaft. Ähnliches galt für die bald aufgeworfenen emanzipatorischen Defizite anderer sozialer Gruppen und Minderheiten (Homosexuelle, Behinderte, ältere Menschen, nicht zuletzt die Patienten einer dringend reformbedürftigen Psychiatrie[31]), aber natürlich auch für die aufkommende Ökologie- und, gegen Ende der siebziger Jahre, für eine sich erneuernde Friedensbewegung, die große Teile der kirchlichen Milieus erfaßte.

Mochte diese »Neuen Sozialen Bewegungen« anfangs auch fast ausnahmslos die Aura des Alternativen und Subkulturellen umgeben: Die Tatsache, daß sie sehr rasch zu Objekten einer emphatisch deutenden Sozialwissenschaft wurden, ist ein zusätzliches Indiz dafür, dass ihnen in den vermeintlich so »bleiernen« siebziger Jahren eine erklärte Reformstimmung und Veränderungsbereitschaft in Politik und Gesellschaft entgegenkamen. Das war auch und gerade in sozialmoralischen Milieus wie dem der katholischen Landbevölkerung oder der sozialdemokratischen Industriearbeiterschaft zu beobachten, die bis dahin als besonders strukturkonservativ galten, in Wirklichkeit aber bereits dabei waren, sich mit neuen Rollenbildern und Lebensstilen vertraut zu machen.[32]

Als Signal dafür stand die offenkundig angekommene Wahlkampfparole vom »modernen Deutschland«, das zu schaffen die Sozialdemokratie unter Willy Brandt angekündigt hatte und an der sich die sozialliberale Koalition seit Herbst 1969 messen lassen musste. Der Slogan war der schnittige Ausdruck einer im Grunde ziemlich vertrackten Botschaft. Zunächst sprach aus ihm natürlich das Abgrenzungsbedürfnis gegenüber einer Großen Koalition, deren beträchtliche Planungs- und Reformenergie gerade auch sozialdemokratischen »Machern« zu verdanken gewesen war. Sodann aber wollten die Worte als Adresse an die besonders zahlreichen Erst- und Jungwähler verstanden werden: als Einladung zum Engagement in einer von linksaußen hart attackierten SPD, aber auch als indirektes Signal der Abgrenzung gegenüber diesen Kritikern, die nicht nur eine modernere und »mehr«, sondern eine andere Demokratie verlangten.

Ob das Kalkül der Einbindung 1969 und dann vor allem bei der »Willy-Wahl« 1972 aufging, ist bis heute umstritten.[33] Klar ist immerhin, dass die Einladung von vielen wirklich angenommen wurde – weniger von denen, die eben noch rebelliert, als vielmehr von jenen, die mit den Rebellierenden sympathisiert hatten. Das bescherte der Sozialdemokratie einerseits nicht nur eine triumphale zweite Kanzlerkür und Tausende neuer

Mitglieder, sondern im Verlauf der siebziger Jahre auch jede Menge grotesker Parteitagsbeschlüsse; andererseits veränderte der damals von Rudi Dutschke propagierte und von etlichen seiner Genossen tatsächlich angetretene »Marsch durch die Institutionen« die Marschierenden à la longue doch mindestens so sehr wie die SPD und die politische Landschaft der zweiten deutschen Demokratie.

Wie es scheint, begünstigte das Faktum, dass die Bundesrepublik sich in den Jahren vor der Revolte bereits in einer Phase beschleunigten Wandels befunden hatte, die Diffusion vieler »Ideen von 68« und deren gesellschaftliche Resorption. Wer meint, die Protestbewegung sei »politisch total gescheitert«,[34] der kann sich mit dieser (Selbst-)Kritik nur auf die missglückte Abschaffung der parlamentarischen Demokratie beziehen, die in der Tat zu keinem Zeitpunkt in Reichweite war, auch nicht auf dem Höhepunkt des Terrorismus. Unterhalb dieser Ebene spricht alles dafür, über ein beträchtliches Maß an wechselseitiger Anverwandlungsbereitschaft zu staunen.

Man nehme dazu nur drei der klassischen »68er«-Begriffe – Emanzipation, Partizipation, Transparenz –, und man stellt fest, dass eigentlich in allem sich binnen weniger Jahre ein Zuwachs zeigte: mehr Gleichberechtigung zwischen den Geschlechtern und mehr Rechte für gesellschaftliche Randgruppen; mehr Mitsprache an der »Basis« der Parteien, in Gewerkschaften, Kirchen, Verbänden; mehr Offenheit und Begründungspflicht im Verwaltungshandeln von Staat und Gemeinden; mehr Demokratie bei der Polizei. Wenn die Bundesrepublik in den siebziger Jahren ein Land der Bürgerinitiativen wurde – zum Vorteil etwa der Idylle am Kaiserstuhl und lebensraumbedrohter Feldhamster in vielen Fluren, aber mit gelegentlichen Nachteilen für den fließenden Verkehr –, dann war das auch ein Ergebnis von »68«.

Nicht jedem haben die signifikanten politisch-kulturellen, besonders aber auch alltagsweltlichen Veränderungsprozesse im Nachgang der Revolte gefallen, und längst nicht alle der im Alarmton eines neuen Kulturpessimismus vorgebrachten Reaktionen sind als indirekte Indizien gesellschaftlicher Eindringtiefe zu lesen. Doch »um 68« veränderten sich, gegen eine oftmals scharfe konservative Kritik, Gesicht und Mentalität der Republik. Der ohne Begleitung seiner Partnerin den Kinderwagen schiebende Facharbeiter mit den etwas längeren Haaren auf dem schwäbischen Dorf war fortan sicherlich nicht die Regel, aber eine Möglichkeit, ebenso wie die junge Büroangestellte aus der hessischen Kleinstadt auf unbegleiteter Urlaubsreise in Spanien. Der dazu notwendige gesellschaftliche Wandel hatte gewiss nicht erst im Moment der Revolte begonnen – wo hätte es solche Voraussetzungslosigkeit je gegeben? –, aber die Atmosphäre des Protests und des Aufbruchs »um 68« beschleunigte ihn.[35]

1968 war nicht das Jahr, das alles verändert hat, dazu war viel zu viel bereits im Gang. Aber nach »68« war fast nichts mehr so wie vorher. Und in diesem Sinne war »68« überall.

Anhang

Anmerkungen

Paris, Mai 1968

1 Zit. nach Rohan, Paris, S. 66, 86, 74 (»Phantasie an die Macht.« »Es ist verboten zu verbieten.« »Der Traum ist die Wirklichkeit.«).

2 So die Formulierung in: Der Spiegel, 4.3.1968, S. 117. Der Dialog ist schon zeitgenössisch in Varianten überliefert; vgl. bes. Claasen/ Peters, Rebellion, S. 39; Rauch/Schirmbeck, Barrikaden, S. 26 f.; Hamon/Rotman, Génération, S. 400 f.; Touraine, Mouvement, S. 117 f.; Gilcher-Holtey, Phantasie, S. 127, schildert die fragliche Entgegnung als Perzeption Dritter; Kraushaar, 1968, S. 14, und ders., Frankfurter Schule, Bd. 1, S. 290, lässt sie unerwähnt.

3 Dazu und zum Folgenden Gilcher-Holtey, Phantasie, S. 115–138.

4 Interessante Fotos und Dokumente dazu bei Duteuil, Nanterre, 145–190.

5 Vgl. Kraushaar, Frankfurter Schule, Bd. 1, S. 300 ff.

6 Zur Rolle von Cohn-Bendit als »leader« vgl. Touraine, Mouvement, S. 114–117.

7 Als Kiesinger während seiner Haushaltsrede auf die »Freundschaft und Partnerschaft Westeuropas mit den Vereinigten Staaten« zu sprechen kommt und dabei für Entspannungsbemühungen plädiert, verzeichnet das Protokoll »Zurufe von der Besuchertribüne. – Unruhe. – Glocke des Präsidenten.«, nicht aber den Wortlaut des Zwischenrufs; Verhandlungen des Deutschen Bundestages, 5. Wahlperiode, Stenographische Berichte, 2.4.1968, S. 8610.

8 Wegen eines im Combat veröffentlichten Artikels über Kiesingers NSDAP-Mitgliedschaft war Klarsfeld entlassen worden; vgl. Kraushaar, 1968, S. 94, 282 ff.

9 Vgl. Rauch/Schirmbeck, Barrikaden, S. 20 ff.

10 Spender, Rebellen, S. 50 f.

11 Detailreich zum Folgenden Gilcher-Holtey, Phantasie, S. 232–258.

12 Rauch/Schirmbeck, Barrikaden, S. 73; dort S. 74 f. auch die folgenden Zitate.

13 Neue Zürcher Zeitung, 13.5.1968, S. 1.

14 Ebenda, S. 2, Hervorhebungen im Original.

15 In diesem Falle liegen die Angaben besonders weit auseinander: Während die Polizei sogleich etwa 200 000 bis 300 000 Demonstranten schätzte (vgl. Süddeutsche Zeitung, 14.5.1968, S. 1 bzw. Neue Zürcher Zeitung, 15.5.1968, S. 2), sprachen die Organisatoren in den Tagen danach von bis zu einer Million Teilnehmern; in den Medien wurden fortan meist die höheren Zahlen wiedergegeben; vgl. z. B. Der Spiegel, 20.5.1968, S. 102, wo von 800 000 Teilnehmern die Rede ist.

16 Vgl. Gilcher-Holtey, Phantasie, S. 264–267.

17 Dazu mit dem Pathos des Augenblicks: Claasen/Peters, Rebellion, S. 65–73.

18 So Cohn-Bendits Selbstdefinition in einem aufschlussreichen Gespräch mit dem Spiegel, 27.5.1968, S. 111.

19 Vgl. Kraushaar, Frankfurter Schule, Bd. 1, S. 331 f. bzw. 338. Über die genauen Umstände der Rückkehr schwieg sich Cohn-Bendit auch später aus: »Überflüssig zu erwähnen, wie. Den größten Teil der Reise machte ich im Auto.«; Cohn-Bendit, Basar, S. 49. Fraser, 1968, S. 14, gibt an, Cohn-Bendit sei im Kofferraum des Jaguars von Jacques Lacan nach Frankreich zurückgekehrt.

20 Der Spiegel, 27.5.1968, S. 104.

21 Die Deutungen des Begriffs »chienlit« reichen von Unfug und Karneval bis Mummenschanz und »Bettscheißerei«; vgl. Claasen/Peters, Rebellion, S. 80 f.; Der Spiegel, 27.5.1968, S. 110.

22 Vgl. Marwick, Sixties, S. 617; Kraushaar, 1968, S. 134–139. Zu den Brutalitäten dieser Nacht und den Übergriffen der CRS auch Der Spiegel, 17.6.1968, S. 81–86. Laut Reader, May, S. 18, Fn. 36, gab es während der Unruhen in Frankreich insgesamt 19 Tote, davon sechs im Mai 1968. Die Zahl der Verletzten auf allen Seiten lag bei rund 1800, davon mehr als die Hälfte in Paris.

23 Angaben bei Claasen/Peters, Rebellion, S. 104.

24 Zum Folgenden Reader, May, S. 14–19; Brown, Protest, S. 20 ff.; Gilcher-Holtey, Phantasie, S. 328–338.

25 Eine Problematisierung der vielfältigen Spekulationen über de

Gaulles Aufenthalt in Baden-Baden und der diesbezüglichen Memoirenliteratur bei Gilcher-Holtey, Phantasie, S. 394–404.

26 Illustrativ zur Katerstimmung dieser Tage die Selbstauskunft von Cohn-Bendit, Basar, S. 47–56; zu seiner erneuten Flucht in die Bundesrepublik ebenda, S. 51.

27 Zahlenangaben für die 4. Legislaturperiode (Juli 1968) nach Pierre Avril: Les Français et leur Parlement. Paris 1972, S. 78.

28 George Katsiaficas, einer der Aktivisten der amerikanischen Neuen Linken, hat für das Jahr 1968 Studentenproteste in 56 Ländern rund um den Globus gezählt, darunter 22 europäische Staaten; vgl. Katsiaficas, Imagination, S. 44 f.

Kapitel 1 (USA)

1 Von dem Song wurden seit 1967 angeblich mehr als 5 Millionen Schallplatten verkauft; vollständiger Titel: ›San Francisco (Be Sure To Wear Some Flowers In Your Hair)‹.

2 Zahl bei Anderson, Movement, S. 46; zur Ausbreitung der Sit-ins und den Folgen auch Carson, Struggle, S. 9 ff.; eine Tabelle dazu bei Oppenheimer, Sit-In, S. 42 f. – Einzelheiten zu Greensboro bei Raines, Soul, S. 75–82 (Interview mit Franklin McCain, einem der Beteiligten).

3 Die Herkunft des Begriffs ist unklar; er bezeichnet das nach dem amerikanischen Bürgerkrieg etablierte gesetzliche System der Rassensegregation.

4 Vgl. Meier/Rudwick, CORE, S. 13 f.; zur NAACP jetzt Berg, Ticket.

5 Vgl. die ausführliche Darstellung bei Carson, Struggle.

6 Knappe Schilderung des Ablaufs bei Riches, Movement, S. 27–29.

7 Vgl. Farber, Age, S. 73; laut Stern, Visions, S. 51, galt dieser Prozentsatz noch 1963.

8 Vgl. Stern, Visions, S. 40–62.

9 Schlesinger, A Thousand Days, zit. nach Stern, Visions, S. 44.

10 Eine sensible Schilderung bei Riches, Movement, S. 39–44.

11 Am genauesten dazu Meier/Rudwick, CORE, S. 135–158.

12 Ausführlich zum Folgenden Morris, Origins, S. 250–274; vgl. auch Farber, Age, S. 86–89.

13 Zit. nach Washington, Testament, S. 289–302, hier S. 295 (»Ich bin mittlerweile fast zu der bedauerlichen Schlußfolgerung gekommen, daß das größte Hindernis für die Neger nicht die weißen Einwohnerwehren oder der Ku Klux Klan sind, sondern jene moderaten Weißen, die mehr Wert auf ›Ordnung‹ als auf Gerechtigkeit legen.«).

14 Zit. nach Stern, Visions, S. 86 (»Der Kampf gegen die Rassentrennung darf nicht länger nur die Sache einer von weißen Politikern aus dem Norden abgesegneten Negerbewegung sein. Es muß daraus eine landesweite Bewegung zur Durchsetzung der nationalen Gesetze werden, angeführt und geleitet durch die Regierung in Washington.«).

15 Vgl. Morris, Origins, S. 274.

16 Vgl. Stern, Visions, S. 88.

17 Vgl. Farber, Age, S. 84.

18 Zit. nach Stern, Visions, S. 104.

19 Dazu im Einzelnen Isserman, Hammer, S. 3–34.

20 Zur Unterscheidung dieser frühen ersten Generation politisch engagierter Studenten aus der Mittelschicht gegenüber den weniger theorielastigen Jüngeren vgl. Todd Gitlin: Das doppelte Selbstverständnis der amerikanischen Studentenbewegung, in: Gilcher-Holtey, 1968, S. 56–63, hier S. 57.

21 Zur »New Left« jetzt knapp und nuanciert Isserman/Kazin, America, S. 165–186.

22 Ebenso ausführlich wie überschwänglich dazu Sale, SDS, S. 42–59; abgewogen Anderson, Movement, S. 61–66; vgl. auch Juchler, Studentenbewegungen, S. 26–31.

23 Zit. nach Albert/Albert, Papers, S. 176–196, hier S. 176; Übersetzung bei Jacobs/Landau, Neue Linke, S. 144–160, hier S. 144 (»Wir sind Menschen dieser Generation aufgewachsen in zumindest bescheidenem Komfort, zur Zeit untergebracht in Universitäten, erfüllt von einem Unbehagen an der Welt, die einmal unsere sein wird.«).

24 Zit. nach Albert/Albert, Papers, S. 181, Hervorhebung im Original; Übersetzung bei Jacobs/Landau, Neue Linke, S. 15 (»Wir möchten die Macht, die auf Besitz, Privileg oder Zufall gründet, ersetzen durch eine Macht, die auf Liebe, Überlegung, Vernunft

und Schöpferkraft beruht. Das Gesellschaftssystem, das wir erstreben, ist eine Demokratie der Mitbestimmung des einzelnen, die von zwei Prinzipien bestimmt ist: Der einzelne soll an den sozialen Entscheidungen teilhaben, welche seine Lebensweise und seinen Lebensgang festlegen; und die Gesellschaft soll so eingerichtet werden, daß sie die Selbständigkeit des Menschen fördert und die Medien für allgemeine Mitbestimmung bereitstellt.«).

25 C. Wright Mills, Letter to the New Left, in: The New Left Review (1960), teilweise abgedruckt in: Albert/Albert, Papers, S. 86–92.

26 Ausführlich dazu Sale, SDS, S. 95–115.

27 Vgl. Stern, Visions, S. 189 ff.

28 Vgl. zum Folgenden die detailscharfe Darstellung bei Rorabaugh, Berkeley, S. 18–47; mit dem Enthusiasmus eines ehemaligen Aktivisten: Goines, Movement, bes. S. 113–163; Gilcher-Holtey, 68er, S. 26–29, überzeichnet wohl die Rolle der SDS in Berkeley.

29 Vgl. als interessante Nachbetrachtung im Abstand von 40 Jahren das Interview mit dem schon damals in Berkeley lehrenden Sprachphilosophen John R. Searle, in: Die Zeit, 2.12.2004, S. 50 (»Die Mutter aller Studentenrevolten«).

30 Vgl. Brick, Age, S. 29; Rorabaugh, Berkeley, S. 22.

31 Vgl. Rorabaugh, Berkeley, S. 33 f.

32 Hintergrund war eine moderne Form der Studentenverwaltung, die der Daily Californian 1965 ironisierte: »The incoming freshman has much to learn – perhaps lesson number one is not to fold, spindle or mutilate his IBM card.«; zit. nach Rorabaugh, Berkeley, S. 18. Der Sachverhalt wurde schon zeitgenössisch verschieden gedeutet; vgl. die Varianten bei Hans Günter Hockerts: › 1968‹ als weltweite Bewegung, in: Schubert, 1968, S. 13–34, hier S. 16, und Gilcher-Holtey, 68er, S. 28.

33 Rorabaugh, Berkeley, S. 24.

34 Die Literatur zur Anti-Vietnamkrieg-Bewegung ist breit; das Folgende vor allem nach DeBenedetti/Chatfield, Ordeal; Zaroulis/Sullivan, Who; Juchler, Studentenbewegungen, S. 51–127.

35 The War on Vietnam. A McComb, Mississippi, Protest, zit. nach Joanne Grant (Hrsg.): Black Protest. History, Documents, and Analyses, 1619 to the Present, Greenwich 1974, S. 415–416, Zit.

S. 415; danach handelte es sich um den ersten Anti-Vietnam-kriegs-Protest der Civil Rights Movement überhaupt.

36 Eingehend dazu Sale, SDS, S. 203–222; vgl. auch Juchler, Studentenbewegungen, S. 62–69.

37 Zu der Gallup-Umfrage und zur damaligen Stimmung Anderson, Movement, S. 150f.; vgl. auch DeBenedetti/Chatfield, Ordeal, S. 127.

38 Vgl. Zaroulis/Sullivan, Who, S. 1–5; bis 1970 folgten in den USA fünf weitere Selbstverbrennungen.

39 Dazu insgesamt aufschlussreich Gitlin, World.

40 Angaben nach Baskir/Strauss, Chance, S. 5–9.

41 Ausführlich dazu Horne, Fire.

42 Dazu jetzt knapp und instruktiv Andreas Eckert: Predigt der Gewalt? Betrachtungen zu Frantz Fanons Klassiker der Dekolonisation, in: Zeithistorische Forschungen 3 (2006) 1, S. 169–175.

43 Zit. nach Anderson, Movement, S. 158f.

44 Das Folgende vor allem nach Ferber/Lynd, Resistance, S. 47–67.

45 Dazu und zum Folgenden Zaroulis/Sullivan, Who, S. 70–76.

46 Konzeptionell anregend zu diesem Abschnitt Jakob Tanner: »The Times They Are A-Changin'«. Zur subkulturellen Dynamik der 68er-Bewegungen, in: Gilcher-Holtey, 1968, S. 207–223.

47 Die Literatur zu den Hippies ist diffus und oft nostalgisch; einen illustrativen Einblick gibt Anthony, Sommer; gute Zusammenfassungen bieten Anderson, Movement, S. 170–176, 241–291; Farber, Age, S. 167–189.

48 Time Magazine, 7.7.1967, S. 12–20; die Erläuterungen zum Titelbild im ›Letter from the Publisher‹, S. 3.

49 Mailer, Nixon, S. 152.

50 Harper's Magazine, Oktober 1967, zit. nach Marwick, Sixties, S. 496.

51 Time Magazine, 7.7.1967, S. 20; vgl. dagegen die gegen Ende des Jahres sehr viel kritischere Berichterstattung zum Beispiel in der New York Times, nachgedruckt in: Der Spiegel, 4.12.1967, S. 193–200.

52 Eine pointierte Zusammenfassung zu Kunst und Kultur der Sechziger bietet Marwick, Sixties, S. 316–358.

53 Vgl. Flender/Rauhe, Popmusik.

54 So mit Blick auf die USA Marwick, Sixties, S. 642.

55 Dazu überzeugend Farber, Chicago, S. 11; Farrell, Spirit, S. 223; vgl. auch Marwick, Sixties, S. 545 f.; Schmidtke, Aufbruch, S. 106.

56 Mailer, Heere, S. 142 f.; deutscher Erstdruck unter dem Titel: Der Marsch auf das Pentagon. Ein Bericht über den 21. Oktober 1967, in: Der Monat 20 (1968) 8, S. 77–94, Zit. S. 86 f.

57 Vgl. Marwick, Sixties, S. 546.

58 Das Folgende nach Zaroulis/Sullivan, Who, S. 149–164.

59 Das Foto zeigt General Nguyen Ngoc Loan am 7.2.1968, während er den Revolver an den Kopf des Gefangenen hält; die Szene wurde auch gefilmt. Zu nennen ist weiter das Foto von einer Gruppe während des amerikanischen Massakers von My Lai am 16.3.1968 getöteter Zivilisten; die Aufnahme wurde aber erst später bekannt. Hingegen hat sich die Geschichte einer 1973 mit dem Pulitzer-Preis ausgezeichneten Aufnahme flüchtender Kinder auf einer südvietnamesischen Straße – in der Mitte ein verletztes unbekleidetes Mädchen – als Legende erwiesen; vgl. Gerhard Paul: Die Geschichte hinter dem Foto. Authentizität, Ikonisierung und Überschreibung eines Bildes aus dem Vietnamkrieg, in: Zeithistorische Forschungen 2 (2005) 2, S. 224–245.

60 Cronkites Text in: Zaroulis/Sullivan, Who, S. 152; vgl. auch Anderson, Movement, S. 185; Chester J. Pach Jr.: Tet on TV: U.S. Nightly News Reporting and Presidential Policy Making, in: Fink/Gassert/Junker, 1968, S. 55–81.

61 Zum Folgenden zeitnah und ausführlich Avorn, Wall; als aufschlussreicher Rückblick jetzt vor allem Fritz Stern: Fünf Deutschland und ein Leben. Erinnerungen, München 2007, S. 316–332. Außerdem Anderson, Movement, S. 193–203; Caute, Sixty-Eight, S. 141–156; auch Zaroulis/Sullivan, Who, S. 165–168; Juchler, Studentenbewegungen, S. 285–295; deskriptiv anhand der zeitgenössischen Presse Kurlansky, 1968, S. 206–239.

62 Das Wortspiel bezieht sich auf »Jim Crow« (vgl. Anm. 3); dazu und im Folgenden ebenso informativ wie parteiisch: The Siege of Columbia, in: Ramparts, 15.6.1968, S. 27–39.

63 Vgl. Stern, Deutschland (wie Anm. 61), S. 320.

64 Zit. nach Avorn, Wall, S. 26 f. (»Sie haben ganz recht mit Ihrer Einschätzung, daß die Situation ›potentiell gefährlich‹ ist. Denn wenn

wir gewinnen, werden wir die Kontrolle über Ihre Welt, Ihr Unternehmen, Ihre Universität übernehmen und versuchen, eine Welt zu formen, in der wir und andere als menschliche Wesen leben können. […] Es wird Zeiten geben, in denen wir manches werden zerstören müssen, sogar gewaltsam, um Ihre Macht und Ihr System zu beenden – aber das ist weit entfernt von Nihilismus.« – »Noch ein Letztes. Es mag für Sie nihilistisch klingen, weil es der Eröffnungsschuß in einem Befreiungskrieg ist. Ich benutze die Worte von LeRoi Jones, den Sie sicherlich nicht besonders mögen: ›Hände an die Wand, Motherfucker, das ist eine Festnahme‹.«).

65 Vgl. Spender, Rebellen, S. 10 f.

66 So die Überschrift von Haydens Artikel in: Ramparts, 15.6.1968, S. 40; der Slogan war auch auf dem Campus zu lesen gewesen.

67 Zum Folgenden vor allem die abgewogene monografische Studie von Farber, Chicago; vgl. außerdem Juchler, Studentenbewegungen, S. 300–306; anekdotisch Kurlansky, 1968, S. 303–319; zeitnah Mailer, Nixon; autobiografisch eindrucksvoll Wofford, Kennedys, S. 427–452.

68 Vgl. Zaroulis/Sullivan, Who, S. 175–208.

69 Vgl. im einzelnen, auch zur Nachgeschichte, Gordon, Fourth.

70 Zum Folgenden vor allem Sale, SDS, S. 600–651.

71 Dazu als vormaliger SDS-Aktivist klug und illustrativ Gitlin, Sixties, S. 377–438.

72 Vgl. dazu Gitlin, Selbstverständnis (wie Anm. 20), S. 61.

73 Einen guten Überblick dazu bietet Anderson, Movement, Teil II.

74 Wofford, Kennedys, S. 452 (»»Warum machen Sie das‹, wurde Hayden von einem Fernsehreporter gefragt. ›Weil ich letztlich froh bin, daß er zurück ist‹, antwortete der Mann, den Daleys Polizei attackiert und verfolgt hatte. ›Aber haben Sie ihn 1972 nicht aus dem Rennen geworfen?‹ ›Das stimmt, aber wir hatten vielleicht unrecht. Die Politik der Ausgrenzung funktionierte nicht‹, sagte Hayden. Und kichernd zu mir: ›Für die Politik der Integration mag dasselbe gelten.‹ ›Werden Sie hingehen und ihm die Hand schütteln?‹, fragte der Reporter hartnäckig weiter. ›So weit bin ich doch noch nicht‹, antwortete Tom Hayden.«).

Kapitel 2 (Bundesrepublik Deutschland)

1   Zit. nach: Hannah Arendt/Karl Jaspers: Briefwechsel 1926–1969, hrsg. von Lotte Köhler und Hans Saner. München/Zürich 1985, S. 596.

2   Vgl. als knappe Gegenüberstellung des Terrorismus in Italien und der Bundesrepublik Christian Jansen: Brigate Rosse und Rote Armee Fraktion. ProgagonistInnen, Propaganda und Praxis des Terrorismus der frühen siebziger Jahre, in: Oliver von Mengersen u. a. (Hrsg.): Personen, Soziale Bewegungen, Parteien. Heidelberg 2004, S. 483–500.

3   Vgl. Ulrich Herbert: Legt die Plakate nieder, ihr Streiter für die Gerechtigkeit. Hier gibt es, was ihr fordert: Schon vor der Revolte von 1968 träumte die westdeutsche Gesellschaft von der Emanzipation, in: FAZ, 21.1.2001, S. 48; differenzierter ders., Drei politische Generationen im 20. Jahrhundert, in: Jürgen Reulecke (Hrsg.): Generationalität und Lebensgeschichte im 20. Jahrhundert. München 2003, S. 95–114, hier S. 113; Wilfried Mausbach: Wende um 360 Grad? Nationalsozialismus und Judenvernichtung in der »zweiten Gründungsphase« der Bundesrepublik, in: Hodenberg/Siegfried, 1968, S. 15–47.

4   Bude, Altern, glaubt gar eine exakte Festlegung auf die Jahrgänge 1938 bis 1948 treffen zu können.

5   Vgl. Stephan Alexander Glienke: Die Ausstellung »Ungesühnte Nazijustiz« (1959–1962). Zur Geschichte der Aufarbeitung nationalsozialistischer Justizverbrechen. Diss. phil. Hannover 2006.

6   Bisher am besten Waldmann, Entwicklung, S. 199–216; vgl. auch Schwan, Politik, bes. 124–163.

7   Hannah Arendt/Heinrich Blücher: Briefe 1936–1968, hrsg. von Lotte Köhler. München/Zürich 1996, hier: Arendt an Blücher, 28.5.1961, S. 543 f.

8   So bereits 1983 – in bekanntlich billigender Deutung – Hermann Lübbe: Der Nationalsozialismus im deutschen Nachkriegsbewußtsein, in: Historische Zeitschrift 236 (1983), S. 579–599.

9   Vgl. Hans-Ulrich Thamer: NS-Vergangenheit im politischen Diskurs der 68er-Bewegung, in: Westfälische Forschungen 48 (1998), S. 39–53, hier S. 47; Karl Christian Lammers: Die Auseinander-

setzung mit der »braunen« Universität. Ringvorlesungen zur NS-Vergangenheit an westdeutschen Hochschulen, in: Schildt u. a., Zeiten, S. 148–165.

10 Hartmut Häußermann: Versagen ohne Konsequenzen, in: FU-Spiegel 49 (Januar 1966), S. 6 f., Zit. S. 7.

11 Freie Universität Berlin: Universitätstage 1966. Nationalsozialismus und die deutsche Universität. Berlin 1966, S. 5.

12 Rolf Seeliger, Braune Universität. Deutsche Hochschullehrer gestern und heute. Bde. 1–6. München 1964–1968.

13 Vgl. dazu Norbert Frei (Hrsg.): Karrieren im Zwielicht. Hitlers Eliten nach 1945. Frankfurt am Main/New York 2001, S. 334; zur Lübke-Affäre als Element der Mobilisierung der Studenten auch Cohn-Bendit/Mohr, Revolution, S. 10.

14 Ein Beispiel dafür war 1968 die Kritik Heidelberger Studenten an dem Historiker Werner Conze, die sich auf dessen NS-Vergangenheit bezog; vgl. Hildebrandt, Studenten, S. 162–177.

15 Vgl. die Abb. bei Frei, Eliten (wie Anm. 14), S. 330; die Metapher von Hitler als einem Westdeutschen hat Peter Bender geprägt.

16 Eine selbstverliebte Auskunft dazu bereits in den siebziger Jahren bei Klaus Rainer Röhl: Fünf Finger sind keine Faust. Köln 1974, bes. S. 111.

17 So aber die Stoßrichtung vor allem von Hubertus Knabe: Die unterwanderte Republik. Stasi im Westen. Berlin 1999, S. 182–233; vgl. auch Wolfgang Kraushaar: Unsere unterwanderten Jahre. Die barbarische und gar nicht schöne Infiltration der Studentenbewegung durch die Organe der Staatssicherheit, in: FAZ, 7.4.1998, S. 45.

18 Vgl. Ernst Nolte: Der Faschismus in seiner Epoche. Action française, italienischer Faschismus, Nationalsozialismus. München 1963; ders., Die faschistischen Bewegungen. Die Krise des liberalen Systems und die Entwicklung der Faschismen. München 1966.

19 Vgl. Thamer, NS-Vergangenheit, S. 49 f. (wie Anm. 9). Ein Ergebnis der Marburger Arbeiten war der in mehreren Auflagen verbreitete Textband von Wolfgang Abendroth (Hrsg.): Faschismus und Kapitalismus. Theorien über die sozialen Ursprünge und die Funktion des Faschismus. Frankfurt am Main/Wien 1967.

20 Wolfgang Fritz Haug: Der hilflose Antifaschismus. Zur Kritik der

Vorlesungsreihen über Wissenschaft und NS an deutschen Universitäten. Frankfurt am Main, 2. Aufl. 1968, S. 144 f. bzw. 149.

21 Handzettel, ca. 1967, in: Bentz, Protest, S. 43; zit. nach Mausbach, Wende (wie Anm. 3), S. 29.

22 Noch Ende der siebziger Jahre war der Terminus »68er« nicht üblich; er ist offensichtlich erst im Kontext des 15. Jahrestages der Ereignisse gebräuchlich geworden. Einer der frühesten einschlägigen Buchtitel ist ein Comic: Jari Pekka Cuypers: Die 68er. Geschichts-Comic über Lust & Frust der Linken. Hamburg 1981.

23 Zum Folgenden Otto, Ostermarsch, S. 51–64; Rolke, Protestbewegungen, S. 172–194.

24 Abgedruckt in: Diskus. Frankfurter Studentenzeitung, 5.6.1958, zit. nach Kraushaar, Frankfurter Schule, Bd. 2, S. 104 ff., hier S. 106.

25 Vgl. Mario Krebs: Ulrike Meinhof. Ein Leben im Widerspruch. Reinbek 1988, S. 32–48.

26 Vgl. Otto, Ostermarsch, S. 65–101; Rolke, Protestbewegungen, S. 199–216.

27 Vgl. Fichter/Lönnendonker, SDS, S. 104 f. Die Unvereinbarkeit einer SDS-Mitgliedschaft mit der Parteizugehörigkeit wurde seitens des SPD-Parteivorstandes im Oktober 1961 beschlossen; ebenda, S. 111 ff.

28 Vgl. Horst Ehmke: Mittendrin. Von der Großen Koalition zur Deutschen Einheit. Berlin 1994, S. 24 f.; Ralf Dahrendorf: Über Grenzen. Lebenserinnerungen. München 2002, S. 116–118.

29 Elisabeth Lenk: Die sozialistische Theorie in der Arbeit des SDS, in: neue kritik 13 (1962), S. 7–11, hier S. 11. Wohlwollender zur programmatischen Parallelität der beiden Schwesterverbände und den Texten von Hayden und Lenk: Gilcher-Holtey, 68er, S. 18–22 (der SHB fungiert hier irrtümlich als »Sozialistischer« Hochschulbund).

30 Näheres dazu bei Albrecht u. a., Gründung, bes. S. 92–131.

31 Abgedruckt in: Theodor W. Adorno: Eingriffe. Neun kritische Modelle. Frankfurt am Main 1963; zum Kontext Claussen, Adorno, S. 397 ff., Zit. S. 396, Hervorhebungen im Original.

32 Angaben nach Alex Demirovic, Bodenlose Politik – Dialoge über Theorie und Praxis, in: Kraushaar, Frankfurter Schule, Bd. 3, S. 71–98, hier S. 95.

33 Dazu und zum Folgenden Schneider, Demokratie, bes. S. 90–137.

34 Angaben nach Kraushaar, Frankfurter Schule, Bd. 1, S. 220 f.

35 Vgl. Blätter für deutsche und internationale Politik 5 (1965), S. 464; der Appell ist abgedruckt in: Otto, Opposition, S. 297–300, Zit. S. 299.

36 Zit. nach Miermeister/Staadt, Provokationen, S. 150 ff.

37 Die Zeit, 9.9.1966, zit. nach Chaussy, Dutschke, S. 143.

38 Dutschke an einen ehemaligen Schulkameraden in Luckenwalde, 20.12.1961, zit. nach Chaussy, Leben, S. 36.

39 Dutschke, Tagebücher, S. 17 bzw. 20, Hervorhebung im Original.

40 Vgl. die eindrucksvolle Dokumentation von Frank Böckelmann u. a.: Subversive Aktion. Der Sinn der Organisation ist ihr Scheitern. O. O. 2002.

41 Zit. nach Kraushaar, Frankfurter Schule, Bd. 2, Dok. 84, S. 176.

42 Ebenda, Dok. 85, S. 179.

43 Wolfgang Matthias Schwiedrzik, der Tschombé laut Dutschke getroffen hatte, erinnert sich nur daran, »in Abfallkörben« vergeblich nach Tomaten gesucht, aber keine gefunden und keine gekauft zu haben; vgl. ders., Theater als »Aktion«, in: Gilcher-Holtey, 1968, S. 231.

44 Dutschke, Vom Antisemitismus zum Antikommunismus, in: Bergmann u. a., Rebellion, S. 63, Hervorhebung im Original.

45 So auch der Buchtitel: Dutschke, Geschichte ist machbar.

46 Ebenda, S. 64; dort auch das folgende Zit.

47 Dazu und zum Folgenden Chaussy, Leben, S. 95–98.

48 Vgl. zum Beispiel Günter Amendt: Die Studentenrevolte in Berkeley, in: neue kritik 28 (1965), S. 5 ff.; Michael Vester: Die Strategie der direkten Aktion, in: neue kritik 30 (1965), S. 12–20.

49 Dazu und zum Folgenden Freie Universität Berlin 1948–1973, Teil IV, S. 19–29; vgl. auch Uwe Bergmann: Das ›Kuby-Krippendorff‹-Semester 1965/66, in: ders. u. a., Rebellion, S. 15–18.

50 Freie Universität Berlin 1948–1973, Teil IV, Dokument 381, S. 199.

51 Vgl. Fichter/Lönnendonker, SDS, S. 137.

52 Ludwig von Friedeburg: Jugend in der modernen Gesellschaft. Köln/Berlin 1965, S. 18; vgl. auch Günter C. Behrmann:

Zwei Monate Kulturrevolution, in: Albrecht u. a., Gründung, S. 319.

53 Vgl. Jürgen Habermas/Ludwig von Friedeburg/Christoph Oehler/Friedrich Weltz: Student und Politik. Eine soziologische Untersuchung zum politischen Bewußtsein Frankfurter Studenten. Neuwied 1961, S. 230 ff.

54 Kraushaar, Frankfurter Schule, Band 1, S. 218.

55 Frantz Fanon, Von der Gewalt, in: Kursbuch 2 (1965), S. 1–55; der Aufsatz von Enzensberger ebenda, S. 154–173.

56 Zit. nach Fichter/Lönnendonker, SDS, S. 138.

57 Vgl. Freie Universität Berlin 1948–1973, Teil IV, S. 60.

58 Faksimile in: Freie Universität Berlin 1948–1973, Teil IV, S. 55.

59 Vgl. Freie Universität Berlin 1948–1973, Teil IV, S. 67. Vgl. als aufschlussreichen Text über die Tragfähigkeit konkreter Erinnerungen Friedrich C. Delius: Alles war anders, in: SZ an Pfingsten, 30./31.5.1998, S. II.

60 Freie Universität Berlin 1948–1973, Teil VI, Dok. 477, S. 264 f.

61 Das Folgende nach der anschaulichen Darstellung bei Chaussy, Leben, S. 148–162; Rolke, Protestbewegungen, S. 262.

62 Freie Universität Berlin 1948–1973, Teil IV, Dok. 616, S. 375.

63 Vgl. Enzensberger, Jahre, S. 105.

64 Autobiografisch dazu Kunzelmann, Widerstand, S. 63 ff.

65 Der schon zeitgenössisch (zum Beispiel von Reimut Reiche) hergestellte NS-Bezug erscheint aufgesetzt; vgl. insgesamt Dagmar Herzog: Die Politisierung der Lust. Sexualität in der deutschen Geschichte des 20. Jahrhunderts. Berlin 2005, S. 218–222.

66 Vgl. zum Beispiel den Untertitel von Kraushaar, 1968.

67 Heinrich Albertz: Blumen für Stukenbrock. Biographisches. Hamburg 1983, S. 245; zum Folgenden auch Schuster, Albertz, S. 199–226; Soukup, Ohnesorg.

68 Dazu und zum Folgenden die Beschlussempfehlung des Untersuchungsausschusses des Berliner Abgeordnetenhauses, 3.7.1968, abgedruckt in: Freie Universität Berlin 1948–1973, Teil V, Dokument 721, S. 176 f.; vgl. auch Sebastian Scheerer: Deutschland: Die ausgebürgerte Linke, in: Angriff auf das Herz des Staates, Bd. 1, hier S. 262–266; Lönnendonker u. a., Revolte, S. 333–336; Kursbuch 12 (1968) (»Der nicht erklärte Notstand. Dokumentation

und Analyse eines Berliner Sommers«); sowie die detailreiche Schilderung in: Der Spiegel, 12.6.1967, S. 41–46 (»Knüppel frei«).

69 »Vielleicht hat dieser Satz alles weitere ausgelöst«, meinte Albertz dazu später; ders., Blumen, S. 246.

70 Zit. nach Nevermann, 2. Juni, S. 15.

71 Vgl. Albertz, Blumen, S. 246.

72 Die 14. Große Strafkammer des Berliner Landgerichts befand die Tat in ihrem Urteil vom 22.11.1967 für »eindeutig rechtswidrig«, sprach Kurras aber wegen eines »subjektiven Unvermögens zu korrektem Handeln« frei.

73 »Wie viele werden ihm folgen müssen?«, fragte die Humanistische Studentenunion; HIS, Mappe: Allgemeine Politik, Attentat Benno Ohnesorg, Berlin 1967, Flugblatt, 3.6.1967.

74 Ebenda, undatiertes hektografiertes Flugblatt, gez. »Vorbereitender Untersuchungs-Ausschuß an der FU«, Hervorhebungen im Original; auch in: Freie Universität Berlin 1948–1973, Teil V, Dok. 729, S. 179.

75 Bild-Zeitung (Berlin), 3.6.1967, S. 1.

76 Kai Hermann: Wie sich das anbahnte, in: Die Studenten und die Obrigkeit, Sonderdruck Die Zeit, 16.6.1967; vgl. auch Sonderdruck Der Spiegel, 12.6.1967; beides in: HIS, Mappe: Allgemeine Politik, Reaktionen auf 2. Juni Ereignisse, Berlin 1967.

77 Vgl. dazu die empörte Presseerklärung des AStA der FU vom 4.6.1967: »Wir stehen fassungslos vor der Lüge der Polizei, die den Mord als Notwehr bezeichnet [...]. Wir stellen unsere Ohnmacht [...] fest, in Anbetracht der meisten Berichte in den Kommunikationsmitteln Berlins. Wir hoffen, daß endlich Journalisten die Wahrheit berichten.« HIS, Mappe: Allgemeine Politik, Attentat Benno Ohnesorg, Berlin 1967; spätere Fassung in: Freie Universität Berlin 1948–1973, Teil V, Dok. 727, S. 178.

78 HIS, Mappe: Allgemeine Politik, Attentat Benno Ohnesorg, Berlin 1967; Dokumentation der Evangelischen Studentengemeinde, 6.6.1967: »Was sollte hier verschleiert werden, wer sollte irregeführt werden? Wir stellen desgleichen die Frage, ob es nicht im Interesse der Allgemeinheit liegt, die Konzentration der Zeitungen in den Händen des Verlegers Axel Springer aufzulösen.«; vgl. Bauß, Studentenbewegung, S. 71–92.

79 Resolution OSI, 4.6.1967, zit. nach Freie Universität Berlin 1948–1973, Teil V, Dok. 740, S. 182 f.

80 Nevermann, 2. Juni; Zit. Bracher S. 44.

81 Ein anschauliches Beispiel in Gestalt der Erinnerungen eines Heidelberger Studenten bietet Mündemann, 68er, S. 91 f.

82 Vgl. Chaussy, Leben, S. 170 f.; jetzt auch Uwe Timm: Der Freund und der Fremde. Eine Erzählung. Köln 2005.

83 Zit. nach Dutschke, Geschichte, S. 76.

84 Zit. nach Habermas, Protestbewegung, S. 148; das folgende Zit. S. 148 f.; Auslassung in runden Klammern von Habermas, in eckigen Klammern von mir.

85 In seinem Tagebuch zeigte er sich über das Wort vom linken Faschismus erstaunlich gelassen: »Der Vorwurf reduzierte sich darauf, daß ich […] bewußt Studenten ›verheizen‹ wolle …« Der Vorwurf der voluntaristischen Ideologie, so Dutschke weiter, »ehrt mich …«; Dutschke, Tagebücher, S. 45.

86 Der Spiegel, 10.7.1967, S. 29–33, danach die folgenden Zit. Am 5.6.1967, S. 46–59, hatte das Magazin in einer Titelgeschichte über den Tod von Ohnesorg berichtet (»Die aufsässigen Studenten von Berlin«).

87 Vgl. Axel Schildt: Nachwuchs für die Rebellion – die Schülerbewegung der späten 60er Jahre, in: Reulecke, Generationalität (wie Anm. 3), S. 229–251.

88 Vgl. Kraushaar, Frankfurter Schule, Bd. 1, S. 267.

89 Zum Folgenden Fichter/Lönnendonker, SDS, S. 172–179; Rabehl, Repressive Toleranz, S. 144 f.

90 Dazu eingehend Siegfried, Time, S. 494 ff.

91 Zit. nach Dutschke, Geschichte, S. 89–95, hier S. 94; bei dem Text handelt es sich um eine Tonbandabschrift des verloren gegangenen Manuskripts.

92 Dazu und zum Folgenden Fichter/Lönnendonker, SDS, S. 175.

93 neue kritik 44 (1967), zit. nach Otto, Opposition, S. 256 f.

94 Vorlesungsverzeichnis der KU, zit. nach Fichter/Lönnendonker, SDS, S. 180.

95 Zit. nach Rabehl, Ende, S. 226.

96 Vgl. die aufschlussreiche Darstellung von Reinhard Kahl: Eine Parole, die Geschichte lostrat, in: taz, 8./9.11.1997, S. 6.

97 Zit. nach Freie Universität Berlin 1948–1973, Teil V, S. 54.

98 Diskus 17 (1967), S. 4; zit. nach Kraushaar, Frankfurter Schule, Bd. 2, S. 324.

99 Der Spiegel, 19.2.1968, S. 30–33 (»Schwierigkeiten beim Aufrechtgehen«); 4.3.1968, S. 38–57 (»Heiterkeit in die Revolution bringen«).

100 Vgl. z. B. Der Stern, 7.5., 2.7., 27.8. und 24.9.1967.

101 Vgl. Joachim Fest: Begegnungen. Über nahe und ferne Freunde, Hamburg 2004, S. 249–270.

102 Der Text erschien zunächst als Voltaire Flugschrift 17 (1968); auszugsweise abgedruckt in: Freie Universität Berlin 1948–1973, Teil V, S. 440–443.

103 Zit. nach Kraushaar, Frankfurter Schule, Bd. 1, S. 287.

104 Zit. nach Bulletin des Presse- und Informationsamtes der Bundesregierung, 3.1.1968, S. 1.

105 Vgl. Gassert, Kiesinger, S. 619 f.; Willy Brandt: Berliner Ausgabe, Bd. 4 bzw. Bd. 7, S. 399–402 (Interview, 15.11.1967) bzw. S. 143–147 (Interview, 26.4.1968).

106 Zit. nach Kraushaar, Frankfurter Schule, Bd. 1, S. 298.

107 Vgl. Kraushaar, Frankfurter Schule, Bd. 1, S. 298 ff.

108 Die Zeit, 19.4.1968.

109 Vgl. Koenen, Jahrzehnt, S. 128.

110 Zum Folgenden jetzt grundlegend Siegfried, Time.

111 Christoph Kleßmann: 1968 – Studentenrevolte oder Kulturrevolution?, in: Manfred Hettling (Hrsg.): Revolution in Deutschland? 1789–1989. Göttingen 1991, S. 90–105, hier S. 99; vgl. auch Marwick, Sixties, der von einer ganzen Reihe kultureller »Revolutionen« spricht.

112 Zusammenfassend dazu Anselm Doering-Manteuffel: Eine neue Stufe der Verwestlichung? Kultur und Öffentlichkeit in den 60er Jahren, in: Schildt u. a., Zeiten, S. 661–672.

113 Vgl. Gerhard Fürmetz (Hrsg.): Schwabinger Krawalle. Protest, Polizei und Öffentlichkeit zu Beginn der 60er Jahre. Essen 2006.

114 Vgl. den aufschlussreichen zeitgenössischen Bericht von Kosel, Gammler, Zit. S. 88.

115 Vgl. dazu Hobsbawm, Zeitalter, S. 406–414; Jakob Tanner: »The Times They Are A-Changin'«. Zur subkulturellen Dynamik der

68er Bewegungen, in: Gilcher-Holtey, 1968, S. 207–223, hier S. 211.

116   Anregend zur Warenwelt dieser Jahre: Ruppert, 1968.

117   Grundsatzreferat von Reinhard Kahl, 18.6.1967, zit. nach Siegfried, Jugendkultur, S. 619.

118   Zit. nach ebenda, S. 608.

119   Vgl. dazu Rabehls aufschlussreiche Selbstdarstellung und -deutung nach den Osterunruhen in: Der Spiegel, 29.4.1968, S. 86 (»Karl Marx und der SDS«).

120   Wolfgang Ruppert, Konsumwelt, in: Schildt u. a., Zeiten, S. 763; vgl. auch ders., 1968. Als zeitgenössische Zusammenschau und Deutung die Titelgeschichte »Die übertriebene Generation. Jugend 1967«, in: Der Spiegel, 2.10.1967, S. 154–170.

121   Der Spiegel, 24.7.1967, S. 37 ff., Zitat S. 37 (»Lieber Fritz! Wem soll das nützen?«).

122   Vgl. dazu weiter oben, S. 57–63.

123   Der Spiegel, 28.8.1967, S. 88 f. (»Sommer der Liebe«).

124   Axel Schildt: Vor der Revolte. Die sechziger Jahre, in: APuZ B 22–23 (2001), S. 13.

125   Diese und die folgenden Angaben, soweit nicht anders vermerkt, nach einer Befragung von 1000 Studenten der Universitäten und Technischen Hochschulen der Bundesrepublik und West-Berlins: Elisabeth Noelle/Erich Peter Neumann (Hrsg.): Jahrbuch der öffentlichen Meinung 1966–1967. Allensbach/Bonn 1967, S. 352–369.

126   1968 stimmten noch 55 Prozent der Bundesdeutschen der Aussage zu, der Nationalsozialismus war eine »gute Idee, die nur schlecht ausgeführt wurde«. Werner Bergmann/Rainer Erb: Antisemitismus in der Bundesrepublik Deutschland. Ergebnisse der empirischen Forschung von 1946–1989. Opladen 1991, S. 252.

127   Vgl. Elisabeth Noelle/Erich Peter Neumann (Hrsg.): Jahrbuch der öffentlichen Meinung 1968–1973. Allensbach/Bonn 1974, S. 459.

128   16 Prozent stimmten der Aussage zu, 5 Prozent hatten kein Urteil; Noelle/Neumann, Jahrbuch 1966–1967 (wie Anm. 125), S. 352–369.

129   »Studenten auf den Barrikaden« hieß es am 22.4.1968 auf der

Titelseite des Spiegel; vgl. auch ebenda, S. 25–28 (»Aufruhr. Verlorenes Wochenende«).

130   Wortlaut nach dem Faksimile in: Gassert, Kiesinger, S. 616; zum Folgenden S. 615–659.

131   Ebenda, S. 619.

132   Bayernkurier, 20.4.1968, S. 1.

133   Der Spiegel, 22.4.1968, S. 28.

134   Rudolf Augstein: Knüppel frei? in: Der Spiegel, 22.4.1968, S. 22.

135   Die Reichweite des Spiegel lag damals (wie heute) bei etwa 6 Millionen Lesern.

136   Vgl. Stefan Hemler: München '68 – war da was? Überlegungen zur Erforschung der Studentenbewegung anhand bedeutsamer Marginalien, in: 1999, 13 (1998) 2, S. 117–136, hier S. 127.

137   Vgl. die ebenso emotionale wie detailreiche Charakterisierung Krahls bei Koenen, Jahrzehnt, S. 141–145.

138   Zit. nach Hans-Jürgen Krahl: Konstitution und Klassenkampf. Zur historischen Dialektik von bürgerlicher Emanzipation und proletarischer Revolution. Schriften, Reden und Entwürfe aus den Jahren 1966–1970. Frankfurt am Main 1971, S. 149 bzw. 151.

139   Vgl. Der Spiegel, 5. bzw. 24.6.1968.

140   Vgl. Die Zeit, 7.6.1968 (»Das Fazit einer Demonstrationswoche – Die Rebellen sind müde«).

141   Vgl. Der Spiegel, 10.6.1968, S. 113–118 (»Theater. Politisierung. Thriller mit Teufel«).

142   Zum dazugehörigen berühmten Kursbuch 15 (1968) vgl. den faszinierenden Erinnerungstext von Friedrich Christian Delius: Wie scheintot war die Literatur? Kursbuch 15 und die Folgen. Anläßlich einer Ausstellungseröffnung: Gedanken beim Wiederlesen des legendären »Kursbuch 15«, in: Frankfurter Rundschau, 6.2.1999, S. 3.

143   Jürgen Habermas: Die Scheinrevolution und ihre Kinder, in: ders., Protestbewegung, S. 198 f., Hervorhebungen im Original.

144   Vgl. Max Kaase: Die politische Mobilisierung von Studenten in der BRD, in: Allerbeck/Rosenmayr, Aufstand, S. 155–177, hier S. 174.

145   Zit. nach Kraushaar, 1968, S. 273.

146   Die Zeit, 8.11.1968; Der Spiegel, 11.11.1968, S. 67–72.

147 So die Interpretation bei Fichter/Lönnendonker, SDS, S. 198.

148 Freie Universität Berlin 1948–1973, Teil V, S. 116.

149 Dazu ausführlich und instruktiv Gassert, Kiesinger, S. 631–659.

150 Hans-Klaus Jungheinrich: Adorno als Institution ist tot, in: Frankfurter Rundschau, 24.4.1969, S. 13; als erhellende Nachbetrachtung des »Busenattentats« auf Adorno vgl. Tanja Stelzer: Die Zumutung des Fleisches, in: Tagesspiegel, 7.12.2003.

Kapitel 3 (Japan, Italien, Niederlande, Großbritannien)

1 Editorial des Mitherausgebers zu dem umfangreichen Heft »Zwischenbilanz der Studentenrevolte«, S. 4.

2 Als »dichte Beschreibung« in diesem Sinne vgl. Kurlansky, 1968.

3 Als bisher anspruchsvollster, zugleich dicht beschreibender und analytischer Versuch (allerdings beschränkt auf die USA, England, Frankreich und Italien) vgl. Marwick, Sixties.

4 Dazu und zum Folgenden zeitnah Klaus-Peter Koepping: Motive und Taktiken der japanischen Studentenrebellion, in: Indo Asia 12 (1970) 4, S. 268–286; Seiffert, Zengakuren, S. 9–87; vor allem aber Dowsey (Hrsg.), Zengakuren; Voss, Linke; Derichs, Linke.

5 Zum Folgenden ausführlich Havens, Fire.

6 So Kraushaar, 1968, S. 26.

7 Dazu und zum Folgenden Dowsey, Zengakuren, S. 136–192; Voss, Linke, bes. S. 179–211.

8 Zahlen nach Koepping, Motive, S. 276 (wie Anm. 4).

9 Zum sogenannten Harumi-Vorfall vgl. Voss, Linke, S. 187–190.

10 Ähnlich massive Auseinandersetzungen gab es parallel dazu lediglich an der Nihon-Universität; vgl. Voss, Linke, S. 198–202.

11 Klaus Mehnert: »Mit Helm und Geba-bo. Japans junge Generation ist unruhig«, in: Christ und Welt, 27.12.1968, S. 9 f.

12 Vgl. Dowsey, Zengakuren, S. 158.

13 Vgl. Patricia G. Steinhoff: Student Conflict, in: Ellis Krauss/Thomas P. Rohlen/dies. (Hrsg.): Conflict in Japan. Honolulu 1984, S. 174–213, hier S. 182.

14 Die vergangenheitspolitische Naivität der französischen Studentenbewegung illustriert exemplarisch das Solidaritätsplakat für

den von der Ausweisung bedrohten Daniel Cohn-Bendit: »Nous sommes tous des Juifs et des Allemands«; abgedruckt in: Kurlansky, 1968, S. 257.

15 Vgl. als Überblick Henner Hess: Italien: Die ambivalente Revolte, in: Angriff auf das Herz des Staates, Bd. 2, S. 9–166; zeitgenössisch parteiisch, aber dokumentarisch dicht: Viale, Träume.

16 Dazu und zum Folgenden Kurz, Universität, hier S. 97–103; vgl. auch Jan Kurz: Die italienische Studentenbewegung 1966–1968, in: Gilcher-Holtey, 1968, S. 64–81.

17 Vgl. die in Pasolinis Todesjahr auch auf Deutsch erschienenen »Scritti corsari«: Pier Paolo Pasolini: Freibeuterschriften. Aufsätze und Polemiken über die Zerstörung des Einzelnen durch die Konsumgesellschaft. Berlin 1975.

18 Vgl. Kurz, Studentenbewegung, S. 66 (wie Anm. 16); ausführlich zum Folgenden ders., Universität, S. 84–96.

19 Vgl. Tolomelli, Repressiv, S. 49.

20 Vgl. Marwick, Sixties, S. 591.

21 Scuola di Barbiani (Hrsg.): Lettera a una professoressa. Florenz 1967.

22 Vgl. Marwick, Sixties, S. 552 f.

23 Alexander S. Neill: Theorie und Praxis der antiautoritären Erziehung. Das Beispiel Summerhill. Reinbek 1969.

24 Zum Folgenden Kurz, Universität, S. 109–116.

25 Zum Wortspiel um den Palast der Weisheit vgl. Viale, Träume, S. 20; ausführlich zu Pisa: Kurz, Universität, S. 117–127.

26 Zum Folgenden Marwick, Sixties, S. 586–601.

27 Vgl. Kurz, Universität, S. 171.

28 Vgl. Carlo Feltrinelli: Senior Service. Das Leben meines Vaters. München 2001, S. 291 f.; aufschlussreich auch Renato Curcio: Mit offenem Blick. Ein Gespräch zur Geschichte der Roten Brigaden in Italien von Maio Scialoja. Berlin 1997, S. 49–55.

29 Judt, Geschichte, S. 445.

30 Vgl. Chaussy, Leben, S. 200, 212, 217 f.

31 Eine auch stadttopografisch detaillierte Schilderung bei Marwick, Sixties, S. 596–599.

32 Zit. nach Lumley, Emergency, S. 69.

33 Dazu als interessante Vergleichsstudie Stuart J. Hilwig: The Re-

volt Against the Establishment. Students Versus the Press in West Germany and Italy, in: Fink u. a., 1968, S. 321–349.

34 Zum Folgenden eingehend Lumley, Emergency, S. 167–269.

35 Dazu und zum Folgenden Marcia Tolomelli: 1968: Formen der Interaktion zwischen Studenten- und Arbeiterbewegung in Italien und der Bundesrepublik, in: Gilcher-Holtey, 1968, S. 82–100.

36 Zu Turin vgl. Fraser, 1968, S. 248–254.

37 Zit. nach Marwick, Sixties, S. 623.

38 Vgl. Lumley, Emergency, S. 227.

39 Vgl. bes. Tarrow, Disorder, S. 293–297.

40 Der Dramatiker Dario Fo verwendete die Geschichte von Giuseppe Pinelli 1970 für sein wohl bekanntestes Theaterstück:»Morte accidentale di un anarchico« (deutsche Buchausgabe: Zufälliger Tod eines Anarchisten. Berlin 1980).

41 Vgl. Christian Jansen: Italien seit 1945. Göttingen 2007, S. 163.

42 Ebenda, S. 165.

43 Die deutsche und englische Literatur dazu ist begrenzt; vgl. als konzentrierten Überblick Martin Moerings, Niederlande: Der subventionierte Protest, in: Angriff auf das Herz des Staates. Bd. 2, S. 281–342; Rudolf de Jong: Provos and Kabouters, in: David Apter/James Joll (Hrsg.): Anarchism Today. New York 1971, S. 164–180; außerdem Kennedy, Babylon; Walter Hollstein: Der Untergrund. Zur Soziologie jugendlicher Protestbewegungen. Neuwied 1969, S. 47–62.

44 Zu »68« in Dänemark vgl. Thomas Ekman Jørgensen: Utopia and Disillusion: Shattered Hopes of the Copenhagen Counterculture, in: Schildt/Siegfried, Marx, S. 333–352.

45 »PROVO realizes that it will lose in the end, but cannot pass up the chance to make at least one more heartfelt attempt to provoke society.«; zit. nach de Jong, Provos, S. 172 f. (wie Anm. 43).

46 Die folgenden Angaben und Zit. nach der zeitgenössischen Zusammenstellung (auf Englisch) in: Delta 10 (1967) 3, S. 37–51.

47 Vgl. de Jong, Provos, S. 168 (wie Anm. 43).

48 Grahame Lock: The Collectivisation of the Dutch Universities, in: Minerva 27 (1989), S. 157–176; vgl. außerdem Harry de Boer: On Nails, Coffins and Councils, in: European Journal of Education 37 (2002) 1, S. 7–20.

49 Vgl. die bereits 1964 erstveröffentlichte Darstellung von Peter Sedgewick: The Two New Lefts, in: Widgery, Left, S. 131–154; zum weiteren Kontext Chun, Left.

50 Stuart Hall, zit. nach Fraser, 1968, S. 36.

51 Das Folgende nach Marwick, Sixties, S. 561 f.; ausführlich aus der Sicht eines studentischen Beteiligten Crouch, Revolt, S. 33–64.

52 Zum Folgenden Sylvia Ellis: A Demonstration of British Good Sense, in: DeGroot, Protest, S. 54–69; Caute, Sixty-Eight, S. 71–76, 302–329; Fraser, 1968, passim; Marwick, 1968, S. 560–563, 632–642.

53 Vgl. Fraser, 1968, S. 168 ff.; Ali, Street, S. 147 f.; die Texte der Tagung wurden seinerzeit auch auf Deutsch veröffentlicht: David Cooper (Hrsg.): Dialektik der Befreiung. Reinbek 1969.

54 Vgl. Kraushaar, 1968, S. 80 f.

55 So auch schon die zeitgenössische Selbst- und Fremdwahrnehmung; vgl. Der Spiegel 21.10.1968, S. 152 f.

56 Vgl. Marwick, Sixties, S. 639.

57 Vgl. Ali, Street.

58 Vgl. Thomas Mergel: Großbritannien seit 1945. Göttingen 2005, S. 140–148; Dominic Sandbrook: White Heat. A History of Britain in the Swinging Sixties. London 2006.

59 Vgl. die Angaben bei Marwick, Sixties, S. 481; autobiographisch interessant auch Barry Miles: In the Sixties. London 2002.

60 Ian Dury verwendete die nicht nur im Englischen sprichwörtlich gewordene Formulierung 1977 als Songtitel.

61 Vgl. Paulus Ebner/Karl Vocelka: Die zahme Revolution. 68 und was davon übrig blieb. Wien 1998.

62 Zu Schweden vgl. jetzt Etzemüller, 1968.

Kapitel 4 (Tschechoslowakei, Polen, DDR)

1 Zit. nach Kurlansky, 1968, S. 11.

2 Šik wurde während des Prager Frühlings Koordinator der Wirtschaftsreformen und stellvertretender Ministerpräsident; zu seiner ökonomischen Theorie vgl. ders., Weg.

3 Zit. nach Botho Kirsch: Als Panzer einen Traum zerstörten, in: FAZ vom 21.8.1998, S. 11.

4 In diesem Sinne schon zeitgenössisch Spender, Rebellen, S. 95.

5 Vgl. dazu und zum Folgenden Günter Bartsch: Revolution und Gegenrevolution in Osteuropa 1948–1968. Bonn 1971, S. 282 ff.; Judt, Europa, S. 495 f.; Mark Kramer: The Czechoslovak Crisis and the Brezhnev Doctrine, in: Fink u. a., 1968, S. 111–171.

6 Zum Folgenden vor allem Pauer, Prag, S. 22 ff.

7 Vgl. Jaromír Navrátil: Historische Hintergründe der tschechoslowakischen Reformen von 1968 und ihre internationalen Aspekte, in: François u. a., 1968, S. 95–101, hier S. 99 f.; außerdem Pauer, Prag, S. 45 ff.

8 Vgl. Kraushaar, 1968, S. 76; Wolf Oschlies: Geschichte, Verlauf und Bedeutung des »Prager Frühlings« 1968, in: Peter Gosztony (Hrsg.): Aufstände unter dem Roten Stern. Bonn 1979, S. 265–349, hier S. 305 ff.

9 Berliner Extradienst, 27.3.1968, zit. nach Kraushaar, S. 85.

10 Zit. nach Kraushaar, S. 97.

11 Vgl. dazu Schneider, Frühling, S. 108.

12 Vgl. Pauer, Prag, S. 233, auch zum Folgenden.

13 Vgl. Christiane Brenner: Tod für einen Sozialismus mit »menschlichem Gesicht«. Jan Palach, in: Silke Satjukow / Rainer Gries (Hrsg.): Sozialistische Helden. Eine Kulturgeschichte von Propagandafiguren in Osteuropa und der DDR. Berlin 2002, S. 256–266; vgl. auch den Bericht des Augenzeugen Christian Schmidt-Häuer: Fackel des Gewissens, in: Die Zeit, 14.1.1999, S. 8.

14 Zum Folgenden Jerzy Eisler: March 1968 in Poland, in: Fink u. a., 1968, S. 237–251; knapp, aber prägnant Judt, Geschichte, S. 487–491; Csaba János Kenéz: Oppositionsbewegungen in Polen 1956–1981, in: Gosztony, Aufstände (wie Anm. 8), S. 203–263, hier S. 231 f.

15 Zit. nach ebenda, S. 232

16 Vgl. Kraushaar, 1968, S. 72–75; Kurlansky, 1968, S. 143, auch zum folgenden.

17 Autobiografisch dazu Jacek Kuroń: Glaube und Schuld. Einmal Kommunismus und zurück. Berlin / Weimar 1991, bes. S. 329 ff.; Kenéz, Oppositionsbewegungen (wie Anm. 14).

18 Vgl. Kurlansky, 1968, S. 144 f.

19 Dazu und zum Folgenden insgesamt Kosmala, Vertreibung; Ingo

Loose: 1968. Antisemitische Feindbilder und Krisenbewußtsein in Polen, in: Silke Satjukow / Rainer Gries (Hrsg.): Unsere Feinde. Konstruktionen des Anderen im Sozialismus. Leipzig 2004, S. 481–502; Dariusz Stola: Fighting Against the Shadows. The Anti-Zionist Campaign of 1968, in: Blobaum, Robert (Hrsg.): Antisemitism and its Opponents in Modern Poland. Ithaca 2005, S. 284–300.

20 Trybuna Ludu, 3.4.1968; vgl. Loose, 1968 (wi Anm. 19), S. 487 f.).

21 So der Tenor bei Kurlansky, 1968, S. 144–148, der mit einigen Interviews geführt hat.

22 Wie Anm. 20, auch für das Folgende.

23 Vgl. Kenéz, Oppositionsbewegungen (wie Anm. 14), S. 233.

24 Angaben nach Kraushaar, 1968, S. 75.

25 Vgl. als pointierte Skizze Wolfgang Engler: Konträr und parallel, in: François u. a., 1968, S. 108.

26 Zur Rolle der Musik vgl. Jerzy Wertenstein-Żuławski: To tylko rock'n'roll. Warschau 1990.

27 Zum Folgenden vor allem Yvonne Liebing: »All you need is beat«. Jugendsubkultur in Leipzig 1957–1968. Leipzig 2005; Wierling, Jahr Eins, S. 215–242, bes. 229; Ohse, Jugend.

28 Vgl. Wierling, Jahr Eins, S. 220 ff.

29 Zum Folgenden Stefan Wolle: Die versäumte Revolte. Die DDR und das Jahr 1968, in: APuZ B 22 / 23 (2001), S. 37–46, hier S. 43 f.

30 Die folgenden Angaben nach Kraushaar, 1968, S. 229–232; Ilko-Sascha Kowalczuk: »Wer sich nicht in Gefahr begibt...« Protest-aktionen gegen die Intervention in Prag und die Folgen von 1968 für die DDR-Opposition, in: Henke, Klaus-Dietmar / Steinbach, Peter / Tuchel, Johannes (Hrsg.): Widerstand und Opposition in der DDR. Köln u. a. 1999, S. 257–274.

31 Vgl. Kowalczuk, Protestaktionen, S. 262 f.

32 Zit. nach Wolle, Revolte, S. 45 (wie Anm. 29).

33 Vgl. dazu jetzt Hartmut Zwahr: Die erfrorenen Flügel der Schwal-be. DDR und »Prager Frühling«. Tagebuch einer Krise, 1968–1970. Bonn 2007.

34 Vgl. Lutz Kirchenwitz: 1968 im Osten – was ging uns die Bundes-republik an?, in: APuZ B 45 (2003), S. 6.

35 Vgl. Michael Rauhut: Beat in der Grauzone. DDR-Rock 1964 bis 1972. Politik und Alltag, Berlin 1993.

Kapitel 5 (Was war, was blieb?)

1 Hannah Arendt/Karl Jaspers: Briefwechsel 1926–1969, hrsg. von Lotte Köhler und Hans Saner. München/Zürich 1985, S. 715 f.

2 Zit. nach Kraushaar, Frankfurter Schule, Bd. 2, S. 671.

3 Verhandlungen des Deutschen Bundestages, 6. Wahlperiode, Stenographische Berichte, 20.10.1969, S. 33 f.

4 In diesem Sinne auch Judt, Geschichte, S. 436 f.

5 Dieser Terminologie Bourdieus folgt insbesondere Ingrid Gilcher-Holtey; vgl. dies., 68er, S. 72 und passim.

6 Detlev Claussen: Chiffre 68, in: Dietrich Harth/Jan Assmann (Hrsg.): Revolution und Mythos. Frankfurt am Main 1992, S. 219–228, hier 219.

7 So der Untertitel von Kraushaar, 1968.

8 In diesem Sinne auch der klare Überblick von Hans Günter Hockerts: › 1968‹ als weltweite Bewegung, in: Schubert, 1968, S. 14.

9 Vgl. Die Zeit, 2.12.2004, S. 50.

10 Hobsbawm, Zeitalter, S. 324–362.

11 Dazu anschaulich Judt, Geschichte, S. 437–441.

12 Dazu schon zeitgenössisch anregend Lutz Niethammer: Koalition ohne Konzept – Protest ohne Praxis, in: Der Monat 20 (1968) 239, S. 47–61.

13 Vgl. Gilcher-Holtey, Mai 68, S. 14; Franz-Werner Kersting: Entzauberung des Mythos? Ausgangsbedingungen und Tendenzen einer gesellschaftsgeschichtlichen Standortbestimmung der westdeutschen ›68er‹-Bewegung, in: Westfälische Forschungen 48 (1998), S. 1.

14 Hermann Lübbe: 1968. Zur deutschen Wirkungsgeschichte eines politromantischen Rückfalls, in: ders., Politik nach der Aufklärung. Philosophische Aufsätze, München 2001, S. 129–149.

15 Niklas Luhmann: 1968 – und was nun?, in: ders., Universität als Milieu. Kleine Schriften, hrsg. von André Kieserling. Bielefeld 1992, S. 152 f.; zit. bei Gilcher-Holtey, Mai 68, S. 31.

16 Dazu Paul Nolte: Die Historiker der Bundesrepublik. Rückblick auf eine »lange Generation«, in: Merkur 53 (1999) 5, S. 413–432; zum Begriff der »45er« Dirk Moses: The Forty-Fivers. A Generation between Fascism and Democracy, in: German Politics and Society 17 (1999) 50, S. 94–126.

17 Vgl. Tobias Freimüller: Alexander Mitscherlich. Gesellschaftsdiagnosen und Psychoanalyse nach Hitler. Göttingen 2007, S. 254–266, 429 f.

18 Günter Franzen: Nach Auschwitz. Zur Identitätsproblematik der »68« [sic], in: Psyche 60 (2006) 6, S. 573–581, Zit. S. 573 f.; im weiteren Verlauf des Aufsatzes diskutiert der Autor diese Erinnerung selbstkritisch und wendet sich damit gegen Wolfgang Leuschner: Kriegskinder und »68«, in: Psyche 60 (2006) 4, S. 370–374.

19 So auch Franzen, ebenda, S. 575, unter Berufung auf Christian Schneider: Der Holocaust als Generationsobjekt. Generationsgeschichtliche Anmerkungen zu einer deutschen Identitätsproblematik, in: Mittelweg 36, Heft 4 (2004), S. 56–72.

20 So zum Beispiel Götz Aly, Explodierender Haß, in: Literarische Welt, 16.7.2005, S. 7: »Die deutschen Achtundsechziger waren ihren Eltern auf elende Weise ähnlich«. Vgl. auch Judt, Geschichte, S. 470, der über die »jungen Deutschen der sechziger Jahre« meint, sie zeigten sich, »wie ihre Eltern, von der ›jüdischen Frage‹ eher unangenehm berührt«.

21 In diesem Punkt nicht überzeugend: Judt, Geschichte, S. 470 f.

22 Vgl. Wolfgang Kraushaar: Die Bombe im Jüdischen Gemeindehaus. Hamburg 2005.

23 So Kraushaar, ebenda, S. 294.

24 In diesem Sinne Gerd Koenen: Rainer, wenn du wüßtest! Der Anschlag auf die Jüdische Gemeinde am 9. November 1969 ist nun aufgeklärt – fast. Was war die Rolle des Staates?, in: Berliner Zeitung, 6.7.2005, S. 27; ders., Intime Verklammerung, in: Frankfurter Rundschau, 19.7.2005; vgl. auch ders., Jahrzehnt, S. 176–182.

25 Die Zeit, 25.7.1969, vgl. auch Jean Améry: Die Linke und der Zionismus, in: Tribüne 32 (1969), S. 3419–3422.

26 HIS, Mappe Allgemeine Politik, Attentat Benno Ohnesorg, Berlin 1967.

27 In diesem Sinne aufschlussreich jetzt die Selbstinterpretation von

Joschka Fischer: Die rot-grünen Jahre. Deutsche Außenpolitik – vom Kosovo bis zum 11. September. Köln 2007, S. 410–414. Im Unterschied zu anderen Linken habe er zwar in der Auseinandersetzung mit der NS-Vergangenheit »eine moralische Haltung gegenüber Unterdrückung und Ungerechtigkeit in der Politik entwickelt«, im Eintreten für die Rechte der Palästinenser das Existenzrecht Israels aber niemals in Frage gestellt. Vgl. als knappe Zusammenfassung der selbstkritischen linken Debatte der achtziger Jahre (mit weiteren Literaturhinweisen) Ingrid Strobl: Das unbegriffene Erbe. Bemerkungen zum Antisemitismus in der Linken, in: dies., Das Feld des Vergessens. Jüdischer Widerstand und deutsche »Vergangenheitsbewältigung«. Berlin/Amsterdam 1994, S. 102–118.

28 Dazu autobiografisch Micha Brumlik: Kein Weg als Deutscher und Jude. Eine bundesrepublikanische Erfahrung. München 2000.

29 In diesem Sinne auch, mit Hinweis auf die Mediengesellschaft als Bedingung der Möglichkeit des Terrorismus, Claussen, Chiffre, S. 225 (wie Anm. 6).

30 Vgl. Schulz, Atem.

31 Vgl. dazu Franz-Werner Kersting (Hrsg.): Psychiatriereform als Gesellschaftsreform. Die Hypothek des Nationalsozialismus und der Aufbruch der sechziger Jahre. Paderborn usw. 2003.

32 Dazu zahlreiche Beispiele in: Westfälische Forschungen 48 (1998).

33 Mit geradezu fundamentalistischer Verve verneint dies der Parteienforscher Franz Walter: Die Achtundsechziger. Liberale Zäsur der Republik?, in: Universitas 53 (1998), S. 957–961.

34 So die – demgegenüber auf die Betonung gesellschaftlicher Erfolge abhebende – Tendenz der Selbstinterpretation vor einem Jahrzehnt; vgl. zum Beispiel Daniel Cohn-Bendit: Als Ikone lebe ich nicht schlecht, in: Tages-Anzeiger, 4.6.1998, S. 2.

35 In diesem Sinne jetzt auch Stephan Malinowski/Alexander Sedlmaier: »1968« als Katalysator der Konsumgesellschaft. Performative Regelverstöße, kommerzielle Adaptionen und ihre gegenseitige Durchbringung, in: Geschichte und Gesellschaft 32 (2006), S. 238–267.

Ausgewählte Literatur

Keine Revolte hat selbst schon so viel Papier produziert wie jene der »68er«, und über wenige wurde danach mehr geschrieben: von den Protagonisten selbst, von ihren Kritikern und von ihren Verteidigern, von Weggefährten und Generationengenossen, von Journalisten, Sozial- und Politikwissenschaftlern, seit einiger Zeit auch von Historikern – und das überall dort, wo »68« war. Die folgende, nach den Kapiteln der Darstellung gegliederte Auswahlbibliografie muss sich deshalb nolens volens sehr beschränken: auf die in den Anmerkungen nur mit Kurztiteln zitierte Literatur und einige Werke von grundsätzlicher Bedeutung. Nicht noch einmal aufgeführt werden die in den Anmerkungen bereits bibliografisch vollständig zitierten Aufsätze aus Zeitschriften und Sammelbänden und eher punktuell bedeutsame Monografien, die ebenfalls an Ort und Stelle nachgewiesen sind.

Mit Blick auf »68« in der Bundesrepublik sei außerdem auf zwei nützliche Nachschlagewerke verwiesen, die neben Archivhinweisen jeweils auch eine umfangreiche Bibliografie enthalten: Philipp Gassert/Pavel A. Richter (Bearb.): *1968 in West Germany. A Guide to Sources and Literature of the Extra-Parliamentarian Opposition.* Washington 1998; Thomas P. Becker/Ute Schröder (Hrsg.): *Die Studentenproteste der 60er Jahre. Archivführer – Chronik – Bibliographie.* Köln/Weimar/Wien 2000.

Übergreifende Darstellungen

Allerbeck, Klaus R./Rosenmayr, Leopold (Hrsg.): *Aufstand der Jugend? Neue Aspekte der Jugendsoziologie.* München 1971.

Angriff auf das Herz des Staates. Soziale Entwicklung und Terrorismus. 2 Bde. Frankfurt am Main 1988.

Berman, Paul: Zappa meets Havel. *1968 und die Folgen – eine politische Reise.* Hamburg 1998.

Caute, David: *Sixty-Eight. The Year of the Barricades.* London 1988.

Cohn-Bendit, Daniel: *Wir haben sie so geliebt, die Revolution*. Frankfurt am Main 1987.

Cohn-Bendit, Daniel: *Der große Basar*. München 1975.

DeGroot, Gerard J. (Hrsg.): *Student Protest. The Sixties and After*. London/New York 1998.

Etzemüller, Thomas: *1968 – Ein Riss in der Geschichte? Gesellschaftlicher Umbruch und 68er-Bewegungen in Westdeutschland und Schweden*. Konstanz 2005.

Fink, Carole/Gassert, Philipp/Junker, Detlef (Hrsg.): *1968: The World Transformed*. Washington, D.C./Cambridge 1998.

Flender, Reinhard/Rauhe, Hermann: *Popmusik. Aspekte ihrer Geschichte, Funktionen, Wirkungen und Ästhetik*. Darmstadt 1989.

Fraser, Ronald (Hrsg.): *1968. A Student Generation in Revolt*. London/New York 1988.

Gehrke, Bernd/Horn, Gerd-Rainer (Hrsg.): *1968 und die Arbeiter. Studien zum »proletarischen Mai« in Europa*. Hamburg 2007.

Gilcher-Holtey, Ingrid: *Die 68er Bewegung. Deutschland – Westeuropa – USA*. München 2001.

Gilcher-Holtey, Ingrid (Hrsg.): *1968 – Vom Ereignis zum Gegenstand der Geschichtswissenschaft*. Göttingen 1998.

Hobsbawn, Eric: *Das Zeitalter der Extreme. Weltgeschichte des 20. Jahrhunderts*. München 1995.

Juchler, Ingo: *Die Studentenbewegungen in den Vereinigten Staaten und der Bundesrepublik der sechziger Jahre. Eine Untersuchung hinsichtlich ihrer Beeinflussung durch Befreiungsbewegungen und -theorien aus der Dritten Welt*. Berlin 1996.

Judt, Tony: *Geschichte Europas von 1945 bis zur Gegenwart*. München 2006.

Katsiaficas, George: *The Imagination of the New Left. A Global Analysis of 1968*. Boston 1987.

Kosel, Margret: *Gammler, Beatniks, Provos. Die schleichende Revolution*. Frankfurt am Main 1967.

Kimmel, Michael: *Studentenbewegungen der 60er Jahre. BRD, Frankreich und USA im Vergleich*. Wien 1998.

Kraushaar, Wolfgang: *1968. Das Jahr, das alles verändert hat*. München/Zürich 1998.

Kraushaar, Wolfgang (Hrsg.): *Frankfurter Schule und Studentenbewe-*

gung. Von der Flaschenpost zum Molotowcocktail 1948 bis 1995. 3 Bde. Hamburg 1998.

Kurlansky, Mark: *1968. Das Jahr, das die Welt veränderte.* Köln 2005.

Marwick, Arthur: *The Sixties. Cultural Revolution in Britain, France, Italy and the United States, c. 1958–c. 1974.* Oxford/New York 1998.

Schildt, Axel/Siegfried, Detlef (Hrsg.): *Between Marx and Coca-Cola. Youth Culture in Changing European Societies, 1960–1980.* New York/Oxford 2006.

Schmidtke, Michael: *Der Aufbruch der jungen Intelligenz. Die 68er Jahre in der Bundesrepublik und den USA.* Frankfurt am Main usw. 2003.

Schulz, Kristina: *Der lange Atem der Provokation. Die Frauenbewegung in der Bundesrepublik und in Frankreich 1968–1976.* Frankfurt am Main/New York 2002.

Spender, Stephen: *Das Jahr der jungen Rebellen. New York, Paris, Prag, Berlin.* München 1969.

Paris, Mai 1968

Brown, Bernhard E.: *Protest in Paris. Anatomy of a Revolt.* Morristown 1974.

Claasen, Emil-Maria/Peters, Louis-Ferdinand: *Rebellion in Frankreich. Die Manifestation der europäischen Kulturrevolution 1968.* München 1968.

Duteuil, Jean-Pierre, Nanterre: *1965 – 66 – 67 – 68. Vers le mouvement du 22 mars.* Paris 1988.

Gilcher-Holtey, Ingrid: *»Die Phantasie an die Macht«. Mai 68 in Frankreich.* Frankfurt am Main 1995.

Hamon, Hervé/Rotman, Patrick: *Génération. Bd. 1: Les années de rêve. Bd. 2: Les années de poudre.* Paris 1987, 1988.

Mandel, Gisela (Hrsg.): *Paris Mai 1968. Dokumentation.* München 1968.

Nooteboom, Cees: *Paris, Mai 1968.* Frankfurt am Main 2003.

Rauch, Malte J./Schirmbeck, Samuel H.: *Die Barrikaden von Paris. Der Aufstand der französischen Arbeiter und Studenten.* Frankfurt am Main 1968.

Reader, Keith A.: *The May 68 Events in France. Reproduction and Inter-pretations.* Basingstoke/London/New York 1993.

Rohan, Marc: *Paris '68. Graffiti, Posters, Newspapers and Poems of the Events of May 1968.* London 1988.

Sauvageot, Jacques/Cohn-Bendit, Daniel/Geismar, Alain: *Aufstand in Paris oder Ist in Frankreich eine Revolution möglich?* Reinbek 1968.

Touraine, Alain: *Le mouvement de mai ou le communisme utopique,* Paris 1968.

Kapitel 1 (USA)

Albert, Judith Clavir/Albert, Steward Edward (Hrsg.): *The Sixties Papers. Documents of a Rebellious Decade.* New York 1984.

Anderson, Terry H.: *The Movement and The Sixties.* New York/Oxford 1995.

Anthony, Gene: *Sommer der Liebe. Haight-Ashbury in seiner großen Zeit.* Linden 1982.

Avorn, Jerry L.: *Up Against the Ivy Wall. A History of the Columbia Crisis.* New York 1969.

Bacciocco, Edward J.: *The New Left in America. Reform to Revolution, 1956 to 1970,* Stanford 1974.

Baskir, Lawrence M./Strauss, Wiliam A.: *Chance and Circumstance. The Draft, the War, and the Vietnam Generation.* New York 1978.

Berg, Manfred: *The Ticket to Freedom: Die NAACP und das Wahlrecht der Afro-Amerikaner.* Frankfurt am Main usw. 2000.

Brick, Howard: *Age of Contradiction. American Thought and Culture in the 1960s.* Ithaka 2000.

Breines, Wini: *The Great Refusal. Community and Organization in the New Left, 1962–1968.* New Brunswick/New York 1989.

Carson, Clayborne: *In Struggle. SNCC and the Black Awakening of the 1960s.* Cambridge, Mass. 1981.

Cohen, Robert/Zelnik, Reginald E. (Hrsg.): *The Free Speech Move-ment. Reflections on Berkeley in the 1960s.* Berkeley/Los Angeles/London 2002.

DeBenedetti, Charles/Chatfield, Charles: *An American Ordeal. The Antiwar Movement of the Vietnam Era.* New York 1990.

Dickstein, Morris: *Gates of Eden. American Culture in the Sixties*. New York 1977 (Neudruck Cambridge, Mass. 1997).

Farber, David: *Chicago '68*. Chicago/London 1988.

Farber, David: *The Age of Great Dreams. America in the 1960s*. New York 1994.

Farber, David (Hrsg.): *The Sixties. From Memory to History*. Chapel Hill 1994.

Farrell, James J.: *The Spirit of the Sixties. The Making of Postwar Radicalism*. New York 1997.

Ferber, Michael/Lynd, Staughton: *The Resistance*. Boston 1971.

Gitlin, Todd: *The Sixties. Years of Hope, Days of Rage*. New York 1987, erweiterte Ausgabe 1993.

Gitlin, Todd: *The Whole World is Watching. Mass Media in the Making and Unmaking of the New Left*. Berkeley/Los Angeles/London, 1980.

Goines, David L.: *The Free Speech Movement. Coming of Age in the 1960s*. Berkeley 1993.

Gordon, William A.: *The Fourth of May. Killings and Coverups at Kent State*. Buffalo 1990.

Horne, Gerald: *Fire This Time. The Watts Uprising and the 1960s*. Charlottesville 1995.

Issermann, Maurice: *If I had a Hammer ... The Death of the Old Left and the Birth of the New Left*. New York 1987.

Issermann, Maurice/Kazin, Michael: *America Divided. The Civil War of the 1960s*. New York/Oxford 2000.

Jacobs, Paul/Landau, Saul: *Die Neue Linke in den USA. Analyse und Dokumentation*. München 1969.

Mailer, Norman: *Heere aus der Nacht. Geschichte als Roman. Der Roman als Geschichte*. München/Zürich 1968.

Mailer, Norman: *Nixon in Miami und die Belagerung von Chicago*. Reinbek 1969.

Meier, August/Rudwick, Elliott: *CORE. A Study in the Civil Rights Movement, 1942–1968*. New York 1973.

Miller, James: *Democracy is in the Streets. From Port Huron to the Siege of Chicago*. New York 1987.

Morris, Aldon D.: *The Origins of the Civil Rights Movement. Black Communities Organizing for Change*. New York/London 1984.

Oppenheimer, Martin: *The Sit-In Movement of 1960*. New York 1989.

Perry, Charles: *The Haight-Ashbury. A History*. New York 1984.

Raines, Howell: *My Soul is Rested. The Story of the Civil Rights Movement in the Deep South*. New York 1977.

Riches, William T.: *The Civil Rights Movement. Struggle and Resistance*. New York 1997.

Rorabaugh, William J.: *Berkeley at War. The 1960s*. New York 1989.

Sale, Kirkpatrick: *SDS*. New York 1973.

Spigel, Lynn/Curtin, Michael (Hrsg.): *The Revolution Wasn't Televised. Sixties Television and Social Conflict*. New York/London 1997.

Stern, Mark: *Calculating Visions. Kennedy, Johnson and Civil Rights*, New Brunswick 1992.

Washington, James M. (Hrsg.): *A Testament of Hope. The Essential Writings and Speeches of Martin Luther King, Jr.* New York 1986.

Wofford, Harris: *Of Kennedys and Kings. Making Sense of the Sixties*. New York 1980.

Zaroulis, Nancy/Sullivan, Gerald: *Who Spoke Up? American Protest Against the War in Vietnam 1963–1975*. New York 1984.

Kapitel 2 (Bundesrepublik Deutschland)

Albrecht, Clemens/Behrmann, Günter C./Bock, Michael/Homann, Harald/Tenbruck, Friedrich H.: *Die intellektuelle Gründung der Bundesrepublik. Eine Wirkungsgeschichte der Frankfurter Schule*. Frankfurt am Main/New York 1999.

Albrecht, Willy: *Der Sozialistische Deutsche Studentenbund (SDS). Vom parteikonformen Studentenverband zum Repräsentanten der Neuen Linken*. Bonn 1994.

Aust, Stefan: *Der Baader-Meinhof-Komplex*. (Taschenbuchausgabe) München 1989.

Bauß, Gerhard: *Die Studentenbewegung der sechziger Jahre in der Bundesrepublik und Westberlin*. Handbuch. Köln 1977.

Bentz, Ralf u.a. (Hrsg.): *Protest! Literatur um 1968. Eine Ausstellung des Deutschen Literaturarchivs in Verbindung mit dem Germanistischen Seminar der Universität Heidelberg und dem Deutschen Rundfunkarchiv*. Marbach 1998.

Bergmann, Uwe/Dutschke, Rudi/Lefèvre, Wolfgang/Rabehl, Bernd: *Rebellion der Studenten oder Die neue Opposition. Eine Analyse.* Reinbek 1968.

Bieling, Rainer: *Die Tränen der Revolution. Die 68er zwanzig Jahre danach.* Berlin 1988.

Briegleb, Klaus: *1968. Literatur in der antiautoritären Bewegung.* Frankfurt am Main 1993.

Bude, Heinz: *Das Altern einer Generation. Die Jahrgänge 1938 bis 1948.* Frankfurt am Main 1995.

Bude, Heinz/Kohli, Martin (Hrsg.): *Radikalisierte Aufklärung. Studentenbewegung und Soziologie in Berlin 1965 bis 1970.* Weinheim/München 1989.

Busche, Jürgen: *Die 68er. Biographie einer Generation.* Berlin 2003.

Chaussy, Ulrich: *Die drei Leben des Rudi Dutschke. Eine Biographie.* Berlin 1983.

Claussen, Detlev: *Theodor W. Adorno. Ein letztes Genie.* Frankfurt am Main 2003.

Cohn-Bendit, Daniel/Damann, Rüdiger (Hrsg.): *1968. Die Revolte.* Frankfurt am Main 2007

Cohn-Bendit, Daniel/Mohr, Reinhard: *1968 – Die letzte Revolution, die noch nichts vom Ozonloch wußte.* Berlin 1988.

Dutschke, Gretchen: *Rudi Dutschke. Wir hatten ein barbarisches, schönes Leben. Eine Biographie.* Köln 1996.

Dutschke, Rudi: *Geschichte ist machbar. Texte über das herrschende Falsche und die Radikalität des Friedens,* hrsg. von Jürgen Miermeister. Berlin 1980.

Dutschke, Rudi: *Aufrecht gehen. Eine fragmentarische Autobiographie.* Berlin 1981.

Dutschke, Rudi: *Jeder hat sein Leben ganz zu leben. Die Tagebücher 1963–1979,* hrsg. von Gretchen Dutschke. Köln 2003.

Enzensberger, Ulrich: *Die Jahre der Kommune I. Berlin 1967–1969.* Köln 2004.

Fichter, Tilman P./Lönnendonker, Siegward: *Kleine Geschichte des SDS. Der Sozialistische Deutsche Studentenbund von Helmut Schmidt bis Rudi Dutschke.* 4. überarbeitete und ergänzte Aufl. Essen 2007.

François, Etienne/Middell, Matthias/Terray, Emmanuel/Wierling, Dorothee (Hrsg.): *1968 – ein europäisches Jahr?* Leipzig 1997.

Freie Universität Berlin 1948–1973. Hochschule im Umbruch. Ausgewählt und dokumentiert von Siegward Lönnendonker u. a. Teil I-V. Berlin 1973–1983.

Frese, Matthias/Paulus, Julia/Teppe, Karl (Hrsg.): *Demokratisierung und gesellschaftlicher Aufbruch. Die sechziger Jahre als Wendezeit der Bundesrepublik.* Paderborn 2003.

Gassert, Philipp: *Kurt Georg Kiesinger 1904–1988. Kanzler zwischen den Zeiten.* München 2006.

Gassert, Philipp/Steinweis, Alan E. (Hrsg.): *Coping with the Nazi Past. West German Debates on Nazism and Generational Conflict, 1955–1975.* Oxford 2006.

Grasskamp, Walter: *Der lange Marsch durch die Illusionen. Über Kunst und Politik.* München 1995.

Habermas, Jürgen: *Protestbewegung und Hochschulreform.* Frankfurt am Main 1969.

Herbert, Ulrich (Hrsg.): *Wandlungsprozesse in Westdeutschland. Belastung, Integration, Liberalisierung 1945–1980.* Göttingen 2002. *Die RAF und der linke Terrorismus.* Hamburger Edition, Hamburg 2006.

Hermann, Kai: *Die Revolte der Studenten.* Hamburg 1967.

Hildebrandt, Dietrich: »… *und die Studenten freuen sich!« Studentenbewegung in Heidelberg 1967–1973.* Heidelberg 1991.

Hodenberg, Christina von/Siegfried, Detlef (Hrsg.): *Wo »1968« liegt. Reform und Revolte in der Geschichte der Bundesrepublik.* Göttingen 2006.

Holl, Kurt/Glunz, Claudia (Hrsg.): *1968 am Rhein. Satisfaction und Ruhender Verkehr.* Köln 1998.

Jacoby, Edmund/Hafner, Georg M. (Hrsg.): *1968 – Bilderbuch einer Revolte.* Frankfurt am Main 1993.

Klimke, Martin/Scharloth, Joachim (Hrsg.): *1968. Handbuch zur Kultur- und Mediengeschichte der Studentenbewegung.* Stuttgart 2007.

Knoch, Habbo (Hrsg.): *Bürgersinn mit Weltgefühl. Politische Moral und solidarischer Protest in den sechziger und siebziger Jahren.* Göttingen 2007.

Kozicki, Norbert: *Aufbruch im Revier. 1968 und die Folgen.* Essen 1993.

Koenen, Gerd: *Das rote Jahrzehnt. Unsere kleine deutsche Kulturrevolution.* Köln 2001.

Kunzelmann, Dieter: *Leisten Sie keinen Widerstand. Bilder aus meinem Leben*. Berlin 1998.

Kraushaar, Wolfgang: *1968 als Mythos, Chiffre und Zäsur*. Hamburg 2000.

Kraushaar, Wolfgang (Hrsg.): *Die RAF und der linke Terrorismus. 2 Bde*. Hamburg 2006.

Landgrebe, Christiane/Plath, Jörg: *'68 und die Folgen. Ein unvollständiges Lexikon*. Berlin 1998.

Langguth, Gerd: *Die Protestbewegungen in der Bundesrepublik Deutschland 1968–1976*. Köln 1976.

Lönnendonker, Siegward/Rabehl, Bernd/Staadt, Jochen: *Die antiautoritäre Revolte. Der Sozialistische Deutsche Studentenbund nach der Trennung von der SPD. Band 1: 1960–1967*. Wiesbaden 2002.

Miermeister, Jürgen/Staadt, Jochen (Hrsg.): *Provokationen. Die Studenten- und Jugendrevolte in ihren Flugblättern 1965–1971*. Darmstadt und Neuwied 1980.

Miermeister, Jürgen: *Ernst Bloch, Rudi Dutschke*. Hamburg 1996.

Mündemann, Tobias: *Die 68er ... und was aus ihnen geworden ist*. München 1988.

Negt, Oskar: *Achtundsechzig. Politische Intellektuelle und die Macht*. Göttingen 1995.

Nevermann, Knut: *Der 2. Juni 1967. Studenten zwischen Notstand und Demokratie. Dokumente zu den Ereignissen anläßlich des Schah-Besuchs*, hrsg. vom Verband Deutscher Studentenschaften. Köln 1968.

Otto, Karl A.: *Vom Ostermarsch zur APO. Geschichte der außerparlamentarischen Opposition in der Bundesrepublik*. Frankfurt am Main/New York 1977.

Otto, Karl A.: *Die außerparlamentarische Opposition in Quellen und Dokumenten (1960–1970)*. Köln 1989.

Rabehl, Bernd: *Am Ende der Utopie. Die politische Geschichte der Freien Universität*. Berlin 1988.

Rolke, Lothar: *Protestbewegungen in der Bundesrepublik. Eine analytische Sozialgeschichte des politischen Widerspruchs*. Opladen 1987.

Rosenberg, Rainer/Münz-Koenen, Inge/Boden, Petra (Hrsg.): *Der Geist der Unruhe. 1968 im Vergleich. Wissenschaft – Literatur – Medien*. Berlin 2000.

Rupp, Hans Karl: *Außerparlamentarische Opposition in der Ära Aden-*

auer: *Der Kampf gegen die Atombewaffnung in den fünfziger Jahren. Eine Studie zur innenpolitischen Entwicklung der BRD.* Köln 1970.

Ruppert, Wolfgang: *Um 1968. Die Repräsentation der Dinge.* Marburg 1998.

Schildt, Axel/Siegfried, Detlef/Lammers, Karl Christian (Hrsg.): *Dynamische Zeiten. Die 60er Jahre in den beiden deutschen Gesellschaften.* Hamburg 2000.

Schneider, Michael: *Demokratie in Gefahr? Der Konflikt um die Notstandsgesetze: Sozialdemokratie, Gewerkschaften und intellektueller Protest (1958–1968).* Bonn 1986.

Schubert, Venanz (Hrsg.): *1968. 30 Jahre danach.* St. Ottilien 1999.

Schulenburg, Lutz (Hrsg.): *Das Leben ändern, die Welt verändern! 1968. Dokumentation und Bericht.* Hamburg 1998.

Schuster, Jacques: *Heinrich Albertz. Der Mann, der mehrere Leben lebte. Eine Biographie.* Berlin 1997.

Schwan, Gesine: *Politik und Schuld. Die zerstörerische Macht des Schweigens.* Frankfurt am Main 1997.

Soukup, Uwe: *Wie starb Benno Ohnesorg? Der 2. Juni 1967.* Berlin 2007.

Siegfried, Detlef: *Time is on my side. Konsum und Politik in der westdeutschen Jugendkultur der 60er Jahre.* Göttingen 2006.

Stamer, Sabine: *Cohn-Bendit. Die Biographie.* Hamburg/Wien 2001.

Waldmann, Sabine: *»Es muß alles anders werden, wurscht was!« Die Entwicklung politischen Denkens und Handelns bei ehemaligen APO-Studenten.* München 1991.

Wesel, Uwe: *Die verspielte Revolution. 1968 und die Folgen.* München 2002.

Westfälische Forschungen. Band 48 (1998).

Winkler, Willi: *Die Geschichte der RAF.* Berlin 2007.

Kapitel 3 (Japan, Italien, Niederlande, Großbritannien)

Ali, Tariq: *Street Fighting Years. Autobiographie eines '68ers.* Köln 1998.

Chun, Lin: *The British New Left.* Edinburgh 1993.

Crouch, Colin: *The Student Revolt.* London 1970.

Derichs, Claudia: *Japans Neue Linke. Soziale Bewegung und außerparlamentarische Opposition, 1957–1994.* Hamburg 1995.

Dowsey, Stuart J. (Hrsg.): *Zengakuren. Japan's Revolutionary Students.* Berkeley 1970.

Fountain, Nigel: *Underground. The London Alternative Press 1966–74.* London/New York 1988.

Havens, Thomas R. H.: *Fire Across the Sea. The Vietnam War and Japan, 1965–1975.* Princeton 1987.

Kennedy, James C.: *Building New Babylon. Cultural Change in the Netherlands during the 1960s. (Diss.)* Iowa 1995.

Kurz, Jan: *Die Universität auf der Piazza. Entstehung und Zerfall der Studentenbewegung in Italien 1966–1968.* Köln 2001.

Lumley, Robert: *States of Emergency. Cultures of Revolt in Italy from 1968 to 1978.* London 1990.

Nelson, Elizabeth: *The British Counterculture, 1966–1973. A Study of the Underground Press, Houndmills.* London 1989.

Seiffert, Johannes Ernst: *Zengakuren. Universität und Widerstand in Japan.* München 1969.

Tarrow, Sidney: *Democracy and Disorder. Protest and Politics in Italy 1965–1975.* Oxford 1989.

Tolomelli, Marica: *»Repressiv getrennt« oder »organisch verbündet«. Studenten und Arbeiter 1968 in der Bundesrepublik Deutschland und Italien.* Opladen 2001.

Viale, Guido: *Die Träume liegen wieder auf der Straße. Offene Fragen der deutschen und italienischen Linken nach 1968.* Berlin 1979.

Voss, Friedrich: *Die studentische Linke in Japan. Geschichte, Organisation und hochschulpolitischer Kampf.* München 1976.

Widgery, David: *The Left in Britain, 1956–1968.* London 1976.

Kapitel 4 (Tschechoslowakei, Polen, DDR)

Kosmala, Beate (Hrsg.): *Die Vertreibung der Juden aus Polen 1968. Antisemitismus als Kalkül.* Berlin 2000.

Lederer, Jiři: *Jan Palach. Ein biographischer Bericht.* Zürich 1982.

Lutz, Annabelle: *Dissidenten und Bürgerbewegung. Ein Vergleich zwischen DDR und Tschechoslowakei.* Frankfurt am Main / New York 1998.

Menzel, Rebecca: *Jeans in der DDR. Vom tieferen Sinn einer Freizeithose.* Berlin 2004.

Mlynář, Zdeněk: *Der tschechoslowakische Versuch einer Reform 1968. Die Analyse seiner Theorie.* Köln 1975.

Mlynář, Zdeněk: *Nachtfrost. Erfahrungen auf dem Weg vom realen zum menschlichen Sozialismus.* Frankfurt am Main 1978.

Navrátil, Jaromír (Hrsg.): *The Prague Spring 1968. A National Security Archive Documents Reader.* Budapest 1998.

Ohse, Marc-Dietrich: *Jugend nach dem Mauerbau. Anpassung, Protest und Eigensinn (DDR 1961–1974).* Berlin 2003.

Pachmann, Luček: *Was in Prag wirklich geschah. Illusionen und Tatsachen aus der Ära Dubček.* Freiburg / Basel / Wien 1978.

Pauer, Jan: *Prag 1968. Der Einmarsch des Warschauer Paktes. Hintergründe – Planung – Durchführung.* Bremen 1995.

Pelikán, Jiří: *Ein Frühling, der nie zu Ende geht. Erinnerungen eines Prager Kommunisten.* Paris / Frankfurt am Main 1976.

Prieß, Lutz / Kural, Václav / Wilke, Manfred: *Die SED und der »Prager Frühling« 1968. Politik gegen einen »Sozialismus mit menschlichem Antlitz«.* Berlin 1996.

Schneider, Eleanora: *Prager Frühling und samtene Revolution. Soziale Bewegungen in Gesellschaften sowjetischen Typs am Beispiel der Tschechoslowakei.* Aachen 1994.

Šik, Ota: *Der dritte Weg. Die marxistisch-leninistische Theorie und die moderne Industriegesellschaft.* Hamburg 1972.

Simon, Jeffrey: *Cohesion and Dissension in Eastern Europe: Six Crises.* New York 1983.

Tschechoslowakei 1968. Die Reden von Peter Bichsel, Friedrich Dürrenmatt, Max Frisch, Günter Grass, Kurt Marti und ein Brief von Heinrich Böll. Zürich 1968.

Wenzke, Rüdiger: *Die NVA und der Prager Frühling. Die Rolle Ulbrichts und der DDR-Streitkräfte bei der Niederschlagung der tschechoslowakischen Reformbewegung.* Berlin 1995.

Wierling, Dorothee: *Geboren im Jahr Eins. Der Jahrgang 1949 in der DDR. Versuch einer Kollektivbiographie.* Berlin 2002.

Wolle, Stefan: *Untergang auf Raten. Unbekannte Kapitel der DDR-Geschichte.* München 1993.

Nachwort und Dank

Im Unterschied vor allem zur Geschichte der amerikanischen Protestbewegung erweist sich das deutsche »68« auch vier Jahrzehnte danach als überkommentiert und untererforscht. Die Flut der Urteile und Meinungen, die sich seit 1983 zu jedem »runden« und »halbrunden« Jahrestag über uns ergießt, steht in keinem Verhältnis zu den wenigen Versuchen, das Geschehen selbst, und sei es in Form bloßer Chroniken, zu rekonstruieren. Gleichsam neben dieser Lücke hat inzwischen die spezialistische Detailforschung eingesetzt, deren Fokus allerdings meist – ertragreich und mit guten Gründen – auf den längerfristigen Wirkungen und Folgen der Bewegung liegt. Die große analytische Erzählung des »unwahrscheinlichen Jahres« in der Bundesrepublik hingegen steht bis heute aus.

Der vorliegende Band, vor Jahren im Kontext der von Hans Woller, Klaus-Dietmar Henke und mir herausgegebenen Taschenbuchreihe ›20 Tage im 20. Jahrhundert‹ konzipiert, liefert dafür keinen Ersatz. Sein anders gestecktes Ziel ergibt sich aus der Logik der inzwischen leider eingestellten Reihe und ist ablesbar an seinem Aufbau: Es musste darum gehen, die Entwicklung der bundesdeutschen APO, als deren Kern sich die Studentenbewegung darstellt, in den Zusammenhang der Geschichte der »um 68« weltweit zu beobachtenden Protestbewegungen zu stellen. Deshalb steht am Anfang eine »historische Reportage« über Frankreich im Mai 1968. Denn nirgendwo sonst vermochte die von den Studenten ausgelöste Bewegung die staatliche Ordnung in eine tiefere Krise zu treiben, nirgendwo sonst freilich war »68« auch schneller Geschichte.

Wer heute über »68« schreibt, könnte versucht sein, vielerlei Erklärungen oder Bekenntnisse abzugeben. Mir erscheint es richtiger, auf die Plausibilität der Darstellung und die Kraft des Arguments zu setzen. Lediglich dem Missverständnis, dieser Text ignoriere die sprachpolitische Korrektheit unserer Gegenwart, möchte ich vorbeugen: 1968 aber hießen die Studierenden noch pauschal »Studenten« (was das Ungleichgewicht zwischen den Geschlechtern immerhin nicht verschleierte). Und hierzulande wie in den USA galt es als Fortschritt, dass man jetzt von den »Schwarzen« sprach anstatt wie noch bis vor kurzem von den »Negern«. Ich habe es nicht als meine Aufgabe betrachtet, die Terminologie der Zeit nachträglich zu korrigieren. Eher im Gegenteil war es meine Absicht, trotz des begrenzten Umfangs und einer konzentrierten Darstellungsform den damaligen Ton und die Ausdrucksweise wenigstens anklingen zu lassen.

Zum Schluss bleibt mir das Vergnügen des Dankes: Michael Frey hat mir noch in Bochum sehr bei der Vor- und Aufbereitung des Materials geholfen, Silke Satjukow hat mich in Jena großzügig von ihren Osteuropa-Kenntnissen profitieren lassen. Tobias Freimüller, Sybille Steinbacher und Dietmar Süß haben das Manuskript kritisch gelesen und klug kommentiert. Hans-Martin Krämer hat auf die japanischen Seiten geblickt, Detlev Claussen in unzumutbarer Eile am Ende besonders auf die deutschen. Ihnen allen gilt mein aufrichtiger Dank, verbunden mit dem selbstverständlichen Hinweis, dass die verbliebenen Fehler und Mängel meine sind.

Eine Einladung von Jan Philipp Reemtsma an das Hamburger Institut für Sozialforschung half, das Manuskript wenigstens in der zweiten Hälfte meines Forschungssemesters im Winter 2006/07 voranzutreiben; mein Dank gilt dem Vorstand und den vielen hilfsbereiten Menschen am Mittelweg 36, wo das deutsche »68« sein Archiv und – durchaus in dem Sinne, in dem Adorno davon sprach – seine Heimat hat. Karl und Gabriele Bonhoeffer danke ich dafür, dass sie mir als Schreibstube – wie einst das Romitorio – zum richtigen Zeitpunkt ihr wunderbares neues Refugium im Blauen Land antrugen.

Schließlich danke ich dem Deutschen Taschenbuch Verlag, namentlich Andrea Wörle, und meinen beiden ehemaligen Mitherausgebern der erwähnten Reihe für ihre fraglos überstrapazierte Geduld. Auch wenn der Band aufgrund der radikal veränderten Bedingungen des Buchmarkts nun nicht mehr in seinem ursprünglichen Zusammenhang erscheinen kann, so folgt er in Anlage und Anspruch doch unserer damals entwickelten Konzeption.

Margit Ketterle war, wie stets, meine erste Leserin; ihrer Zuversicht und (Geistes-)Gegenwart verdankt sich alles.

Jena, im November 2007   *Norbert Frei*

Abkürzungen

APO	Außerparlamentarische Opposition
APuZ	Aus Politik und Zeitgeschichte
AStA	Allgemeiner Studentenausschuss
AUSS	Aktionszentrum Unabhängiger und Sozialistischer Schüler
CDU	Christlich-Demokratische Union
CFDT	Confédération française démocratique du travail
CGIL	Confederazione Generale Italiana del Lavoro
CGT	Confédération générale du travail
CIA	Central Intelligence Agency
CISNU	Föderation Iranischer Studenten
CND	Campaign for Nuclear Disarmament
CORE	Congress of Racial Equality
CRS	Compagnies républicaines de sécurité
CSU	Christlich-Soziale Union
DC	Democrazia Cristiana
DDR	Deutsche Demokratische Republik
DGB	Deutscher Gewerkschaftsbund
DKP	Deutsche Kommunistische Partei
FAZ	Frankfurter Allgemeine Zeitung
FDJ	Freie Deutsche Jugend
FDP	Freie Demokratische Partei
FNEF	Fédération nationale des étudiants de France
FU	Freie Universität (Berlin)
HIS	Hamburger Institut für Sozialforschung
HSU	Humanistische Studentenunion
IG	Industrie-Gewerkschaft
KdA	Kampagne »Kampf dem Atomtod«
KPD	Kommunistische Partei Deutschlands
KPJ	Kommunistische Partei Japans
KSČ	Kommunisticka strana Československa
KU	Kritische Universität
LSD	Liberaler Studentenbund Deutschlands

LSE	London School of Economics
NAACP	National Association for the Advancement of Colored People
NPD	Nationaldemokratische Partei Deutschlands
NSDAP	Nationalsozialistische Deutsche Arbeiterpartei
NZZ	Neue Zürcher Zeitung
OSI	Otto-Suhr-Institut
PCF	Parti communiste français
PCI	Partito Comunista Italiano
PVAP	Polnische Vereinigte Arbeiterpartei
RAF	Rote Armee Fraktion
RAI	Radiotelevisione Italiana
RCDS	Ring Christlich-Demokratischer Studenten
RSSF	Revolutionary Socialist Student Federation
SA	Sturmabteilung
SAVAK	Iranischer Geheimdienst
SAS	Student Afro-American Society
SCLC	Southern Christian Leadership Conference
SED	Sozialistische Einheitspartei Deutschlands
SDS	Students for a Democratic Society Sozialistischer Deutscher Studentenbund
SHB	Sozialdemokratischer Hochschulbund
SNCC	Student Nonviolent Coordinating Committee
SNESup	Syndicat national de l'enseignement supérieur
SPD	Sozialdemokratische Partei Deutschlands
SVB	Studentenvakbeweging
SS	Schutz-Staffeln
SZ	Süddeutsche Zeitung
UDR	Union pour la défense de la République
UL	Urban League
VEB	Volkseigener Betrieb
VDS	Verband Deutscher Studentenschaften
VSC	Vietnam Solidarity Campaign
WRK	Westdeutsche Rektorenkonferenz
ZK	Zentralkomitee

Zu den Abbildungen

Paris, Mai 1968

In der Nacht vom 10. auf den 11. Mai erlebt die französische Hauptstadt eine der gewaltsamsten Demonstrationen der Nachkriegszeit. Die Aufnahme zeigt eine Straße im Quartier Latin am Morgen nach der Barrikadenschlacht.
(Der Spiegel, 27.5.1968, S. 110)

Kapitel 1

Gegen die Absicht der Hochschulleitung, politische Aktivitäten auf dem Campus zu verbieten, verlangen Studenten der University of California in Berkeley das Recht auf Redefreiheit. Spätestens mit der Demonstration am 20. November 1964 ist die »Mutter aller Studentenrevolten« geboren.
(© Bancroft Library)

Kapitel 2

Am 2. Juni 1967 wird der Student Benno Ohnesorg bei einer Demonstration gegen den Schah von Persien in West-Berlin von einem Polizisten erschossen. Am Tag danach spricht Rudi Dutschke auf dem Campus der Freien Universität in Berlin-Dahlem zu seinen Kommilitonen.
(Michael Ruetz: »Ihr müßt diesen Typen nur ins Gesicht sehen.« (Klaus Schütz) APO Berlin 1966–1969. Frankfurt am Main 1980, © Zweitausendeins)

Kapitel 3

Mitte der sechziger Jahre ist sich London seiner Bedeutung als Mekka des Pop bewusst. ›Time Magazine‹ feiert »The Swinging City« am 15. April 1966 mit einem üppig collagierten Titelbild.
(© *Gettyimages*)

Kapitel 4

Als Reaktion auf die Politik der Reformkommunisten um Alexander Dubček marschieren in der Nacht zum 21. August 1968 Truppen des Warschauer Pakts in der Tschechoslowakei ein. Die Aufnahme zeigt sowjetische Panzer in der Innenstadt von Prag.
(© *Ullstein Bild*)

Kapitel 5

Nach der Studentenrevolte werden (auch) junge Männer zu Erziehern. Die Szene stammt aus einem »Kinderkollektiv« in Frankfurt am Main anno 1970.
(© *Bildarchiv Preußischer Kulturbesitz*)

Anhang

Das Gemälde von Sarah Haffner aus dem Jahr 1969 trägt den Titel ›Bildnis eines Bücherregals der bürgerlichen Linken‹.
(*Berlinische Galerie,* © *VG Bild-Kunst*)

Namenverzeichnis